大学開放論

センター・オブ・コミュニティ（COC）としての大学

出相泰裕 編著

大学教育出版

大学開放論
―センター・オブ・コミュニティ（COC）としての大学―

目　次

序　章　本書の背景と構成 …………………………………………… 1
  1. 大学開放の重要性と生涯学習系センター　1
  2. 大学開放研究の流れ　3
  3. 本書作成の目的と本書の構成　4

第1章　大学開放の理念 …………………………………………… 8
第1節　大学を取り巻く今日的環境　8
  1. 職業能力開発への需要　8
  2. 地域社会からの要請　9
  3. 世代間の機会均等に向けて　10
  4. 生涯にわたる発達への支援　11
  5. 厳しさを増す大学経営　11
第2節　これまでの大学開放の理念　13
  1. イギリスのユニバーシティ・エクステンションの理念　13
  2. アメリカ型のユニバーシティ・エクステンションの理念　14
  3. 日本へのユニバーシティ・エクステンションの紹介　14
  4. 日本における大学開放の定義　15
  5. 大学開放への批判　17
第3節　今後の大学開放の方向性　18
  1. 日本における様々な大学開放論　18
  2. 今後の大学開放の方向性　20

第2章　大学開放の歴史 …………………………………………… 26
第1節　英米における大学開放の歴史　26
  1. イギリスにおけるユニバーシティ・エクステンションの成立と展開　26
    （1）ユニバーシティ・エクステンションの成立　26
    （2）20世紀における新展開―WEAとの連携、構外教育部の設置―　30
  2. アメリカにおけるユニバーシティ・エクステンションの成立と展開　34
    （1）アメリカ型ユニバーシティ・エクステンションの源流　34
    （2）イギリス型ユニバーシティ・エクステンションの伝播とアメリカ成人教育　36

（3）革新主義期におけるアメリカ型ユニバーシティ・エクステンションの発展　*39*

　おわりに　*42*

第2節　日本における大学開放の歴史　*43*

　はじめに　*43*

　1. 明治期の大学開放　*44*

　　（1）通俗講談会―帝国大学の初期の取組―　*44*

　　（2）講義録と校外生制度―法学系私学の取組―　*46*

　　（3）学術資料の公開―展覧会の開催―　*48*

　　（4）図書館の公開　*49*

　2. 大正・昭和戦前期の大学開放　*51*

　　（1）通俗教育調査委員会　*51*

　　（2）文部省主催成人教育講座　*52*

　　（3）地方都市における専門学校の取組　*53*

　　（4）学生による地方巡回講演　*54*

　　（5）セツルメントと自由大学運動―「大学拡張」批判―　*55*

　3. 戦後の大学開放　*58*

　　（1）大学開放の法制化　*58*

　　（2）生涯学習機関としての大学　*59*

第3章　大学開放の現状と政策　……………………………………… *66*

　はじめに　*66*

　第1節　大学開放事業の動向　*66*

　　1. 地域社会に対する大学の姿勢と取組　*66*

　　2. 公開講座開設数の推移　*69*

　　3. 地域連携について　*70*

　第2節　大学開放に関わる政策の動向　*74*

　　1. 履修証明制度　*74*

　　2. GP事業　*75*

　　3. COC（Center of Community）構想と「地（知）の拠点整備事業」　*76*

　第3節　大学開放事業の類型　*76*

1. 公開講座と公開授業　*77*
2. 地域課題対応型の大学開放　*77*
3. 大学開放と教育研究の関係　*78*
4. 大学開放に対する地域社会からの期待　*79*

第4章　国立大学生涯学習系センターによる大学開放実践事例　……………*81*
第1節　大学の地域住民の生涯学習への参画の実践
―「さっぽろ市民カレッジ」との連携を中心に―　*81*
1. 本節の課題　*81*
2. 北海道大学高等教育推進機構・生涯学習計画研究部門の役割　*81*
3. さっぽろ市民カレッジの発足と展開　*83*
    （1）札幌市の社会教育行政の特徴と問題点　*84*
    （2）「さっぽろ市民カレッジ」発足の経緯　*85*
    （3）「さっぽろ市民カレッジ」における生涯学習の位置づけと学習コース　*86*
    （4）「さっぽろ市民カレッジ」とまちづくりの学び　*87*
    （5）講座「おとなの学びを支援する」　*91*
4. 「さっぽろ市民カレッジ」と大学との連携の今後の課題　*93*

第2節　大学博物館の運営と大学開放　*94*
はじめに　*94*
1. 岩手大学における大学博物館　*94*
2. ボランティア活動の発展と大学開放　*96*
    （1）博物館の教育機能とボランティア活動　*96*
    （2）ボランティア活動の発展と大学開放事業の展開　*97*
おわりに　*99*

第3節　宇都宮大学による「食農ファシリテーター養成コース」の実際
―社会人対象の人材養成システムの開発・実施のプロセスとアウトカム―
100

はじめに　*100*
1. 食農プログラムの事業実施の前提　*101*
    （1）学校教育法第105条の意味合い　*102*

（2）　学校教育法施行規則第164条による運用規定　*103*
　2．「食農ファシリテーター養成コース」の概要　*104*
　　　（1）　食農プログラムの事業目的　*104*
　　　（2）　本プログラムの基本構成　*106*
　　　（3）　公開講座の活用　*108*
　3．食農プログラムに対する受講生の参加状況　*109*
　　　（1）　本プログラムに対する応募状況　*109*
　　　（2）　受講生のプログラム修了率　*110*
　　　（3）　プログラム修了者の社会的活動率　*111*
　おわりに─本プログラムの波及効果─　*111*

第4節　滋賀大学生涯学習教育研究センターの大学開放事業
　　　　─「淡海生涯カレッジ」と「環境学習支援士」養成プログラム─　*112*
　1．淡海生涯カレッジ　*112*
　　　（1）　淡海生涯カレッジ開校までの経緯　*113*
　　　（2）　淡海生涯カレッジのシステム　*114*
　　　（3）　淡海生涯カレッジの評価　*116*
　2．「環境学習支援士」養成プログラム　*117*
　　　（1）　養成プログラムでの学習の流れ　*118*
　　　（2）　プログラムの評価と学習成果の活用　*118*
　　　（3）　今後の課題　*121*

第5節　大阪府内の社会教育振興に向けての協働
　　　　─社会教育施設職員の学び合い講座─　*122*
　はじめに　*122*
　1．学び合い講座立ち上げの経緯　*123*
　2．学び合い講座の立ち上げと企画・運営方法　*124*
　3．学び合い講座の現状　*125*
　4．成果と今後の課題　*126*

第6節　社会人のための教員養成セミナー─教員になる夢を応援します─　*128*
　はじめに　*128*
　1．事業の背景　*129*

2. セミナーの内容　*130*
　　（1）開講講座および開講時間数について　*130*
　　（2）開講時間帯について　*130*
　　（3）担当講師について　*130*
　　（4）活用施設について　*133*
　　（5）セミナー修了条件および証明書等の発行について　*133*
　　（6）教員採用選考試験関係資料について　*134*
　　（7）自主学習帳の取組について　*134*
　　（8）教育委員会との連携について　*134*
3. 受講生の状況　*134*
　　（1）受講生の属性について　*134*
　　（2）受講生の受講状況について　*135*
　　（3）修了者について　*136*
　　（4）教員採用選考試験の結果について　*136*
4. 受講生の感想　*137*
　おわりに　*138*
第7節　子ども対象の大学開放事業 ― 大学生が企画する公開セミナーの取組 ― *139*
　はじめに　*139*
　1. 大学生が企画する公開セミナー ― 正課教育と大学開放との連携 ―　*140*
　2. 子どもと大学 ― "理科離れ"の衝撃 ―　*142*
　3. 大学開放を担う主体 ― 大学生の活用 ―　*144*

第5章　大学開放を通じた学び …………………………… *149*
第1節　公開講座における受講者の学び　*149*
　はじめに　*149*
　1. 徳島大学における受講者調査　*149*
　2. 大阪教育大学における受講者調査　*154*
　おわりに　*159*
第2節　大学開放を通しての教員の学び　*161*

1. 大学教員と受講生との関係　*161*
　　　2. 「教員の学び」という視点　*162*
　　　　（1）「教育」認識の変容 ― 学習主体としての教員 ―　*162*
　　　　（2）公開講座の教員に与える影響　*163*
　第3節　大学の生涯学習事業を支える職員の学びと主体形成　*169*
　　はじめに　*169*
　　　1. 生涯学習教育研究センター職員の役割　*169*
　　　2. 私の主体形成　*171*
　　　　（1）学習主体者自らが創り上げる学び　*171*
　　　　（2）子育て支援事業のトラブルから学んだ、「大切なこと」　*171*
　　　　（3）受講者との響きあう関係づくり　*173*
　　　3. 大学の新しいミッションと職員に求められる能力　*174*

第6章　大学開放の体制 ― 組織と教員の視点から ― ……………………*177*
　第1節　大学開放における組織の問題　*177*
　　　1. 大学開放という取組においてなぜ組織の問題が重要であるか　*177*
　　　2. 大学開放組織の発展段階　*179*
　　　3. わが国における大学開放組織の動向　*181*
　第2節　大学開放に関わる教員の問題　*184*

第7章　諸外国における大学開放の動向 …………………………………*188*
　第1節　英国における大学開放の展開と特徴
　　　　　― イングランドの事例をもとに ―　*188*
　　はじめに　*188*
　　　1. 責任団体制度下での英国における大学開放の展開と特徴　*189*
　　　　（1）大学成人教育の歴史的発展 ― 第二次世界大戦前 ―　*189*
　　　　（2）リベラルな伝統にもとづく大学成人教育の発展 ― 第二次世界大戦後 ―　*190*
　　　2. 1980年代以降の職業専門教育への傾倒と責任団体制度廃止に向けた動向　*192*
　　　3. 責任団体制度廃止以降の英国における大学開放の展開と特徴
　　　　　― リベラルな伝統の衰退と「主流化」・「認証化」の推進 ―　*195*

おわりに　*198*

第2節　ドイツ連邦共和国における大学開放の現状　*200*
1. ドイツの大学と大学開放　*200*
2. 「ボローニャ宣言」とドイツの大学開放　*202*
3. ヨハン・ヴォルフガンク・ゲーテ大学（フランクフルト・アム・マイン大学）の取組み　*204*
　（1）「第三期の大学」の目的・目標　*204*
　（2）「第三期の大学」の対象者　*205*
　（3）履修証明　*205*
　（4）「第三期の大学」の学習プログラムの一例　*205*
4. カール・フォン・オシエツキー大学（オルデンブルク大学）の取組み　*206*
　（1）社会人のための研究コース（学位取得プログラム）　*207*
　（2）証書課程（非学位取得プログラム）　*207*

第3節　オーストラリアにおける大学開放の動向　*208*
はじめに　*208*
1. オーストラリアの社会と教育制度　*208*
2. オーストラリアにおける高等教育の特性　*209*
3. オーストラリアの大学開放　*210*
　（1）オーストラリアの大学開放の概略　*210*
　（2）クイーンズランド大学の事例　*211*
4. コミュニティ・エンゲイジメントへ　*212*
　（1）コミュニティ・エンゲイジメントの概念　*212*
　（2）コミュニティ・エンゲイジメント推進の背景と連邦政府の立場　*213*
　（3）AUCEAの設立　*214*
　（4）コミュニティ・エンゲイジメントの事例　*216*
おわりに　*217*

第8章 大学開放の意義と進展に向けての課題 …………………225
第1節 大学開放の意義　*225*
第2節 大学開放の進展に向けての課題　*228*

あとがき ……………………………………………………*232*

索　引 …………………………………………………… *234*

執筆者一覧

(五十音順)

阿部　耕也　静岡大学イノベーション社会連携推進機構 地域連携生涯学習部門教授
　　　　　　執筆担当：第3章

岡田　正彦　大分大学高等教育開発センター大学開放推進部門長・准教授
　　　　　　執筆担当：第6章第1節

神部　純一　滋賀大学社会連携研究センター教授
　　　　　　執筆担当：第4章第4節

木村　純　　北海道大学高等教育推進機構　特任教授
　　　　　　執筆担当：第4章第1節

佐々木英和　宇都宮大学地域連携教育研究センター准教授
　　　　　　執筆担当：第4章第3節

佐々木保孝　天理大学人間学部人間関係学科生涯教育専攻准教授
　　　　　　執筆担当：第2章第1節

鈴木　尚子　徳島大学大学開放実践センター准教授
　　　　　　執筆担当：第7章第1節

出相　泰裕　大阪教育大学教職教育研究センター地域連携部門准教授
　　　　　　執筆担当：序章、第1章、第4章第5節、第5章第1節、第6章第2節、
　　　　　　第7章第3節4-おわりに、第8章

中西　修一　元大阪教育大学教職教育研究開発センター教授、現近畿大学教職教育部特任教授
　　　　　　執筆担当：第4章第6節

永沼　美和　和歌山大学職員
　　　　　　執筆担当：第5章第3節

藤田公仁子　富山大学地域連携推進機構　生涯学習部門教授
　　　　　　執筆担当：第4章第2節、第7章第3節1-3

益川　浩一　岐阜大学総合情報メディアセンター生涯学習システム開発研究部門准教授
　　　　　　執筆担当：第7章第2節

山本　珠美　香川大学生涯学習教育研究センター准教授
　　　　　　執筆担当：第2章第2節、第4章第7節、第5章第2節

大学開放論
―センター・オブ・コミュニティ（COC）としての大学―

序章

本書の背景と構成

1. 大学開放の重要性と生涯学習系センター

　第1章で見るように、生涯学習への需要、地域や職業人からの大学への要請といった社会的背景があり、大学開放の重要性が増してきている。政府レベルでも、2005年の中教審答申「我が国の高等教育の将来像」において、大学開放の一層の推進による生涯学習機能や地域社会との連携などにより、大学がより直接的に社会に貢献する第三の機能の推進が提唱され[1)]、続く2006年の教育基本法改正では、第3条に「生涯学習の理念」が新設されたのと同時に、大学に関わる第7条にも「成果を広く社会に提供することにより、社会の発展に寄与する」といった社会貢献に関わる文言が加えられた。さらに第3章で述べられるが、2012年に発表された「大学改革実行プラン」では、地域再生に向けて、大学の「センター・オブ・コミュニティ（COC）」機能の強化が掲げられた。

　そういった社会的要請に対応するために、2011年度時点で、95.2％の4年制大学が公開講座を実施しており、そのうちの65.9％が学内に生涯学習センターなどの公開講座に関する専門機関・組織を設置している。このセンターは1990年の中央教育審議会答申「生涯学習の基盤整備について」において、地域の人々に様々な学習機会を提供する生涯学習機関としての役割を大学等が期待され、その役割を担う体制として開設が進められてきたものである[2)]。

　国立大学においても、2013年度現在、25の大学のそういった生涯学習系センターが集まり、表にあるとおり、「全国国立大学生涯学習系センター研究協議会（以下、研究協議会）」という組織を作っており、基本的に公開講座や正規の授業を公開講座として地域住民に開放する公開授業の実施や学外からの教員派遣依頼

への対応のみならず、生涯学習や大学開放に関する研究活動および地域と連携した地域活性化事業の企画・運営等を行っている。研究協議会では、年に一度、持ち回りで総会および研究フォーラムが開催され、それらセンターの実践や抱える問題について意見交換や討議が行われている。

こうしたことから、政策的にも、大学内の組織整備といった点においても、大学教育の開放を通じた生涯学習は進展の方向に向かっていると見られるが、実際

国立大学生涯学習系センター研究協議会参加大学とセンター名および設置年度

	大学名	センター名	設置年度
1	北海道大学	高等教育推進機構 生涯学習計画研究部門	1995
2	北海道教育大学	学校・地域教育研究支援センター生涯学習・地域連携部門	2000
3	弘前大学	生涯学習教育研究センター	1996
4	福島大学	地域創造支援センター生涯学習部	1995
5	茨城大学	生涯学習教育研究センター	1992
6	宇都宮大学	地域連携教育研究センター	1991
7	富山大学	地域連携推進機構 生涯学習部門	1996
8	金沢大学	地域連携推進センター	1976
9	岐阜大学	総合情報メディアセンター生涯学習システム開発研究部門	2000
10	静岡大学	イノベーション社会連携推進機構 地域連携生涯学習部門	1997
11	滋賀大学	社会連携研究センター生涯学習分野	1994
12	大阪教育大学	教職教育研究センター地域連携部門	1999
13	奈良女子大学	社会連携センター地域連携推進部門	1997
14	和歌山大学	地域創造支援機構 地域連携・生涯学習センター	1998
15	鳥取大学	産学連携推進機構 地域貢献・生涯学習部門	2005
16	島根大学	教育・学生支援機構 生涯教育推進センター	1993
17	徳島大学	大学開放実践センター	1986
18	香川大学	学生支援機構 生涯学習教育研究センター	1978
19	高知大学	国際・地域連携センター地域連携・再生部門	1998
20	長崎大学	産学官連携戦略本部 人材育成部門生涯教育室	1993
21	熊本大学	政策創造研究教育センター生涯学習教育部門	2001
22	大分大学	高等教育開発センター大学開放推進部門・生涯学習支援システム部門	1998
23	宮崎大学	産学・地域連携センター地域連携部門	1995
24	鹿児島大学	生涯学習教育研究センター	2003
25	琉球大学	生涯学習教育研究センター	1997

には楽観的とは言い難い状況でもある。大学は今日、財政状況が厳しさを増していることに加えて、18歳人口の減少から、高校卒業まもない若年フルタイム学生である「伝統的学生」の獲得に向けて競争を強いられている。そういった状況の中では、大学は限られた予算・資源をいかに競争力の向上により直接的な効果をもたらすものに重点配分するかということに関心を向けざるを得ない。確かに、生涯学習研究者などの間では、大学開放事業は優先順位の高いものとして、その意義を容易に共有しあえるであろうが、大学教員全体の中でコンセンサスが得られているかどうかは疑わしい。大学は基本的に学術研究と将来の社会の担い手となる若年層への教育に極力専念すべきという考え方も根強くあり[3]、実際、公開講座を担当している生涯学習教育研究センターの運営委員会で、教員からそのような役割に対して疑義が出された例も報告されている[4]。また研究論文の中には、大学が果たすと想定される機能として、社会貢献機能を位置づけてはいても、それは「産学連携」や「国際交流」を意味し、生涯学習支援を含めていないものも見られている[5]。そこで、COC機能の強化が唱えられている今日、それが大学による生涯学習支援の進展につながるように、その意義を改めて検討し、それを発信していく必要が生じている。

2. 大学開放研究の流れ

第2章で詳細に述べられるが、大学が有する教育資源を学外者に開放しようという組織的な試みは、1873年にイギリスのケンブリッジ大学で始まったといわれている[6]。「ユニバーシティ・エクステンション」と言われたこの運動は明治期に日本にも紹介されたが、当初は「大学教育普及事業」と訳され、その後、「大学拡張」、さらには今日では、「大学開放」と表現され、定着するに至っている。そこで本書でも基本的に日本に関わるものに関しては、「大学開放」という用語を用いることとする。

「大学開放」に関する研究に関しては、これまで日本国内では主としてイギリスとアメリカに関する歴史研究が多く見られてきた。イギリスについては、香川が19世紀のケンブリッジ大学で「ユニバーシティ・エクステンション」が始まった経緯やその在り様を中心に、数多くの先行研究を発表している[7]。またア

メリカについては、小池が特に 1890 年代を中心としたユニバーシティ・エクステンション論を取り上げ、アメリカにおける「ユニバーシティ・エクステンション」の定着に向けての大学内での葛藤に焦点を当てた研究などを進めてきている[8]。その他、佐々木の「農業拡張」に関する研究など、これまで広島大学の出身者がアメリカに関する歴史研究をリードしてきたが[9]、2008 年に五島が 20 世紀初頭に大学拡張部という多様なサービスを提供する専門部局をアメリカで初めて設置し、その後他大学のモデルとなったウィスコンシン大学に関する研究成果を『アメリカの大学開放』にまとめている[10]。

日本に関する歴史研究では、日本には大学拡張運動に関しては見るべきものはないとの立場から、戦前期の私立専門学校の動向や、自由大学運動など既存の大学の閉鎖性への批判を内包した大学外での民間による高等成人教育に関する研究が見られ、その成果の 1 つに田中征男の『大学拡張運動の歴史的研究』がある[11]。

歴史研究以外では、文部（科学）省委嘱等の研究が行われ、それらが報告書を出しているが、そこでは今後の大学開放の理念・方向性や内容論、大学開放を支える生涯学習系センターの在り様[12]、さらには大学と地域の連携状況および地域からの大学への期待と大学側の意識の乖離などに関する研究が行われている[13]。また大学開放に対する教員の意識調査など、大学開放を第三の機能からいかに主要機能へ発展させていくかに関しても、国立大学を事例とした研究の蓄積が見られている[14]。

また大学開放の視点も包含された大学と地域の関係をテーマにした研究も見られ、国立学校財務センター研究部は社会サービス機能を含めた国立大学の地域との交流実態について類型間の差異の視点を絡めつつ、調査研究を行っている[15]。また大学による地域づくり論に関する研究も大学が地域に関わる必要性やその事例を中心に行われてきている[16]。

3. 本書作成の目的と本書の構成

本書はそのような先行研究の蓄積に寄って立つものであるが、一部諸外国における大学開放の動向や国立大学生涯学習系センターによる実践事例なども組み入

れた。

　本書の作成は大学開放に関わる授業をするにあたって、これまで90年代に小野元之・香川正弘編著の『広がる学び開かれる大学』のような文献は出されたものの[17]、教科書あるいは指定図書、参考文献として使える図書が少ないため、そのような文献を作ってはどうだろうかと筆者が国立大学生涯学習系センターの教員に呼びかけたことが発端であるが、もう一つの本書作成の目的として、上記で述べた背景から、大学開放の意義およびその事業・活動について情報発信し、大学も生涯学習の場であるということについて、より多くの人びとの理解を得たいということがある。また大学はこのようなこともできるのか、大学を社会、地域の資源としてこのように活かす方法があるのかといった実践事例報告等を行い、それによって、地方自治体など、大学と連携する必要性を感じている組織・人々に具体的なアイディアを持つ上でのヒントを与えることができる。

　本書の構成であるが、第1章では、大学開放が求められる社会環境を踏まえた上で、これまでの大学開放の理念、さらには今後特に強調されるべき大学開放の視点について述べる。第2章の大学開放の歴史では、19世紀イギリスのケンブリッジ大学で「ユニバーシティ・エクステンション」はどのような経緯で始まったのか、そしてそれは元来どのような理念を持つものであったのか等について確認した上で、それがアメリカや日本に伝わるとそれぞれの国の社会環境の中で、どういった展開を見せたのかについて見ていく。具体的には、アメリカでは地域貢献といった視点など、独自の動向を見せた点、日本では主として官立大学以外の機関で実践が見られた点などに焦点をあてる。

　第3章では、大学開放に関わる政策動向や、統計に基づく大学開放事業数の推移及事業内容の把握などを通じて、大学開放の実態について報告する。続いて第4章の「実践事例報告」では、実際に行われている国立大学生涯学習系センターの実践を取り上げ、公開講座といった伝統的な大学開放事業とは異なる事業事例の一端を紹介する。

　第5章では「大学開放事業における学び」をテーマに、受講者、担当教員、事業を支える職員の3者を取り上げ、それぞれの大学開放事業に関わっての学びに焦点をあて、大学開放事業の可能性について考える。

　第6章の「大学開放を支える体制」では大学内組織と教員の問題を取り上げ、

大学開放を支える体制の実情を考察するとともに、大学開放を大学の基本的機能として位置づける、あるいは大学開放を推進していく上での課題について取り上げる。

第7章は諸外国、本書では英国、ドイツ、オーストラリアを取り上げ、それらの国では、大学開放はどういった動向にあり、そしてどのような実践が行われているのかについて紹介する。

最終章である第8章は「大学開放の意義と進展に向けての課題」というタイトルで、前章の内容から改めて大学開放の意義を確認し、その推進に向けての課題について整理する。

なお本書は研究協議会のメンバー有志が中心になって執筆したもので、事例や調査報告も国立大学生涯学習系センターによるものであるが、ただ海外の大学開放史に関してだけは、文献の内容の充実という点から、外部の大学開放史を専門とする研究者にお願いした。

また本書では訳語に関しては、各執筆者の考えを尊重し、あえて統一していない。

注
1) 中央教育審議会「我が国の高等教育の将来像（答申）」2005年、第1章。
2) 中央教育審議会「生涯学習の基盤整備について（答申）」1990年、第2。
3) 市川昭午『未来形の大学』玉川大学出版部、2001年、第Ⅳ章。
4) 斉藤寛「地域貢献と生涯学習教育研究センター運営—公開講座の促進のために—」『福島大学生涯学習教育研究センター年報』第13巻、2008年、pp.48-9。
5) 村澤昌崇「日本の大学組織—構造・機能と変容に関する定量分析—」『高等教育研究』第12集、2009年、pp.7-28。
6) 小池源吾「大学開放」日本生涯学習学会編『生涯学習事典』東京書籍、1990年、pp.153-4。
7) 例えば、香川正弘「J. スチュアートの大学拡張提案に関する覚書」『四国女子大学 四国女子短期大学研究紀要』第15集、1974年。「大学拡張の原点—スチュアートの大学拡張構想—（Ⅰ）」『上智大学教育学論集』第26号、1991年。「大学拡張の原点—スチュアートの大学拡張構想—（Ⅱ）」『上智大学教育学論集』第27号、1992年。など
8) 例えば、小池源吾「シカゴ大学における大学拡張の定着過程に関する研究」『日本社会教育学会紀要』16、1980年。「19世紀末アメリカにおける大学拡張の諸相」『大学論集』第14集、1985年。「十九世紀末アメリカ合衆国における大学拡張批判」『教育科学』23、1998年。など

9) 佐々木保孝「アメリカ合衆国における農学の進展と農業拡張事業」『日本社会教育学会紀要』43、2007年、pp.21-30。
10) 五島敦子『アメリカの大学開放―ウィスコンシン大学拡張部の生成と展開―』学術出版会、2008年。
11) 田中征男『大学拡張運動の歴史的研究―明治・大正期の「開かれた大学」の思想と実践―』(野間教育研究所紀要 第30集)、1978年。
12) 例えば、国立大学・大学教育開放センター等協議会『生涯学習の推進と大学の役割―大学教育開放センター、生涯学習教育研究センターを中心にして―』(平成8年度国立大学生涯学習推進調査研究調査研究報告書)、長崎大学生涯学習教育研究センター、1997年。
　「大学における生涯学習推進」研究プロジェクト『大学における生涯学習推進に関する研究』(文部省生涯学習局委嘱「生涯学習活動の促進に関する研究開発」研究調査報告書)、大分大学生涯学習教育研究センター、2000年、2001年。
13) 大学開放にかかわる研究委員会、前掲書。大学―地域連携による生涯学習研究会『大学と地域の連携によるまちづくりのあり方に関する調査報告書』(平成15年度文部科学省委託研究・実践報告)、静岡大学生涯学習教育研究センター、2004年。
14) 小池源吾・山田まなみ・佐々木保孝「大学開放と大学教員のエートス」『日本生涯教育学会年報』第21号、2000年。熊谷慎之輔「大学開放をめぐる大学教員のタイプ別分析―島根大学の大学開放に関する調査をもとに―」『島根大学生涯学習教育研究センター研究紀要』第1号、2002年、pp.99-111。その他、富山大学、大阪教育大学、大分大学、宮崎大学などでも、教員を対象にした調査が行われている。
15) 『国立学校財務センター研究報告』第2号－第6号、1998年－2002年。
16) 例えば、伊藤眞知子・小松隆二編著『大学地域論―大学まちづくりの理論と実践―』論創社、2006年。小野友道・上野眞也編著『大学と地域形成―大学政策シンクタンクの挑戦―』九州大学出版会、2006年。
17) 小野元之・香川正弘編著『広がる学び開かれる大学―生涯学習時代の新しい試み―』ミネルヴァ書房、1998年。

第1章 大学開放の理念

第1節　大学を取り巻く今日的環境

今日、大学を取り巻く環境は大きく変容を遂げてきており、そのことは大学の機能に対しても影響を及ぼしている。本節では、大学開放への期待に関わる主な社会的動向について取り上げる。

1. 職業能力開発への需要

現在、経済のグローバル化が進み、企業の中にはコストの削減に向けて、非熟練労働を開発途上国に移すところも多く出てきている。そのような中、先進工業国では経済競争に勝ち抜くために、生み出された知識など、知的財産を活用するなどして、世界最先端の、あるいは付加価値の高い製品・サービスを開発したり、新しいビジネス・モデルを創造したりすることが求められており、知識基盤社会を支える高度な知識・技能を持った労働力への需要が一層強まってきている。

また新たな知識・技術が絶え間なく生み出されてきていることから、若年期に学校で学んだことはすぐに時代遅れになってしまい、職業人は学校を卒業した後も生涯にわたり知識を更新していく必要に迫られている。

しかし、その一方で、これまで職業人の職業能力開発の主たる場であった企業内教育は内容の高度化や雇用の流動化、企業収益の悪化等により、役割が限定されてきている[1]。そうしたことから、企業も従業員教育において、個人主体のキャリア形成、自己啓発を重視するようになってきている[2]。

さらには近年、大手の企業が経営破たんする例がいくつも出てきているが、グローバル化する経済の中で競争に敗れたり、業種そのものが時代遅れになったりすることから、職業人の失業リスクは高まっている。このように雇用そのものが不安定化していることから、企業の外に職業能力開発の場を設け、人々の職業キャリアの再構築を支援していくことも喫緊の課題となっている。

　また東京大学大学経営・政策研究センターによる「全国大学生調査」によると、「卒業後にやりたいことは決まっている」者は58.8%にすぎず、4割超が社会人生活を間近に控えた大学時にまだ自分がやりたい仕事を見いだせていない[3]。しかし、そういった人の中には、社会に出た後に自分らしいと思える仕事、あるいは自分のやりたい職業を見つけ、それに向けて学び直したい、人生をリセットしたいと希望したりする人もいると考えられ、個人の職業的アイデンティティの確立が長期に及ぶようになっている実情に合った職業教育システムを構築しておく必要も出てきている。

　このように、職業の分野では様々な学習の芽が生じてきているが、人々の生涯にわたる職業能力の開発の一端を大学も担うことが期待されるようになっている。

2. 地域社会からの要請

　大学は社会全体への貢献に加え、立地地域からも貢献に向けて様々な期待を受けている。例えば、国内の各地域では工場や事業所の誘致は容易ではなくなってきていることから、地域の特性を活かした内発的な経済発展を進めていく必要が出てきており、そのための産業起こし、人材養成が地域課題としてあり、地域経済への大学の専門性を活かした貢献が求められてきている。

　また第2に教育、文化環境の充実への期待もある。今や人は居住地を選択する時代であると言われている[4]。そのため、各地域は人々に選択され、住み続けてもらえるような街づくりをしていく必要に迫られているが、学習意欲の旺盛な人々にとっては、自分の学習ニーズが満たせるかどうかも重要な選択基準となろう。

　第3は地域活性化を担う地域人材育成への支援である。今日、過疎化や少子

高齢化などの要因、さらには自治体財政の悪化により、厳しい状況に置かれた地域が少なからず存在し、地域再生が大きな課題となっている。近年、官だけでなく、市民、NPO、企業なども公共的なサービスを提供する「新しい公共」が推進されているが、地域社会の豊かさを維持・発展させていくためには、今や自治体議員・職員の能力向上のみならず、NPO活動など住民の地域運営参画につながる学習機会が必要となっている。

2011年度現在、地域の自治体と連携協定を結ぶ大学は26.6%あるが[5]、大学は地域から見て、象牙の塔というよりは地域の資源として捉えられるようになってきている。第3章で述べるように、文部科学省が2012年に発表した「大学改革実行プラン」においても、大学の「センター・オブ・コミュニティ（COC）」機能の強化が唱えられたが、地域の活性化やそれに向けての人材育成に向けて、大学への期待は大きくなっている。

3. 世代間の機会均等に向けて

かつて経済協力開発機構（OECD）が指摘したように、教育機会には世代間の不平等が存在している[6]。若年期に社会環境や経済的事情などによって、進学の機会を逃した人々がおり、日本においても、OECDの統計によると、25歳から34歳の層では「大学型高等教育及び上級研究学位プログラム」の学歴取得率は33%であるのに対して、45歳から54歳層では26%、55歳から64歳層では17%と低くなっている[7]。

西暦何年に生まれるかは本人が決められない問題であるが、現実にはたまたま早く生まれた、遅く生まれたで得をしたり、損をしたりすることは多い。それゆえ、属性など自分ではどうしようもできない事柄で被る不利益はできるだけ小さくする必要がある。

近年、差別の根拠にされてきた集団・個人の属性などは否定的に明示されるようになり、年齢に対する差別にも批判の目が向けられるようになってきている。第5章第1節で紹介する徳島大学が実施した受講者調査でも、若い時期に大学教育機会を逸したとの思いを持ち続けてきた人々がおり、そのような人々の長年の思いが公開講座の受講によって多少なりとも叶えられたといった報告がなされ

ているが、社会的公正の視点から、大学はこの問題に無関係でいられるのかという問題がある。

4. 生涯にわたる発達への支援

　人は生涯にわたって発達を遂げるという生涯発達の考え方は生涯学習振興上の基本的な論拠であるが、人間は成人後も様々な発達課題に直面し、また若年期に学習意欲を持てなった者の中にも社会に出て様々な人生経験を積む過程で意欲を持つ者もいる。こういった成人年齢になってから学習ニーズを抱いた人に、遅すぎたといった理由で機会が閉ざされては欲求不満が蔓延する社会となってしまう。
　教養の向上についても、中央教育審議会は教養は生涯にわたって培っていくものとしており[8]、教養教育を受ける機会は特定の年齢層に限定されることなく、生涯にわたって機会が提供されなければならない。しかし、これまで教養の向上に関わる講座は公的社会教育部門においても行われてきたが、社会教育調査報告書によると、近年、公的社会教育の「趣味・けいこごと」を除いた「教養の向上」に関わる学級・講座数は財政上の理由などから減少傾向にある。例えば、公民館で見ると、平成13年度には、7万7,350講座あったのが、平成22年度には2万7,372講座と約3分の1にまで激減しており、教育委員会による講座においても同様であった[9]。特に体系的に長期にわたって学べる講座の開設が厳しい状況になっており、そういった状況から人が生涯にわたって教養を高めていく、発達を遂げていく地域の機会が危機に直面しており、そういった面で教養教育を機能の1つとする大学に寄せられる期待は大きい。

5. 厳しさを増す大学経営

　大学側から見ても、大学開放の重要性は増している。2012年度末見込みで、国と地方合わせて、900兆円を超える長期財務残高を日本は抱えており、財政上危機的な状況となっている。そのような中、多額の税金が投入されている大学は高等教育予算を削減することは不見識だと単に批判するのではなく、研究の意

義・成果を説明したり、自らの資源を活用し、社会貢献事業を行ったりして、大学の存在価値、社会貢献の度合いを納税者である国民により深く理解してもらう必要がある。特定の一部の年齢層のみが機会を享受するのではなく、高等教育段階の教育から便益を受けられるあらゆる人々に対し、教育機会を提供し、大学教育を国民にとって一層身近なものにしていく必要がある。そうでなければ、財政状況も危機的で、なおかつ社会保障費が膨らんでいく折、OECD諸国並みの予算を獲得するどころか、大学への予算配分上の優先順位は低く位置づけられてしまう恐れが出てくる。

　また18歳人口の減少により、学生獲得競争は激化しており、各大学は教育研究の質を向上し、魅力を増す必要に迫られている。後に述べるように、大学開放はそういった教育研究に取組方次第で好影響をもたらす可能性を秘めてもいる。

　これまで大学を取り巻く今日的環境の一端を見てきたが、それらは生涯にわたる職業能力開発や教養の向上など、今や教育機会は若者だけのものではなく、生涯にわたって学び続けていくことの必要性を強調するものであった。大学もそのような情勢とは無関係ではおられず、慶應義塾長をしていた安西も「これからの日本にとって、家計、性別、年齢等を問わず、学ぶ意欲と能力のある人間なら、いつでも質の高い大学レベルの教育を受けられるようにすることが、教育立国の基幹的な方向にならなければならない」と述べているが[10]、知識基盤社会化した先進工業国において、高度な学習ニーズに対応する生涯学習機会が供給されないということがあれば、その社会の繁栄はありえず、大学は生涯学習に非常に大きな期待、責任を背負っていると言える。

第2節　これまでの大学開放の理念

1. イギリスのユニバーシティ・エクステンションの理念

　第2章第1節で詳述されるが、大学が有する教育資源を学外者に開放しようという組織的な試みは、1873年にイギリスのケンブリッジ大学がジェームス・スチュアートの提案を受け、行った逍遥大学がその最初とされている[11]。

　イギリスではそれまで長年にわたり、大学教育を一部の特権階級が独占していることが問題視されていたが、そこで宗教、階級、資産にかかわらず、学習要求を持ち、かつ能力もあるあらゆる者に大学教育は開放されるべきという「university extension（ユニバーシティ・エクステンション）」の考え方が登場するに至った。

　その頃、スチュアートは自らの地方での教育経験から、これまで大学教育の機会が閉ざされてきた女性や労働者にも高等教育への需要があると知った。そこで彼はそのような人らにも大学の方が出向き、大学教育を提供すべきと考え、ケンブリッジ大学側も結果として、スチュアートの提案を認め、1873年、3都市を巡回する「ユニバーシティ・エクステンション」講座が実施された[12]。

　スチュアートは教育を熱心に求めながら、何らかの事情でそれを得ることができない人々に応えることは大学の責務であり、「ユニバーシティ・エクステンション」のような取組こそが大学を国民的機関たらしめる大きな一歩となると信じた。また彼の「ユニバーシティ・エクステンション」に関する考え方の中には、現実的には地方に大学を増やすことが難しいことから、巡回講座によって対応するのが望ましいこと、教育過程ではしっかりとした学識のある一教師による一定期間の継続的な指導が行われるべきで、細切れで断続的な過程であってはならないということ、大学外での成人教育講座に大学人が関わることは奉仕活動ではなく、大学だからできること、大学こそがなすべきことで、大学本来の教育活動の拡張と捉え、大学が組織的に行うべきもの、といった点などがあった[13]。

　しかし、イギリスでは「ユニバーシティ・エクステンション」という用語は

当初は大学教育機会の拡大という意味で用いられていたが、その後、大学の民主化といった内部改革に向けた意味合いは薄れ、大学外での教育提供と結びついた、狭く限定的に大学が行う成人教育といった意味で主として使われるようになった[14]。

2. アメリカ型のユニバーシティ・エクステンションの理念

「ユニバーシティ・エクステンション」の考え方はイギリス国外にも紹介されていったが、アメリカでは、それはアメリカの学生に適した、より柔軟で一層広範なアプローチへと移行した[15]。そこでは正規の大学教育を通信教育や夜間カレッジを通じて、より多様な層に開放しようとしただけではなく、州税によって存立する州立大学においては、州全体をキャンパスと見なし、大学は大学を支える州や州民にサービス、奉仕するものという理念（「ウィスコンシン・アイディア」）に基づき、州内の諸問題の解決に向けて、あるいは州民の様々な学習ニーズに応えるべく、多様な活動が展開されるものとなった。

シャノンらはこれらの「ユニバーシティ・エクステンション」活動を、正規単位の取得に向けた教育機会をキャンパスの壁を超えて提供する「地理的拡張」、学校教育を修了した成人を対象に職業的資質を高める等の目的で高等教育水準の継続教育を提供する「年齢的拡張」、「教育サービス」「コミュニティ開発」「応用研究」などと総称され、大学の資源を活用して、学外者のニーズ・関心を満たすことを目的とする「機能的拡張」の3種類に分類した[16]。つまり、アメリカの「ユニバーシティ・エクステンション」活動は正規課程教育をより広範な層に開放することに加えて、成人に高等教育水準の正規外教育プログラムを提供すること、および大学の資源を活用した社会貢献活動を実施することの3つの機能を有するものとなった。

3. 日本へのユニバーシティ・エクステンションの紹介

日本においても「ユニバーシティ・エクステンション」の考え方が紹介されたが、それを最も早い時期に行ったのは1891（明治24）年の家永豊吉であるとさ

れている[17]。家永は19世紀文明の原動力とも称すべき学術は学者社会が独占孤守しており、一般国民はいまだこれを討究する機会さえない状況において、「ユニバーシティ・エクステンション」を大学教員自らが大学を出て、一般国民に講義を授け、学術進歩の恩恵を全社会に行き渡らせ、高等教育を普及させるものと紹介した[18]。

家永は「ユニバーシティ・エクステンション」を「大学教育普及事業」と和訳したが、明治の終わりごろから大正期になると、それは「大学拡張」と訳されるようになった[19]。例えば、谷本は1906（明治39）年に『新教育講義』の中でイギリスとアメリカにおいて盛んに行われている、大学教授や学者が大学には来られない人々のところへ赴き、講義を行うことを「大学拡張」として紹介しており[20]、イギリス等、ヨーロッパの社会教育の実際を視察した吉田も1911（明治44）年に、「大学拡張は大学教育拡張の意味であって、大学に入学することの出来ない人に、大学教育の一班を授くることを旨とするもの」と述べている[21]。またこれらから、当時「大学拡張」は大学教育を何らかの事情で受けられない人を対象に大学教員が出向き、大学教育の一端を提供することと理解されていたことがわかる。ただ「大学拡張」という用語は大学がその敷地を拡大することとか、学部を増設することなどと誤解されることがあったため、戦後には、学校開放の一環として、「大学開放」と訳されるのが一般的となり[22]、今日、「大学開放」が用語として定着している[23]。

4. 日本における大学開放の定義

続いて、「大学開放」は現代において、どのように定義されているのかをまず事典における記述から見てみると、生涯学習事典では「学内に集積された教育資源を学外社会あるいは学外者に広く提供する目的をもって、大学が主体的に行う教育活動あるいは事業」[24]、また生涯学習研究e事典では、「大学の有する人的・物的・知的資源や教育・研究機能を広く学外に提供するため、大学が自ら行う教育事業活動」と定義されている[25]。ちなみにe事典では人的資源には教員だけでなく、職員や学生も含まれている。これらの定義では、大学開放とは「大学の持つ資源・機能を学外に向けて、大学が事業として提供すること」といった意味

で理解されている。一方、日本大百科事典では、「大学生に限らず、一般市民に対し広く大学教育の機会を開放する方策」と定義されており、開放内容としては教育機会を想定している[26]。

続いて研究者の見解を見ると、香川は学術用語としては、「大学開放」よりも「大学拡張」の方が正確とした上で、「大学開放」を「大学拡張」と表現しており、大学開放とはイギリスに照らし合わせると、「大学に入る制限を取り払って、大学教育を受ける能力のあるすべての人々に大学を開くという概念」で、一方、今日的な意味での大学拡張は正規の大学の事業として一般社会人に対して提供される大学の教育事業を意味するとしている[27]。

また廣渡は大学開放とは「何を」「誰に」開放するものなのかという問いに対して、「大学の持てるリソース（教育、研究、人材、施設・設備、情報）」を「社会人（成人）」に開放するものとの答えを提示している[28]。

一方で小池らは大学教員の大学開放観について行った調査で、大学開放事業の中に「大学公開講座の実施」以外にも「正規課程への社会人の受入」を含めており、大学開放を正規課程への社会人学生の受け入れも含め、広く捉えている[29]。

このように「大学開放」と言っても捉え方は多様となっており、上記の各定義や研究者の見解を踏まえると、相違は以下のような点で見られている。

第1は、大学開放を「大学教育の機会」の開放といった教育機能に特化して捉えるか、それともより広く、「大学の持つ資源」の開放と捉えるかといった「何を開放するのか」における差異である。第2に、教育の開放といった場合、正規の学位課程への社会人の受け入れを含めて広義に解釈するのか、範囲を狭義に捉え、学外者を対象としたプログラムを開発・提供することに限定するのかといった点がある。さらに第3に、学外者対象のプログラムの提供と狭義に捉えた場合に、開放対象を成人・社会人に限定しない市民一般とするのか、成人・社会人に絞るのかといった「誰に開放するのか」といった点でも相違が見られている。

このように大学開放とは「何を」「どのように」「誰に」に開放するものなのかという概念の根本的な点で不明確な点があるが、教育の開放に限定して言えば、前述の定義や研究者の理解を踏まえると、大学開放とは年齢にかかわらず、正規の大学教育を受ける能力を持つ人々にそれを開いていくという意味、つまり教育機能の拡充というよりは、「大学内の教育資源を用いて、学外の市民一般を

対象に、大学が教育活動・事業を行うこと」といった社会貢献機能としてのニュアンスの方が強いものになっている。

5. 大学開放への批判

「大学開放」が今日、どのように捉えられているのかについては上で述べたとおりであるが、イギリスやアメリカにおける「ユニバーシティ・エクステンション」の紹介以後、今日に至るまで、日本の大学開放には多くの批判が寄せられてきた。

例えば、確かに日本の戦前期においては、大学拡張運動が紹介された明治20年代頃に私立専門学校が講義録の発行、校外生制度、巡回公演などを開始し、早稲田大学は校外教育部を設置するといった動きはあったが[30]、官立の大学は大正末期に文部省委嘱の形で成人教育講座を実施した例が見られたものの、概して受動的な立場で成人教育講座を開催したにすぎず、その結果、高等教育機関が主体的に自ら社会教育に進出することは、ほとんどなかったと指摘されている[31]。

また戦後に入っても、公開講座、学校開放に関する条項が学校教育法や社会教育法に記載されたこともあり、公開講座はブームとなったが、これも一時的なものに終わった。

そういったことから、日本では一部の私学を除けば、欧米の「ユニバーシティ・エクステンション」に類する運動・実践は長年にわたり存在しなかったとされてきた[32]。戦前の日本では、大学は帝国大学令や大学令で国家の須用に応じた教育を行うことが明記されていたこともあり、特に官学は社会とは隔絶された象牙の塔にたてこもり、学問の機会均等の要求に応えなかったと厳しく批判された[33]。そのためむしろ、大学ではない機関による実践であっても、高等教育・専門教育レベルの研究成果と教育機会の社会的普及を担っており、大学の教授職にあった者と在野の知識人が共同で展開した文化・思想運動こそ、「大学拡張」運動であると捉える向きも出てきた[34]。

「開かれた学校」論が展開された1970年代以降、大学開放に対する社会的関心は高まり、第3章にあるように、公開講座数も拡大を見せたが、そうした状況においても、その内容に関しては、民衆の生活と労働の現実から乖離してい

る[35]）、あるいは公開講座等の事業が質的に「学習」とよびうる内実を形成しえていない[36]）といった批判がなされてきた。香川も公開講座等の事業は各回で講師が代わる体系性も継続性もない非教育的なもので、イギリスの「ユニバーシティ・エクステンション」の理念に反しており、また内容的にも娯楽系のものなど、カルチャー・センターで行われるようなものも含まれているとの懸念を示している[37]）。確かに、公開講座は2008年度の調査で見ても、13.2%が内容的に「趣味」に分類されており[38]）、また講師もその大学の専任教員ではなく、学外講師や非常勤講師が担当する講座も多々見られるなど、その在り様には疑問が投げかけられている。

第3節　今後の大学開放の方向性

1．日本における様々な大学開放論

確かに、過去において、大学は国民の広範な層の持つ学習ニーズへの関心が希薄で、そういった閉鎖性に対する「カウンター・ユニバーシティ」としての大学外での運動こそが大学拡張運動であるとの指摘もなされてきた。しかし、現在、第3章で述べるように、ほとんどの大学で公開講座が行われ、また社会人特別選抜の導入も進み、大学の中には地元自治体との連携協定の中に住民の生涯学習への貢献を位置づけているところも出てきているなど、開かれた大学への理解・取組が進んできている。そういった背景から、今日においては大学開放を大学が組織として取り組んでいくものと捉えるべきであろう。

前節では、現在の日本では、「大学開放」がどのように定義づけられているのか、捉えられているのかについて述べたが、今後日本の大学開放はどのような理念を持つべきか、つまり大学開放の在り様についても、様々な研究者が論を展開している。

香川は教育ニーズの高度化に応えるのは大学しかないとの主張が弱いこと、カルチャー・センターの大学版と言われかねないことなどを現在の大学開放の問題

点として挙げており、また現在の公開講座は講師が入れ替わり立ち替わりとなっている場合が多く、このような細切れの講座はイギリスの1871年の大学拡張の宣言にあるとおり、非教育的と批判している。そして大学の資源を活用しての文化活動は差し支えないものの、大学開放とは大学教育を一般市民に対して開放することであるから、基本的に事業は大学教育の範囲内において開放するものに限るべきとしている。ただ日本では学位取得にこだわる成人は多くないため、関心のある分野を体系的に学べるようなものにすべきとも述べている[39]。

廣渡は他国の先進モデルを無批判に受け入れるよりも日本型の大学開放を模索すべきで、職業関連プログラムに偏っていないことや、晩学的な自己探求やアイデンティティの再構築の場といった現実の傾向を否定することなく、それらこそ日本の大学の強みとすべきとしている。そして大学が他の機関と決定的に違う点は既存の知識や理論、技術を疑い、批判し、さらなる高度化・進化を目指す点にあるとし、開放事業においても、大学が行うものであるから、その点は同一であるべきで、事業は参加者の知識が向上するのみならず、彼（女）らの思考力や表現力が強化されるものでなければならないとしている[40]。

小林は「継続高等教育」という用語を用いているが、今求められている継続高等教育は趣味、教養といった生活拡充型の公開講座やエクステンションといったわが国従来の大学拡張の延長線ではなく、高度に専門的ないし現代的な課題への対応、特に地域課題と密接な関わりを持った方向に進むべきとしている。そうでなければ、現状の社会教育型の生涯学習と大差ないものになり、高等教育という実質を担保できないと指摘している。具体的には個人のエンパワーメントを起点に市民社会のエンパワーメントへと繋げていくことを目的とし、地域経済の内発的発展に向けての職業的・職能的リカレント学習とアクティブな市民社会の主権者の自己形成に寄与する公共的・公益的リカレント学習を支援しつつ、さらに職業的リカレント学習の専門性を支える公共的リカレント学習という形で両者を連関させるべきであるとしている[41]。

猪山は世界の大学開放はイギリス型の教養教育拡張型やアメリカが主導してきた仕事・生活拡張を中心とした正規教育システムをも含む開放という次元を超えて、大学開放機能が研究機能、学生への教育機能を社会開放的視点で再組織化する「社会総合開放機能」の段階に入ってきているとしている。そこでは大学の

研究性や教育性と分離した大学開放は公的社会教育や民間教育産業と差異のないものになってしまうことから、大学開放は社会と遊離しがちであった既存の大学機能と連関し、それらを活性化する役割を期待されるとしている[42]。

　また佐藤は、大学開放は大学がフォーマルに責任を持ちながら、多様な開放形態を生み出し、地域社会との接点を模索することに意義があるとした上で、「成人のための大学」を創造する方向を目指すべきとしている。そしてこれまでの実践例を踏まえ、通常の公開講座の水準を超える大学開放の要素として、現代社会を理解し、生産・生活課題を解決する社会人としての教養や人間性を探求する生きがいとしての教養への需要に応えることや、学習者参加型で、既存の教員と受講生の関係に留まることなく、教育・研究の内容や方法が自由に創造され、研究的な新たな知の形成や大学自体の活性化に結びついていくことなどを挙げている。そしてこの点にこそ、公的社会教育や民間教育産業とは異なる大学開放の独自の意義があるとしている[43]。

　このように様々な論が提起されているが、基本的には大学開放事業は「大学ならではのもの」「大学による教育にふさわしい事業」を行うべきで、大学開放事業の内容が安易に拡がり、カルチャー・センター的なものとなってはならないといった質の問題に関わる点では意見の共有がなされていると言ってよいであろう。また猪山や佐藤のように、大学開放は既存の教育研究活動の活性化と結びつくものであるべきという視点も見られている。

2. 今後の大学開放の方向性

　続いて、これらの論と第1節で述べた社会環境を踏まえながら、今後の大学開放、特に大学教育の開放の寄って立つべき理念、および重要な視点について述べていくこととする。

　前述したように、もはや若い時期の学修だけでは十分ではなく、高等教育が一層多くの人々にとって、年齢にかかわらず重要となってきている。先に、いつでも大学レベルの教育を受けられるようにすることが教育立国の基幹的な方向にならなければならないとの安西の主張を紹介したが、中央教育審議会も2005年の答申「我が国の高等教育の将来像」において、誰もがいつでも自らの選択によ

り学ぶことのできる「ユニバーサル・アクセス」型の高等教育の実現が重要な課題と述べている[44]。ただ高等教育をエリート、マス、ユニバーサルというように発展段階において分類したトロウはユニバーサル型も3タイプに分類しているが、近年の情報通信技術（ICT）の発達を勘案すれば、「ユニバーサル・アクセス」型ではなく、eラーニング形式で地理的、時間的な阻害を克服した形で高等教育を受講するといった視点も含めた「ユニバーサル・パーティシペーション」型の高等教育の実現こそが目指すべき目標となるであろう[45]。

いずれにせよ、19世紀のイギリスのユニバーシティ・エクステンションの理念は学習要求を持ち、かつ能力もあるあらゆる者に大学教育は開放されるべきで、そういった人たちが大学に来られない場合は、大学の方がそのような人らの所へ出向き、大学教育を提供するというものであったが、今日においては、高等教育機関の中核に位置づく大学による教育の開放は年齢、性別、経済状況、あるいは居住地等にかかわらず、学習要求を持ち、かつ高等教育を受ける能力も兼ね備えた者が人生の必要な時期に教育機会を受講できるようにするといったことが基本的な理念とならなければならない。

そういった大学教育の開放に向けては、正規課程への社会人学生の受け入れを一層積極的に進めていく必要があるが、同時に、人々の中には大学レベルの教育へのニーズはあるが、学位は必要ない、特定の分野・課題についてのみ体系的に学びたい、あるいは教養を深めるために幅広く学びたいなど、多様な要請があると思われる。そこで、大学は寄せられる様々な学習ニーズの中から、正規課程、非正規課程にかかわらず、各大学の使命・個性・源に沿った、かつ期間・受講形態等において柔軟で、各人が自らの都合に合わせて学ぶことができる教育機会を整備していく必要がある。

新教育学大事典では、「大学の開放は研究と教育と並んで第三の機能として位置づけられる」と述べられているが[46]、大学開放と言っても、正規課程、非正規課程を問わず、大学レベルの教育を生涯にわたって開放するといった部分については、第三の機能、つまり社会貢献機能というより、中央教育審議会も述べているように、伝統的機能としての教育機能の拡充と考えるべきであろう[47]。年齢によって、ある人への教育機会の提供は教育機能、他の人へのそれは社会貢献機能と分けられるのも年齢差別的で奇妙な話である。むしろ、これは学生・受講

者の年齢の拡張であり、また様々な学習ニーズや職業、家庭の責務に伴う制約を抱えた成人を主として対象とすることから、受講形態や期間などの柔軟化を伴う基本的な機能の拡充と捉えるべきである。

　こういった大学開放を推進するにあたって今後欠かせない視点として、第1に地域貢献、地域連携に関わる学習ニーズへの対応がある。2006年の教育基本法の改正で第7条に大学に関する条項が新設され、「大学は、学術の中心として、高い教養と専門的能力を培うとともに、深く真理を探究して新たな知見を創造し、これらの成果を広く社会に提供することにより、社会の発展に寄与するものとする」と大学の社会貢献上の役割が強調されるに至った。

　社会といっても、国際社会から地域社会まで幅広いが、今日、その中でも立地地域から大学に対して様々な要請があり、特に活性化や再生が叫ばれている地方における学習ニーズへの対応は大学開放を考える上で欠かすことのできないものとなっている。先に述べた「大学改革実行プラン」においても、COCとしての大学づくりが8つの基本的な改革の方向性の1つに位置付けられているが、阿部が第3章で大学開放事業の分類を試み、その1つに地域課題対応型を挙げているように、すでに大学開放は実態として、単なる地域住民への教育機会の提供に留まらない状況になっている。シャノンらが「機能的拡張」と呼んだ、大学の持つ資源を活用し、地域により直接的な貢献を果たしていくことは今後大学開放の中で一層重要性を高めていくと思われる。

　第2に、イギリスの「ユニバーシティ・エクステンション」も元来、大学改革を目的とするものであったが、今後、大学開放を進める上で、重視すべき視点として、社会的に大学の教育研究の質の向上が求められている中、大学開放によって、大学の教育研究活動を活性化することがある。それにより、第4章のオーストラリアのコミュニティ・エンゲイジメントの例にも見られるように、大学と地域・社会は双方に利益がもたらされるウイン・ウインの関係を生み出すことができる。そうなれば、社会貢献はこれまで第三の機能と位置づけられ、正規学生への教育や研究に影響を及ぼさない程度に行うものと考えられがちであったが、学内における大学開放への理解・支持も拡がり、開かれた大学といった視点での大学改革が一層進展していくと考えられる。

注

1) 社会人技術者の再教育推進のための調査研究協力者会議『リフレッシュ教育の推進のために』文部省高等教育局、1992年、pp.4-6。
2) キャリア形成を支援する労働市場政策研究会「報告書」厚生労働省職業能力開発局、2002年。http://www.mhlw.go.jp/houdou/2002/07/h0731-3a.html、2013. 9.30、最終アクセス日。
3) 東京大学大学経営・政策研究センター「全国大学生調査」2007年、http://ump.p.u-tokyo.ac.jp/crump/cat77/cat82/、2013. 9.30、最終アクセス日。
4) 平間久雄『地域活性化の戦略』日本地域社会研究所、1999年、pp.23-29。
5) リベルタス・コンサルティング『平成23年度開かれた大学づくりに関する調査（調査報告書）』（平成23年度文部科学省委託調査）、文部科学省、2012年、p.46。
6) Centre for Educational Research and Innovation（CERI）. *Recurrent Education: A strategy for lifelong learning.* Paris, OECD, 1973, pp.35-41.
7) OECD『図表でみる教育：OECDインディケータ（2012年版）』明石書店、2012年、p.36。
8) 中央教育審議会「新しい時代における教養教育の在り方について（答申）」2002年、第3章。
9) 文部科学省生涯学習政策局調査企画課『社会教育調査報告書』平成14年度、pp.40-41, pp.320-321、および平成23年度、pp.30-31、pp.42-43。
10) 安西祐一郎「社会からの支援と大学の自己改革」『IDE―現代の高等教育』No.520、2010年5月号、pp.2-3。
11) 小池源吾「大学開放」日本生涯学習学会編『生涯学習事典』東京書籍、1990年、pp.153-154。
12) Goldman, L. *Dons and Workers: Oxford and adult education since 1850.* Clarendon Press, Oxford, 1995, p.15.
13) 香川正弘「J. スチュアートの大学拡張提案に関する覚書」『四国女子大学 四国女子短期大学研究紀要』第15集、1974年、pp.13-21。「大学拡張の原点―スチュアートの大学拡張構想―（Ⅰ）」『上智大学教育学論集』第26号、1991年、p.67。「大学拡張の原点―スチュアートの大学拡張構想―（Ⅱ）」『上智大学教育学論集』第27号、1992年、pp.10-11、pp.25、29。
14) Goldman, L., op.cit, p.19.
15) Carstensen, V.W., "Educational Service－The Wisconsin Idea", in Rohfeld, R.W (Ed), *Expanding Access to Knowledge*, : Continuing Higher Education NUCEA・1915-1990, National University Continuing Education Association, 1990, p.19.
16) Shannon, T.J & Schoenfeld, C.A., *University Extension*. The Center for Applied Research in Education, INC, New York, 1965, pp.3-5.

17) 田中征男『大学拡張運動の歴史的研究―明治・大正期の「開かれた大学」の思想と実践―』(野間教育研究所紀要 第30集)、1978年、p.28。
18) 家永豊吉「英米に於ける教育上の一大現象」『国家学会雑誌』1891年12月号、pp.6-12、および1892年1月号、pp.22-26。
19) 田中、前掲書、p.201。
20) 谷本富『新教育講義』玉川大学出版部、1973年、pp.308-315。
21) 吉田熊次『社会教育』敬文館、1913年、p.334。
22) 三井為友「大学拡張運動の歴史と現状」『Energy』20号、1969年、pp.16-17。
23) 小池源吾、前掲書。
24) 同上。
25) 服部英二「大学開放」『生涯学習研究e事典』2007年、http://ejiten.javea.or.jp/content.php?c=TWpZeU56TTE%3D、2013. 9.30、最終アクセス日。
26) 木村浩、赤尾勝己「大学開放」『日本大百科全書』小学館、2008年、http://100.yahoo.co.jp/detail/%E5%A4%A7%E5%AD%A6%E9%96%8B%E6%94%BE/、2013. 9.30、最終アクセス日。
27) 香川正弘「わが国における大学開放発展の課題」小野元之、香川正弘編著『広がる学び開かれる大学―生涯学習時代の新しい試み―』ミネルヴァ書房、1998年、pp.232-233。および前掲論文、1991年、p.49。
28) 廣渡修一「大学開放の事業範囲～(試論)日本型大学開放への視点～」『生涯学習の促進に関する研究開発報告書』(平成13年度文部科学省委嘱研究)、大学開放にかかわる研究委員会、2002年、pp.19-26。
29) 小池源吾・山田まなみ・佐々木保孝「大学開放と大学教師のエートス」『日本生涯教育学会年報』第21号、2000年、pp.147-164。
30) 佐藤一子「おとなの学びと学校：高等教育機関の開放をめぐって」堀尾輝久他編『学校の学び・人間の学び』(講座学校第5巻)、柏書房、1996年、pp.202-203。
31) 藤沢光徳「私学における大学拡張の系譜―早稲田大学校外教育運動を通して―」大槻宏樹編著『社会教育史と主体形成』成文堂、1982年、pp.47-50。
32) 田中、前掲書、p.28。
33) 宮坂広作『近代日本社会教育史の研究』法政大学出版局、1968年、p.65。
34) 田中、前掲書、p.49。
35) 同上、pp.48-49。
36) 佐藤、前掲書、p.203。
37) 香川正弘、前掲論文、1998年、p.229-240。
38) 文部科学省「開かれた大学づくりに関する調査について」(2009年度)、2010年。
39) 香川正弘、同上。
40) 廣渡修一、前掲論文。

41) 小林甫「地域社会における「生涯学習の教育内容」論—自治体「産業政策」との関わりにおいての試論—」「大学における生涯学習推進」研究プロジェクト『大学における生涯学習推進に関する研究』(文部省生涯学習局委嘱「生涯学習活動の促進に関する研究開発」研究調査報告書)、大分大学生涯学習教育研究センター、2000年、pp.37-47。
42) 猪山勝利「大学における生涯学習推進の現代的視角」「大学における生涯学習推進」研究プロジェクト『大学における生涯学習推進に関する研究』(文部省生涯学習局委嘱「生涯学習施策に関する研究開発」研究調査報告書)、大分大学生涯学習教育研究センター、2001年、pp.1-5。
43) 佐藤、前掲書、pp.222-225。
44) 中央教育審議会「我が国の高等教育の将来像(答申)」2005年、第2章。
45) マーチン・トロウ『高度情報社会の大学—マスからユニバーサルへ—』喜多村和之監訳、玉川大学出版部、2000年、p.272。
46) 塚本哲人「大学の開放」『新教育学大事典』第一法規、1990年、pp.45-47。
47) 中央教育審議会、2005年、第1章。

第2章

大学開放の歴史

第1節　英米における大学開放の歴史

　本節では、大学開放の歴史をたどる上で、イギリス（特にイングランド）、およびアメリカ合衆国（以下、アメリカと表記）での起源に着目してみよう。周知のように、両国とも世界の大学史、および成人教育史の中で、現代につながる様々なスキーム（枠組、原則、体系など）を構築した国であり、日本に与えた影響も大きい。特に大学開放の起源ということでいえば、両国においておよそ19世紀後半から20世紀初めにかけて成立した「ユニバーシティ・エクステンション（University Extension）」[1]が注目されるところである。以下、イギリス、アメリカのそれぞれのユニバーシティ・エクステンションの成立と展開について概観し、その歴史から現代の大学開放が何を学べるのかについて考察を試みる。

1. イギリスにおけるユニバーシティ・エクステンションの成立と展開

（1）ユニバーシティ・エクステンションの成立

　18世紀後半に起こった産業革命により、イギリス社会には、貴族層である上流階級、資本家層の中産階級、被雇用で働く労働者階級が発生した。資本主義が発達してくると、中産階級の社会的影響力は大きくなり、また、労働問題の発生によって、労働者階級は団結して自らの地位の向上を目指すようになった。そうした中で、高等教育によって得られる知識、就中、知識人のもつ教養に対し、市民的自覚の下で自己を高める修養に必要な「有用な知識」として、上流階級ではない層のある種の憧れにも似た獲得要求が高まりをみせていく。

かくして、大学内外の事情を背景に、19世紀中葉から20世紀の初めにかけて、イギリスの大学は史上まれにみる大学改革に取り組み、大学の門戸開放というこの期の改革における重要な課題のひとつからユニバーシティ・エクステンションも派生してきた。イギリスにおけるユニバーシティ・エクステンションの成立をいつとみなすかはいろいろな考え方があるが、一般的には、ケンブリッジ大学が、スチュアート（Stuart, J.）の提案を受け1873年から1875年にかけて大学外の一般民衆を対象に出張講座を開始したことでもって、ユニバーシティ・エクステンションの成立とする論者が多い。大学を多くの民衆に接近させるという理念が具体的に実現可能な形で実践され、そのスキームが後の事業の原型となっていったためである。ここでは、スチュアートが事業を構想した経緯とイギリス型のユニバーシティ・エクステンションに関する基本的な枠組みについて述べておこう[2]。

　スチュアートがケンブリッジ大学にユニバーシティ・エクステンションの提案書を提出したのは1871年であった。その4年前まで彼は巡回大学の構想を実現する方策をもち合わせていなかったといわれているが、1867年、女性教育団体から舞い込んだ講演依頼を活用して自らの構想に関する"実験"を開始した。この団体は「女性の高等教育を促進するための北英評議会」（North of England Council for Promoting the Higher Education of Women）といわれ、イギリスで国家的課題となっていた中等学校の教育水準を高めるために女性教師の資質向上を目指していた団体であった。受講者は教師などを志望する女性たちで、そもそもは「教育の理論と方法」が依頼されたテーマであったが、スチュアートのほうで「天文学の歴史」に変更して、毎週1回計8回の連続講義として開講したのである。

　聴衆は急に大きなテーマ変更があって戸惑ったかもしれない。にもかかわらず、毎週約500人もの受講者が集まり熱心に講義を受けたという。そこには一般の講演にはみられない教育方法上の工夫が施されていた[3]。第1に連続講義によって系統性が確保されていたこと、第2に講義の概要を書いた要目を毎回配布していたこと、第3に毎回いくつかの問いを書いた課題論文を課し、添削して返却していたことである。さらに、この事例より後に行ったロッジデイルの生活協同組合に依頼された連続講義の実践において、講義の疑問点を話し合うクラス

討議の時間を設けたことも新たに工夫が加えられた点としてみのがしてはならない。

1867年以降の事象を整理すると、スチュアートは、まずは女性団体に対して、その後は、「クルー・メカニクス・インスティチュート」、そしてロッジデイルの生活協同組合と3度の巡回講義の講座を実施し、その盛況ぶりから自らの構想に手ごたえをつかんでいく。そして、巡回大学の実施に相応しい形態をいくつか試行錯誤したのちに、1871年、本筋に戻って大学当局に提案書をあげた。その論旨は、産業が盛んな地方都市には正規の学生としてはカレッジに居住できないものの強い高等教育要求をもつ人びとが特に女性や労働者にみられること、にもかかわらず、そうした需要を満たす組織的で継続的な教育活動は行われていないこと、そのために大学に籍をおく学識をもった講師が講義をする必要があること、などであった。なお、エクステンション講師にはカレッジにおいて直接教育に従事していないフェローを活用するように進言されていた。

スチュアートの提案書に続いて、彼が巡回講義を行った3団体から大学へ講座の実施や認可を求める請願書が出された。同様のものは他所からも届けられ、大学は、請願に応えうるユニバーシティ・エクステンションのあり方を検討するために、スチュアートを事務局長とする特別委員会をたちあげた。委員会は各地の団体や機関に学びたい事柄などについて質問を出し、その回答に関する検討結果を大学に答申している。大学は答申に基づいて地方での巡回講義の実施を決定した。そうして1873年秋に、ノッティンガム、ダービー、レスターの3都市で、初めてのユニバーシティ・エクステンションの講座が開講された。内容は、女性と有閑層をねらった「英文学」、青年や事務員向けの「経済学」、職工向けの「力と運動」であった。講師は選抜されたフェローが担当し、12回のコースで、受講者はおよそ3,000人にのぼったという。翌年にはヨークシャーやランカシャーで、そして、1875年にはイングランドの多くの場所から開催要求が出されるにいたった。

以上の経緯は、「大学の恩恵を受けていない人々に対して大学教育を届ける」という理念を実現するための運営方式が確立していく過程とみることもできる。それでは、ここからユニバーシティ・エクステンションの事業を運営する際のどんな基本原則が析出されるのか。この問いに対して、香川正弘は、次のように

「学内運営」「大学教育水準の維持」「地方組織の運営」の3側面でもって整理している[4]。

A　学内運営
  ・専門の担当委員会を設置する。
  ・財政的には大学の会計とは別に、独立採算制を取る。
  ・大学内では講座を開かず、地方都市へ出かけていって講座を提供する。
  ・大学拡張講座を担当する専門の講師を中心に、兼任講師を任用する。講師の採用は専門性と成績と意欲によって選抜する。講師への報酬は、俸給制ではなく、歩合制で支払う。
  ・年間を通じて秋学期と春学期の二回に分けて実施する。

B　大学教育水準の維持
  ・大学教育の水準を維持するために次の措置をとる。
    同一講師による12回講義で一講座を編成すること。講座は、シラバス、講義、毎回のクラス討議、毎回の課題論文、終了試験、修了証の授与で構成されること。課題論文はシラバスに明記してあり、講師は添削して返却する。試験は講義受講者でクラス討議に出た者に受験資格が与えられ、別に試験委員が来て実施し、学内学生の評価と比較しながら採点し、その試験委員の評価と講師の日常考査とによって修了証が授与される。

C　地方組織の運営
  ・地方センターには事務局長を置き、財政支援をするための寄付者等からなる運営委員がいて運営していく。こちらも独立採算制をとり、事前に大学へ保証金を納付する。
  ・地方センターの仕事は、拡張委員会から提出される講師リストを見て、近隣センターと話し合い、巡回路を作って講師と科目を選定する。
  ・全国にある地方センターの事務局長会議で、センター間の連絡調整、運営の方針を討議する。
  ・独自の施設をもたず、地域にある学校、教会、集会所、公会堂など既存の施設を活用する。

「A　学内運営」についていえば、専門部署を設置することが組織的なユニバーシティ・エクステンションと教員個人のボランタリーな活動とを峻別する上で基本となる事項である。部署の名称は事例によって異なるが、ケンブリッジ大学の場合は、「地方講義委員会（Local Lecture Syndicate）」（1873 年発足）、オックスフォード大学のそれは「エクステンション特別委員会（Extension Delegacy）」（1878 年発足）と呼ばれた。

　「B　大学教育水準の維持」は大学としても力点をおいていた側面であった。「シラバス、講義、毎回のクラス討議、毎回の課題論文」といったことがらは、先述したように系統的な学習を展開するための支援に必要なものであるが、そもそも系統性が重視されたのは教育水準の維持につながるからである。そして、水準をチェックする手段が論述形式の試験であり、修了証の交付は大学の認証を示す意味があった。

　「C　地方組織の運営」は教授団の巡回を円滑に行うために不可欠なものである。地方組織は、当該地区の有力者が発起人となり、一般の市民も入った集会などを経て、希望するコース内容を検討する委員会がたちあげられるというのが一般的であった[5]。

　もちろん、実際の事業においてこれらの原則が常にあてはまったということではない。例えば、オックスフォード大学は、担当部署がたちあがって間もなく活動が中断した後に本格的な始動が 1886 年と出遅れたこともあって、6 回構成の講座を主としようとした時期もあった。他にもそれぞれの大学で状況に応じて対応していく中で、年間講座や夏期講座など、多様な形態が生み出されるようになっていく。しかし大きくいえば、教養的な学習が主であったイギリスのユニバーシティ・エクステンションでは、講座の水準維持に常に目配りがなされていたことと、運営方法として大学内外に担当部署をおく体制がとられたことが押さえられていればよいであろう。

（2）20 世紀における新展開── WEA との連携、構外教育部の設置──

　ユニバーシティ・エクステンションは、1890 年代に入る頃には 6 万人が講座に来ていたといわれ、社会的にも認知された存在となっていた。受講生の属性に目を向けてみると、スチュアートが構想したように、女性に対して大学水準の教

育機会に触れる機会を与えたことには歴史的な意義をみいだせるだろう。一方で、スチュアートがもうひとつのターゲットとしていた労働者階級へは思惑通りに浸透せず、実態としては中産階級の受講生が中心であった[6]。労働者の多くにとって、割高な受講料を払ってまで受けるような魅力を講座の中にみいだすことが難しかったのである。

　ここで、労働者階級がユニバーシティ・エクステンションに何を期待していたのかを考えてみよう。そもそも労働者とは工業化の進展によって生まれた都市に集まってきた被雇用者である。仕事内容はルーティンワークや肉体労働が中心となるが、個々人では雇用主に対してどうしても弱い立場であった。それに対抗するにはユニオンとして連帯することが欠かせない。そこから集団として利益や権利を守るために団体交渉や協同組合といった方途が発達してきた。教育・学習の面でいえば、正規の学校教育体系の中では高等教育に到達せずに終わる者が大半であるから、潜在的には能力があっても自身がそれに気付かないこともある。それでも、組合活動などを通じて社会思想に触れたり、交渉や議論の中で論理を積み重ねたりする経験によって、学びの意欲に目覚める者も少なくなかった。20世紀に入ったころには労働者たちはすでに選挙権も獲得していたから、市民的責任を自覚し、社会の矛盾に目を向ける者もいた。そうした者たちにとって、好奇心を満たすことや職業技能の向上に主眼をおいた学びは最も欲するところではなくなっていた。つまり、功利的な欲求を満たすよりも、人間の悟性を涵養してものごとの本質を考えたいとするニーズがあって、それをかなえてくれるものが大学で学ぶ教養に他ならなかったのである。

　そのような労働者の典型が、1903年にWEA（Workers' Educational Association;労働者教育協会）を結成したマンスブリッジ（Mansbridge, A.）であった[7]。大工の家庭に生まれたマンスブリッジは、経済的事情からグラマースクールを退学するものの、いくつかの職業を経ながら同時に組合活動の中で学びを深め、さらにはユニバーシティ・エクステンションの講座も受けている。大学で学ぶ人文学的教養に全幅の信頼をおいていた彼は、ユニバーシティ・エクステンションが労働者の学びの場となりえていないことを憂いていた。そこで、大学人と労働者が集う機会をつくり、ユニバーシティ・エクステンションの内容に労働者の声をより反映させて、彼らが事業に参加しやすいような環境づくりを推進する組織の

必要性を説いて回った。こうして創設された WEA は、発展の過程で全国組織から各地の支部組織までを整備し、他の多くの教育団体と提携して、労働者に多様な学習機会を提供する成人教育史上もっとも注目すべき団体のひとつとなるのである。

　WEA の誕生は、労働者に対する大学の貢献を問い直す契機となった[8]。そのことを示す資料としてよく知られたものに、1909 年刊行の『オックスフォードと労働者階級の教育（Oxford and Working Class Education）』がある。これは 1907 年にオックスフォード大学で開催された夏期学校において設置が合意された委員会による報告書で、委員 14 名の内訳は大学総長が指名する学者と WEA の指名する労働者が半々となっていた。報告書は 8 章から成っていて、労働者に高い水準の教育を提供しなければならない理由、大学史の検討による大学の本義的使命が述べられたのち、従来のユニバーシティ・エクステンションの問題点と今後の展望について語られている。

　ここで新たな教育の方式として「チュートリアル・クラス（Tutorial Class）」の設置が提言された[9]。これは、選定された地方センターに 30 名以下のクラスを編成し、それに大学の教師がテューターとして継続的に関わっていく方式であった。この教師と学習者の密な関係をベースに、単なる講義にとどまらず、学習者の読書やレポート作成、ディスカッションなどを伴いながら長期継続的に活動し、最終的には達成度や出席率に基づいて大学から修了証明書を発行するという構想である。この提言には、マンスブリッジが前年の 1908 年にロッジデイルおよびロングストンの労働者教育組織の要望により同様のスキームを実践し、テューターとしてグラスゴウ大学経済学教授のトーニー（Tawny, R. H.）を招聘して成功を収めたことが反映されていた。

　報告書によれば、それまでのユニバーシティ・エクステンションの問題点は人集めに主眼をおいた講義の質に対する配慮を欠いた講座編成となってしまっていたことで、これが結果的に労働者のニーズとの乖離を招いたという。チュートリアル・クラスが提言された動機は教養に対する真摯な要求をもつ労働者に応えようとしたことにあったといえよう。それを保証するために、少人数・継続性・教師との密な関係・大学の知的水準との合致といった要素が重視されたわけである。こうした動向をユニバーシティ・エクステンション史として俯瞰してみれ

ば、スチュアートが目指した教育のあり方へと原点回帰したようにも考えられるが、歴史的に注目されるのは、この提言が大学と労働者が対等な立場で組織的に協議をして誕生したという経緯であろう。このことは、大学側からの学習者側への一方向的なアプローチであった従来のユニバーシティ・エクステンションからすると、大きな変化であった。

　トーニーによる実践以後、チュートリアル・クラスは、3年制、1年制などいくつかのバリエーションをもって、各地のユニバーシティ・エクステンション実践の中で広く採用されていった。具体的には、1907-08年間に2クラス78名の受講生で始まったものが、1913-14年間では145クラス3,234名にまで急速に拡大をみたのであった。WEAが各支部を通じて受講生を募集してクラスを組織し、大学は教育について責任を持つという比較的明確な役割分担の下で、チュートリアル・クラスの運営を通じて大学とWEAの連携は密になっていったのである。

　さて、20世紀に入りもうひとつ注目される動きは大学内部の組織化が進んだことである。第一次世界大戦後の国家復興の中核であった復興省（Ministry of Reconstruction）の成人教育委員会は、1919年、『最終報告書』の中でアカデミックなメンバーを長とした「構外教育部（Extra-mural Department）」の設置を勧告した。それを受けて、1920年のノッティンガム大学を皮切りに、多くの大学で「構外教育部」が整備されることとなる。大学の構外教育部は、1924年に制定されたイギリスの法体系下で初めての成人教育に関する単独の規則である「1924年成人教育規則（Education, England and Wales. Board of Education（Adult Education）Regulations, 1924）」において、成人教育のコース提供に対して責任を負う「責任団体（Responsible Bodies）」として承認を受けた[10]。こうして、ユニバーシティ・エクステンションは、イギリス成人教育の公的な体系の中に組み込まれ、その主要な柱となっていくのである。

　ここでの「構外教育部」という表現は大学において学外成人の教育を担当する部門を指す一般名詞であり、大学によって具体の名称は異なっていたり、あるいは時間軸においてもより以前の時代のエクステンション担当部門を指して構外教育部と表記する場合もある。しかし、1920年代に展開した「構外教育部」設置の動向は、大学内部におけるユニバーシティ・エクステンションの組織化という

観点から大きく2点の意義が指摘できる。第1は、個別事業ごとに異なっていた運営体制の一元化が進んだということである。ひとくちにエクステンションの事業といっても、その中には複数の個別事業が併存しているのが一般的である。例えば、WEAとの連携の下でチュートリアル・クラスを開設した際も、それまで行ってきた大学独自のエクステンション事業の多くは継続していた。これを一元化することで運営体制を強化し、成人教育活動全体で国庫の補助を受けることができるようになった。第2の意義は、大学内部におけるユニバーシティ・エクステンション担当部門の位置づけが改善されたということである。「構外教育部」の設置以前は、大学内で成人教育活動はマージナルな位置にあり、組織上も発言権の弱い委員会レベルにとどまるケースが大半であった。対外的な責任団体になったことと合わせて、学内でも相応の位置づけをもつ部（局）へと昇格したことで、ユニバーシティ・エクステンション史の視点からは、構外教育学部の設置をもってユニバーシティ・エクステンションの組織化が一応の完成をみたと考えることができる。

2. アメリカにおけるユニバーシティ・エクステンションの成立と展開

（1）アメリカ型ユニバーシティ・エクステンションの源流

「ユニバーシティ・エクステンション」とは、19世紀における産業社会の発達を背景に成立した、大学を学外の民衆へ届けるためのスキームである。このことはイギリスにもアメリカにもあてはまる。ただし、両国ではユニバーシティ・エクステンションが生成される際の基礎的条件において異なる点があった。大きな違いのひとつが、大学がおかれた社会的風土である。

植民地時代から19世紀の初頭までにアメリカに創設された大学は、イギリス風のカレッジと古典教養のカリキュラムによる教育スタイルをとっていた。けれどもイギリスとは比較にならないほど小規模で、社会的な影響力をもっていなかった。つまり、イギリスの場合、オックスブリッジにおける教養教育が上流階級の文化と結びついて社会的地位の源泉となっていたために、その門戸開放は大筋で民衆が望むところでもあったのに対し、アメリカにおいては、たとえ街の小さなカレッジが形式的で非実用的な大学教育を開放したとしても、独立自営の精

神を基調とする多くの人びとには何ら魅力的なものとはならなかったのである。

19世紀半ばのアメリカ社会に目を向けると、大陸の西海岸にまで達した広大な領土の中で開拓前線は西へと拡大を続けていた。国土開発に欠かせない気象の観測、鉱物資源の探索、地質の調査などには高度な知識を必要とした。産業の面では、当時まだ多くの人びとが農民であったが、化学の発展によって土壌改良などへの関心も高まっていた。都市部では職工が担ってきた製造業の様態に変化が起こって工業化への胎動がみられ、運輸業でも蒸気船を活用できる運河の整備をはじめ、鉄道の敷設も進められた。

このような変化を可能にしたのは近代的な科学技術の進展であるが、当時、アメリカ国内においてそれに対応した人材を養成しうる機関といえばごく僅かで、新たに農工科大学を設立するための支援を連邦政府に請願する運動が盛り上がりをみせた。そこで議論されたのが連邦から州に払い下げられた土地の運用益によって大学運営の基金を創設することである。これが1862年にモリル法（Morrill Act）として法制化された後は、既存の州立大学や一部の私立大学に基金を付与した州、そして新たに大学を創設した州を合わせて、各州で独立した部門としての農学部・工学部を有する大学が設立された。こうした大学は国有地付与大学（land-grant college）とも呼ばれている。

ところが、既存のリベラルアーツカレッジでもって大学のイメージを形成していた当時の平均的な人びとからすると、新しい大学といっても捉えどころのないものであった。特に農業に従事している者にとって、大学で机上の学問に触れたからといって実地の農場で必要な能力が高まるとはとても思えなかった。実際、創設当初の農学部では、入学者が年に数人というケースも珍しくなかったという。このように、国有地付与大学の始まりにおいては運営に関して困難な状況があり、学生教育や研究の成果をいかに積み上げていくかが課題であった。同時に、社会的なイメージを変化させるために、大学とは直接関わることのなかった一般の人びとに大学の存在をアピールすることが求められた。

有効な方法のひとつは、大学外で行われている農民や機械工の集まりに参加することであった。よく知られた事例に、「ファーマーズ・インスティチュート（Farmers' Institute）」がある。これは農民たちが集まる2〜3日程度の集会で、そこでは、農作業に必要な知識や技術、新しい機械の紹介といった農民たちの

関心事について、講演、簡単な実験の実演、ディスカッションなどが行われた。ファーマーズ・インスティチュートは、例えば、耕作や品種改良に関する話題では農芸化学、販売や流通に関しては経済学、農業用の機械の扱いについては工学、農村生活については家政学といったように、学問と農民の現実的課題を直接結びつけようとした点に特徴がある。そこでの講師役を担ったのが大学教師であった。ファーマーズ・インスティチュートは、1880年代から州政府が事業予算をつけて広範に実施されるようになり、大学教師は事業の運営についてもアドバイスを行うようになる。

このような1880年代ごろまでに勃興した国有地付与大学が知的資源を学外に運びだそうとした活動を源流のひとつと位置づけると、アメリカ型ユニバーシティ・エクステンションの特質を理解する一助となる。

（2）イギリス型ユニバーシティ・エクステンションの伝播とアメリカ成人教育

とはいえ、国有地付与大学が草創期において学外向けの活動に乗り出した際にはいまだ「ユニバーシティ・エクステンション」という用語を用いていなかった。この言葉がアメリカで広く認識されるのは、1880年代にイギリスのユニバーシティ・エクステンション運動の事情が伝わってからで、ここにアメリカにおけるもうひとつのユニバーシティ・エクステンションの源流を求めることができる。

アメリカ国民の多くは、国有地付与大学の登場以前において、確かにカレッジに対して特段の興味を示さなかった。だが誤解のないように申し添えておけば、学びに対する意欲や興味そのものが低かったということではない。遡れば植民地時代から聖書を理解するための識字能力の向上を意図した取組が活発であったし、また、植民地政府に頼らず、意見や立場を同じくする人びとからならるグループが自分たちの文化的・社会的関心を満たすために集まることも珍しくなかった。そこでの活動には学びに関わる要素が多分にあった。そして19世紀に入ると、それらに成人教育としての組織化や方法論の深化がみられるようになる。

こうした背景の中で、1880年代にユニバーシティ・エクステンション運動がイギリスからアメリカに伝播した際、成人教育に関心を寄せる知識人や名士たち

は、身分と伝統で厚い「壁」をもつケンブリッジ大学が民衆に教養教育を提供しているという事態を驚きをもって受けとめた。同時に、それを可能としている洗練されたスキームの内実（大学内の中央組織と地方センターの連携、系統的な連続講義、シラバス・講義・クラス討議・課題論文・終了試験・修了証といったユニット）についても高い関心を示した。そして、イギリスのスキームをいち早く採り入れた実践を行ったのが、図書館界、ならびにアメリカ成人教育史における一大運動として知られる「シャトーカ（Chautauqua）」である。アメリカにおいてイギリス型のユニバーシティ・エクステンションを受容しようとする動向はまずここから始まった。それぞれを概観してみよう。

1887年9月にニューヨーク州のサウザンドアイランドで開催されたアメリカ図書館協会（American Library Association）の年次集会において、ジョンズ・ホプキンス大学歴史学教授のアダムス（Adams, H.B.）が講演を行い、イギリスのユニバーシティ・エクステンションについて紹介している[11]。彼がユニバーシティ・エクステンションに触れた文脈を簡単にたどってみよう。彼は当時すでに世界の中でもいち早く研究中心主義をとったドイツの大学への留学経験をふりかえり、ドイツでは大学の学生が自由に図書に触れることができ、演習において活用する図書館の役割が重視されていることを指摘する。しかも、図書に自由に触れるということでいえば、大学図書館にとどまらず、公共図書館においても実現されていることを称揚する。その上で、公共図書館は公立学校を卒業した人や就学年齢を過ぎた人、職工や労働者階級などの民衆の教育要求をふまえて、彼らに気まぐれな読書ではなく適切なガイダンスの下での継続的な学習機会を提供することが重要であると指摘する。そしてそれを実現できるのがイギリス型ユニバーシティ・エクステンションのスキームであるというわけである。すでにアダムスは1885年度の連邦教育長官年次報告書にイギリス型ユニバーシティ・エクステンション運動について分析した論文を寄稿していて、アメリカの図書館がユニバーシティ・エクステンションのスキームを用いれば、図書館が"民衆の大学"になりえると考えた。

図書が貴重品であった時代が長く続いたから、そもそもの図書館は本の収蔵庫としての役割を第一義としていた。やがて民衆の知的啓発という理念から、人びとが図書に触れることのできる公共図書館（public library）が大きく発展し

ていたのがこの時代である。そのような中、単なる図書の開放から一歩踏み込んだアダムスの提言は、関係者の注目を集めることとなった。すぐに呼応したのがニューヨーク州バッファロー図書館である[12]。館長のラーネド（Learned, J.N.）はアダムスに講師の斡旋を依頼して門下生のベミス（Bemis, E.W.）を派遣してもらい、1887年12月から「現下の経済問題」と題する週1回の3か月にわたる連続講座を開始した。受講生は250人ほどで、女性が中心であったが、労働者から資本家まで、また専門職者であるとか社会主義者もいて、市中の多様な人びとの集まりであった。バッファロー図書館では、翌冬も、ハーバード大学を卒業したラント（Lunt, E. C.）を講師に招いて「アメリカ政治史」の講座を開講している。ただし、バッファロー図書館の講座では、ユニバーシティ・エクステンションのユニットのうち、課題論文、終了試験、修了証書については実施されなかった。エクステンション講師を経験した者は他所でも仕事を依頼されて、ベミスは1888年にオハイオ州カントンやミズーリ州セントルイス公共図書館においても巡回講義を担当している。

　次に、シャトーカ運動におけるユニバーシティ・エクステンションの受容についてみてみよう[13]。"シャトーカ"の名称は1874年にニューヨーク州シャトーカ湖畔にメソジスト派牧師のヴィンセント（Vincent, J. H.）が開設した夏期学校に由来する。ヴィンセントのねらいは、人びとが日常の喧騒から一時的に離れ、知的刺激をうけて精神的崇高さを獲得する場を設けることにあった。彼はアメリカの精神的伝統である「自己修養（self-culture）」の意義を確信し、生涯にわたって継続的に学ぶ必要性を説いたといわれる。また、シャトーカにおける学習を推進するために、「シャトーカ文理サークル（Chautauqua Literary and Scientific Circle）」を組織し、著名な講師を招聘して主に新興の中産階級を対象に教養教育のプログラムを提供した。シャトーカにおける学習は指定図書の講読を軸としていたが、4年間のカリキュラムが計画されるなどカレッジの正規課程を意識したものであった。また、通信教育を本格的に採用したことでも知られている。登録者は家庭で本を読み進めるだけでなく、各地で読書サークルを組織し、作成した小論を本部に郵送して通信で添削を受けていた。

　ヴィンセントは成人のための高等教育レベルの教養学習の機会を創出しようとしていた。その意味で、1880年と1886年の2度の訪英でユニバーシティ・

エクステンションの目覚ましい発展に触発された彼は、シャトーカにおけるエクステンション講座の実施を企図する。1888年、先述したアダムスにシャトーカ・ユニバーシティ・エクステンション綱領（The Prospectus of Chautauqua University Extension）の草案と準備委員会の結成を依頼し、同委員会の検討を受けて翌1889年には事業が開始されている。その仕組みは、各地に点在する既存の読書サークルが地方センターとなり、シャトーカ本部の指導の下に大学から講師が招かれて講座が実施されるというものであった。講義、クラス討議、課題論文、試験といったイギリス型ユニバーシティ・エクステンションのスキームも採用されていた。シャトーカのエクステンション講座は1890年代の前半にかけて盛況であったが、後述するように同じ時期に大学が類似の事業に着手するようになると、次第に維持することが難しくなっていった。

　以上のように、アメリカにおいてイギリスから最初にユニバーシティ・エクステンションを受容したのは、図書館界やシャトーカなど、教養教育を軸に展開した成人教育の領域であった。ただし、ユニバーシティ・エクステンションを標榜しながら実施主体が大学ではなかったところに、これら事業をユニバーシティ・エクステンションと呼べるのかどうかは議論となるところであろう。それでも関わりの深かった大学教師たちが後に大学に戻って専門部局の組織化に着手するなど、図書館やシャトーカの実践はユニバーシティ・エクステンションの芽吹きをアメリカにもたらす苗床の役割を果たした。同時に成人教育運動を経由することで、例えばシャトーカの通信教育などアメリカで独自に発展したスキームが大学にもたらされたように、成人教育の影響によってアメリカ型ともいえるユニバーシティ・エクステンションの特質が形成された側面があることをみのがしてはならない。

（3）革新主義期におけるアメリカ型ユニバーシティ・エクステンションの発展

　1890年代に入ると、いよいよ大学が主体的に取り組むエクステンション事業が本格的に実施されるようになる。結論的にいえば、各地で組織化されたユニバーシティ・エクステンションの講座は1890年代前半において爆発的に広がっていくものの、19世紀末には衰退をみるという経緯をたどる。19世紀末におけ

るユニバーシティ・エクステンション組織化の先駆けとなった「ニューヨーク州立大学機構」「アメリカ・ユニバーシティ・エクステンション協会」「シカゴ大学」の事例などには、他国のスキームを導入する際に生じる本質的な問題が潜んでいるといえる[14]。端的にいえば、19世紀末に起こったアメリカにおけるイギリス型のユニバーシティ・エクステンションの受容過程では、教養教育を中心とした正規の大学教育を民衆に届けるという理念、およびその実現のための技巧に関心が向けられる傾向が強く、アメリカ社会の状況をふまえたユニバーシティ・エクステンションのあり方を問い直すまでには、総じて至らなかったのである。

　ここで、いまいちどアメリカ社会の世相に目を向けてみよう。大きくいえば、産業の発展が著しく進んだ19世紀は、一方で貧富の格差が顕著となり、社会的矛盾が表面化していった時代でもあった。そのため、20世紀に至るころには、いわゆる革新主義（progressivism）とよばれる社会改良の思潮が時代をリードすることとなる。それは、新たにユニバーシティ・エクステンションを担った人びとにも影響を与えていた。このことをよく現した事例として知られているのが、州立のウィスコンシン大学におけるユニバーシティ・エクステンションである[15]。

　ウィスコンシン大学でも1890年代にはシャトーカで経験を積んだ講師を招聘してイギリス型の教養教育を中心としたユニバーシティ・エクステンションを行っていた。1891年の初年度から10講座で53の課程が63都市78センターで開講されるなど他の事例に違わず滑り出しは快調であったが、講師の個人負担の重さや事業の学問的水準が曖昧であるといった批判から、90年代後半には講座を維持できる体制が取れなくなっていった。ここで興味深いのは、この期のウィスコンシン大学におけるユニバーシティ・エクステンションの退潮要因に学外資本家からの反発が指摘されていることである。当時の学内でエクステンション事業を牽引した経済学者のイリー（Ely, R.T.）は、富の再配分を目指す社会改良主義の立場から、労働者組織やセツルメントの団体などを事業のための地方センターとして取り込んでいた。こうしたイリーの実践は当時の保守派から労働争議におけるストライキやボイコットを正当化するものと受け取られたという。

　イリーの試みは最終的には失敗したが、20世紀への転換期においては、彼の問題意識を喚起した資本主義の矛盾が表面化していた。工業化した都市では農村

やヨーロッパ（特に東欧・南欧）からの移民が増大して雇用問題が生じ、慢性的な貧困状況は政治的腐敗も含めた様々な不正の温床となった。革新主義の政治改革が断行されたのは社会の歪みが許容の範囲を超えたためで、ウィスコンシン州においても、1901年に州知事となったラ・フォレッテ（La Follette, R.M.）の下で、政治腐敗禁止法、累進所得税、銀行規制、天然資源保護、労働立法などの改革が断行された。そのラ・フォレッテ知事の後押しもあって1903年にウィスコンシン大学長に就任したのが、ヴァン・ハイス（Van Hise, C.R.）である。彼を筆頭に多くの大学教師たちは、ラ・フォレッテや後任のデビッドソン（Davidson, J.O.）らの施政下において、専門分野に関係する州の各種委員を兼業し、立法の助言などで州の改革に貢献した。

　地質学者であったヴァン・ハイスは、近代科学研究の手法とその成果が社会にもたらした恩恵を高く評価し、学長としても教師の研究業績によって教育負担を軽くする方針を打ち出すなど、大学の研究活動の振興に力を注いだ人物である。研究領域の価値に軽重をつけることはなく、文学、歴史、政治経済、物理科学、農学、工学、建築学、絵画、音楽など、あらゆる専門課程を設置した。さらに、ヴァン・ハイスが卓越していた点は知的資源を社会に還元する方法についても柔軟に対応したことで、社会の状況に鑑みて、法律の起案に専門的知見が求められていれば教師の兼業を奨励し、意識啓発や技術改良など州民への直接的な教育活動へのニーズに対してはユニバーシティ・エクステンションの実践を認めた。それは、州立大学である限り州への貢献が使命であるという信念に基づくものであった。

　ヴァン・ハイス学長の下、ユニバーシティ・エクステンションの担当部局が1906年に設置されている。具体的なスキームを描いたのは、シャトーカを経て前世紀からウィスコンシン大学のユニバーシティ・エクステンションに関わってきたイリーや歴史学教授のターナー（Turner, F.J.）といった教師の他に、州議会参考図書館の館長で大学でも教鞭をとったマッカーシー（McCarthy, C.）らから成る10名の委員会であった。部局発足後は、初代の部長となったレイバー（Reber, L.E.）と通信教育課長のライティ（Lighty, W.H.）を中心に活動の基礎が築かれていった。ユニバーシティ・エクステンションの部局内には「通信教育課（Department of Correspondence-Study）」「講義教育課（Department of

Instructions by Lectures）」「公開討論課（Department of Debating and Public Discussion）」「情報福祉課（Department of General Information and Welfare）」の4つの事業課がおかれた。前2者は終了試験を課して単位認定を行う講座を提供した他、とくに講義教育課では単発で娯楽的な公開講演なども企画した。公開討論課は図書の貸借や要求度の高い情報に対する小冊子の編纂と配布を担った。情報福祉課は、都市問題、保健福祉、視聴覚教育、商業振興など生活課題に密着したニーズに対応する事業企画を行った。ユニバーシティ・エクステンションの本部は大学が所在するマディソンにおかれ、通信教育のクラス編成やニーズ調査を行う地方事務局が州内6か所に設置された。「ヴァン・ハイスの播いた種に水をやった」とも評されるレイバーは、州内のあらゆる人びとのあらゆる知的欲求に応えることこそがユニバーシティ・エクステンションを担当する組織の役割であると公言していた。

　20世紀初頭における革新主義思想を背景に、ウィスコンシン大学が立法や州民サービスへ積極的な役割を果たした動向は「ウィスコンシン・アイディア（Wisconsin Idea）」と呼ばれ、大学と社会の関係のあり方を模索する他の多くの大学にとってもモデルとなった。20世紀に入り専門部局を設置する大学が増加したことで、1915年には「全米ユニバーシティ・エクステンション協会（National University Extension Association）」が結成をみるに至っている。

　　おわりに

　本節では、現代の大学開放の起源をたどることを企図して、19世紀後半から20世紀初めにかけて成立した英米におけるユニバーシティ・エクステンションの成立と展開について概観した。要点をまとめれば次のように列記することができよう。
　〈イギリスにおけるユニバーシティ・エクステンション史について〉
　・大学による宗教的、階級的な知の独占を打破するための改革運動としてはじまったこと。
　・大学が実施する講義の水準を保持するためのスキームが形成されたこと。
　・ユニバーシティ・エクステンションが労働者階級に受容されるために、

WEA との連携という道を模索しつつ、大学内では構外教育部としての組織化がみられたこと。

〈アメリカにおけるユニバーシティ・エクステンション史について〉
・国有地付与大学や新設の私立大学を中心として新しい大学像が模索された時期にイギリスからユニバーシティ・エクステンションが移入されたこと。
・イギリス型のユニバーシティ・エクステンションは短期間に隆盛から衰退の経緯をたどったが、革新主義の時代思潮の中で、社会改良の文脈からアメリカの情勢に合ったエクステンション事業が誕生したこと。
・新しいユニバーシティ・エクステンションは州民の要求に須らく応えるという方針をとったこと。

総括的にいえば、ユニバーシティ・エクステンションの主たるスキームには英米の間で違いがみられた。イギリスの場合、教養教育を軸に据え、正規の教育課程を時空間的に拡張しようとするものであったのに対して、アメリカは、大学の知的資源を学外のニーズに合わせてあらゆるかたちで提供するやり方をとった。これらの確立をもって歴史的にユニバーシティ・エクステンションが成立したといってよいが、そうした時期においては、英米のケースに共通して、既存の大学像の問い直しと当該社会の構造に鑑みた大学の社会的役割に関する再定位が、ある程度の成功をみている。ここに歴史的示唆としてみのがせないところがあるといえよう。

第2節　日本における大学開放の歴史

はじめに

わが国の大学開放[16]は、大学制度が創設された最も初期に遡ることができる。大学公開講座の源流として位置づけられる通俗学術講談会、通信教育の嚆矢とさ

れる講義録発行および校外生制度は、いずれも明治10年代にはじまった。明治30年代になると、保有する学術資料に基づく展覧会の開催や、図書館の公開といった新たな事業も行われるようになる。

これらの初期の萌芽的な取組は明治40年代以降成人教育の政策として位置づけられることにより、全国的に様々な事業が展開されることとなる。大正から昭和初期にかけての文部省主催成人教育講座は、国家主導により全国各地で実施された拡張事業であるが、一方で地方都市では組織的主体的な事業展開も見られた。学生による地方巡回講演も大正末期に最盛期を迎えた。また、都市の下層労働者を対象とする大学セツルメントや、長野県を中心に農村青年による自由大学運動も展開された。

戦時中の中断を経て、戦後の教育改革により、大学開放は法制化される。高度経済成長と大学紛争の後は、大学改革として「開かれた大学」が唱えられ、また生涯学習社会の実現を図るという観点から大学への期待も高まる。それを受けて、各地に大学開放を担うセンターが設立されたり、また、正課教育の開放のために社会人特別選抜、昼夜開講制、科目等履修生などの様々な制度が誕生する。通信による教育を主とする放送大学も創設された。大学は、現在、多様な人々に対し学習の場を提供するようになっている[17]。

1. 明治期の大学開放

（1） **通俗講談会** ― 帝国大学の初期の取組 ―

学問を一般の人々に普及する取組としては、明治6（1873）年創立の明六社や共存同衆が東京で行った学術演説が最も初期の事例として挙げられる。明治8（1875）年には慶應義塾に三田演説館（4～500名収容）が、明治10（1877）年には東京開成学校（現東京大学）に講義室（600名超収容）が開館し、学生への教授の場としてのみならず公衆対象の演説の場として活用されるようになった。『開成学校講義室発会演説』には、その効果について「互ニ意説ヲ通スルヲ得、以テ偏見ヲ除キ真理ヲ究ムルニ益アリ」と述べられている。

東京大学創設（明治10年）から7年後の明治17（1884）年、東京大学理学部および医学部は理医学講談会を設立する。その理由は明らかでないものの、次の

2点が推測される。一つは海外の影響である。ロンドンの王立研究所（1799年設立）やドイツ自然科学者・医師協会（1822年設立）などの団体では科学実験を伴う公開講演が人気を博しており、同様の取組が企図されたと考えられる。理医学講談会の発起人である教授たちの多くは海外留学経験があり、これらの活動をかつて目にしたこともあっただろう。

もう一つは政治的影響である。明治13（1880）年に制定された集会条例は、政治に関する事項を談ずる集会に官公私立学校の教員・学生が臨会・入会することを禁じた（第7条）。以前は大学で行われる演説も政治的にきわどい討論が戦わされていたというが、条例制定後は青年を政談から遠ざける様々な措置が文部省、東京大学においてなされるようになった。そこで、単に政談演説への参加を禁ずるだけでなく、政談演説とは異なる学術演説というジャンルを作りだし、人々の関心を学術演説へと移すことが考えられたと推察される。

全10条からなる理医学講談会規則は、第2条でその目的を「理学医学諸科ニ関スル事項ヲ平易ニ講談演説シ、以テ公衆ヲシテ学術上ノ知識ヲ発達セシムル」と定めた。そして任期1年の会幹2名を選挙し本会役員とすること（第4～5条）、講談の趣旨を予め大学総理に報告して認可を受けること（第6条）と定めるなど、大学による組織的な取組だったことが伺える。

理医学講談会は、原則として、毎年春期（3月末より6月初め）と秋期（9月末より12月初め）、第1日曜日午後と第3土曜日夜に6回ずつ、年12回開催されることとなった。第1回目は明治17（1884）年5月17日、当時キャンパスのあった神田一ツ橋の東京大学講義室（旧東京開成学校講義室）において開催され、理学部教授の菊池大麓が同会設立の趣旨を述べた後、理学部教授・山川健次郎の「電信機ノ説」、医学部教授・大澤謙二の「河豚毒ノ説」の講演が行われた。

理医学講談会は、東京大学の一ツ橋から本郷への移転、帝国大学への改革等のために、明治18（1885）年の秋期以降一時休会となっていたが、明治20（1887）年には大学通俗講談会として、理科、医科のみならず、法科、文科、工科の教授の協力をも得て実施されることとなった（明治23年の農科大学開設後はその教授も加わる）。関与する教授の範囲は広がったが、会場や会の趣旨、運営方法はほぼ理医学講談会を踏襲するものであった。

理医学講談会・大学通俗講談会の様子は、『東洋学芸雑誌』に掲載された記事

や筆記録を通して知ることができる。同誌は講談会に対して「極面白キコトナリキ」という評価をたびたび加えていたが、その一因は「得意の能弁」や「夥しき実験」であったようだ。例えば、医科大学教授・高橋順太郎が行った「薬物の効能」の講談会では、「猫、兎、鳩などに種々の薬を与ヘ其効験を実地に示」すものであった（同誌 67 号）。講談会は立錐の余地もないほど多くの聴衆で賑わっていた。もっとも、のちの菊池大麓の回想によれば「初めの間は聴衆が可なりありましたが、後には僅かに百人か二百人足らずの人に向って講演をすると云ふやうな有様になった。又講師に就ても仲々人を得るに困難であって、大変に駆けずり廻らなければならぬやうな有様でありました」と、次第に低調になってしまう。

　大学通俗講談会は少なくとも明治 27（1894）年秋期までは順調に継続されたものの、その後の実施状況は明らかではなく、明治 29（1896）年頃に消滅したと思われる。

（2）講義録と校外生制度—法学系私学の取組—

　一方の私学、とりわけ法学系私学では、講義録を発行し、郵便制度を利用して校外の学習希望者たる校外生に頒布するという仕組みを作り出した。

　英吉利法律学校（現中央大学）は明治 18（1885）年の開校直後から、講師たちの毎回の講義内容を筆記して学生たちに配付し、さらに「遠隔ノ地方ニ在リ、又ハ業務ノ為メ、参校シテ、親シク講義ヲ聴ク能ハサル者ノ便ヲ計リ、校外生ノ制ヲ設ケ、講義ノ筆記ヲ印刷シテ之ヲ頒ケ、且修業証書、又ハ卒業証書ヲ受ケント欲スル者ハ、試験ノ上之ヲ授与スベシ」という取組をはじめた。大学通信教育のはじまりである。文明開化の進展とともに地方には新知識を渇望する学習者層が出現するものの、明治半ばまで高等教育機関は東京に集中していた。講義録と校外生制度は、様々な理由により学校で学ぶ機会を持つことができない人たちに新知識を速やかに送り届けるための装置として歓迎された。

　同様の取組は、和仏法律学校（現法政大学）、明治法律学校（現明治大学）、専修学校（現専修大学）、関西法律学校（現関西大学）、東京専門学校（現早稲田大学）、日本法律学校（現日本大学）が次々に追随する。とはいえ、これらすべての学校がこの事業に成功したわけではなく、専修・日本法律・関西法律の各学校は早くに撤退、他校も大正期に入ると相次いで廃止に踏み切ることとなる。その

中で唯一、東京専門学校だけが戦前期を通じて事業を継続した。

　明治19（1886）年に講義録発刊事業のために設立された政学講義会は、翌年東京専門学校出版局と名称を変え、明治21（1888）年東京専門学校規則の中に正式に校外生規則が規定される。明治21年当時は政治科・法律科・行政科の3科で、60頁からなる講義録は毎週発行され、3年で修了、卒業証書を欲する者は試験を受ければ授与されることとなっていた。入学は随時可能で、学力に応じて第1年級から第3年級までに編入することができた。明治35（1902）年に早稲田大学と改称する頃までには、政治・経済科、法律科、行政科、文学科、歴史・地理科の5科に拡充し、講義録は110頁で月3回（10日ごと）発行、2か年で修了と変更が加えられている。校外生（講義録購読者）の推移を見ると、明治24（1891）年の1,000名ほどが明治32（1899）年には10,000名を突破と、順調に増えている。もっとも、卒業までこぎつけることのできた人はごく僅かであった。

　東京専門学校は校外生制度以外に巡回学術講話会も実施していた。明治26（1893）年以降ほぼ毎年開催された巡回学術講話会[18]は、地方への学術の普及であるとともに同校にとっては学校宣伝と校外生獲得の機会でもあった。この取組をはじめる直接の契機となったのは、同校講師・家永豊吉である。米国のJohns Hopkins University 留学時に地方巡回講義に参加したこともある家永は、帰国して明治24（1891）年に国家学会で「英米ニ於ケル大学教育普及ノ運動」を講演した。『国家学会雑誌』に掲載された同論文は欧米の大学拡張について本格的に紹介した最初のものである。家永もその一員であった東京専門学校評議員会は"University Extension"としての巡回学術講話会の実施を決議したのである。

　のち明治42（1909）年には校外教育部が設置され、早稲田大学では巡回教育と通信教育が組織的・系統的に実施されることとなる。戦前において大学拡張の担当部局が設けられた事例は極めて稀であり、同取組は特筆に値する。

　なお、University Extension の訳であるが、家永は「大学教育普及」あるいは「大学普及」と訳し、東京専門学校・早稲田大学もその語を使用してきたが、その一方で「大学拡張」も併用されており、明治40年前後の時期になると一般的には「大学拡張」が定着している。

（3）学術資料の公開 ── 展覧会の開催 ──

　明治30（1897）年、『教育時論』444号に「帝国大学に望む」と題する次のような論説が掲載された。

> 　吾等は、従来に於ける大学の挙措を見て、実に其挙措の狭隘、陰秘、固陋、卑屈なるを嘆息せずんばあらず。…教授は、唯講堂に於て講述するのみ、各分科大学は、未だ有益なる書籍を編纂著述せず、…図書館は、公開せられず、是れ果して本邦最高等の学校にして、又本邦文化の淵源たるべき、帝国大学の挙措に愧ぢずと謂ふべきか。

　この記事は帝国大学（当時は東京、京都の2校）に3つの事業、すなわち、研究成果に関する書籍の発行、講義筆記の販売、図書館の公開を提案している。大学通俗講談会が途絶えたのちには、大学の研究成果や講義内容が学外者の目に触れる機会はないに等しい状況であり、講義録発行に力を注いでいた法学系私学との差は歴然としていた。

　明治32（1899）年から翌33（1900）年にかけて、東京帝国大学の各分科大学は順次展覧会を実施し、校内を一般に公開した。大学設立以来、理学部博物場や植物園のように一部が公開されることはあったにせよ[19]、全学で展覧会を行うのは、はじめてのことであった。例えば、農科大学の公開の様子は、東京朝日新聞（明治32年5月21日）によれば、次のようであった。

> 　昨二十日は農科大学の観覧日なりしが、朝来天気の怪しかりしに拘はらず来館する者正午迄に凡そ二百名。…各教室には教官又は生徒ありて一々説明さる中…専門以外の者にも分り易く腹を抱へて笑ふもありし。

　その後も東京帝国大学では、文科大学史料編纂掛展覧会、理科大学人類学教室標本展覧会、附属図書館蔵本展覧会、工科大学建築学科展覧会などが実施された。これらの取組に対し『教育時論』717号は「同大学が近時大に公開的性質を帯び来れるは、大に喜ぶべきことにして、国民は大学は自己の珍宝なることを自覚し、大学は其力の許すかぎり凡べての人を教導せんとするに至らんは、吾等の希望して止まざる所」と述べ、今後もこのような取組が広まることを期待している。そして明治30年代には、京都帝国大学、東京高等工業学校（現東京工業大学）、大阪高等工業学校（現大阪大学）、さらに続々と設置される高等工業学校等

の旧制専門学校においても、同様の事業が実施された。

とはいえ、それは年1回あるいは数年に1回という臨時の公開にすぎない。東京帝国大学には法科大学を除くすべての分科大学に列品室が設置され、膨大な学術資料が所蔵されていることが知られていた[20]。帝国大学が所蔵している標本を一堂に集めて陳列すれば博物館を容易につくることができるという指摘もあったものの、実際に同大学に博物館設置の動きが起こるのは昭和30年代になってからのことである。

海外諸国の大学等においては、博物館を附設して学生の教育・研究に利用する傍ら一般に公開するものが多い。時代は下るが、昭和6 (1931) 年には、博物館事業促進会が第3回全国博物館会議の討議に基づき、文部大臣に対して学校博物館施設奨励建議を行っている。「大学専門学校中には頗る豊富なる蒐集品を蔵するもの少からざるのみならず、教職員中には之が整理陳列説明等の事に当り得べき数多適任の専門家を有し、又学校によりては教授用器械標本室等の設備に少許の変更を加ふれは、直ちに之を公開し得べき見込あるもの少からざる等、博物館施設に対し頗る便宜の地位」にある。それゆえ「全国の大学専門学校をして速かに博物館を附設し、学生の教育上学校としての当然の責務を果さしむると同時に、之を一般に公開して民衆の希望をも充たし、本邦博物館施設の不備を補はしむるやう特に御奨励相成度」というのがその内容である。しかし、昭和戦前期までに設置された博物館は、北海道帝国大学農学部附属博物館や早稲田大学演劇博物館など、ごく少数にすぎなかった。

(4) 図書館の公開

学術資料の中でもとくに公開が期待されたのは図書であった。明治39 (1906) 年5月7日に『時事新報』に掲載された記事「図書館未公開」は「比較的高等専門の書籍に富む帝国大学の図書館を公開して或る制限の下に一般人の閲覧を許すは最も必要の事なり」「文部省に於ても従来之に関する議論屢ゝ起り其有益なるは疾くに認め居る処にして、独り大学図書館のみに止らず各高等直轄学校並びに各府県中、師範学校等に於ても夫れ／＼所有の書籍を公開して一般人に閲覧せしむるは最も有益のことと信ずる」と指摘していた。

京都帝国大学は明治32 (1899) 年には「京都大学の美挙二あり、以て伝へざ

るべからず。曰く図書館の公開、曰くレクチュアの公開是なり」と新聞・雑誌で報じられ、早くから図書館公開の計画があったことが知られているが、実現することはなかった。

帝国大学の図書館公開が進まない一方で、私立大学や地方官立の学校は、明治30年代後半から相次いで公開された。

大学図書館を公開した最も初期の例の一つとして、早稲田大学が挙げられる。明治37（1904）年11月6日以降、最初は日曜日の午前9時から午後8時まで制限的に公開されていたが、閲覧者からの希望もあり翌38（1905）年1月からは毎日公開された。これは明治35（1902）年に東京専門学校が早稲田大学に組織変更した際、それに伴って竣工した新図書館の図書館規則「本館収蔵の図書は本校講師職員校友学生校外生の閲覧に供する傍広く公衆に閲覧を許す」（第4条）を実施にうつしたものである。明治41（1908）年には明治大学、明治45（1912）年には慶應義塾が、図書館の公開をはじめている。

官立高等教育機関では、神戸高等商業学校（現神戸大学）と広島高等師範学校（現広島大学）が、早くから図書館を公開していた。神戸高商は校外者図書閲覧規程を設け「第一条　本校所蔵ノ図書ハ専ラ本校職員及学生生徒ノ研学ニ資スルヲ以テ目的トナスト雖本規程ニ拠リ特ニ校外者ニ之レカ閲覧ヲ許可スルコトアルヘシ」と定め、明治39（1906）年6月1日から一般に公開されることとなった。

広島高師では広島県より建築費6,000円の寄付を受け図書館の閲覧室増築に着手、明治40（1907）年9月に竣工した。そして翌41（1908）年4月より、毎日午前8時から午後9時まで図書館を公開することとなった。当時の図書館統計によれば、当校生徒の1日の平均閲覧人数がおおむね30〜50人程度であるのに対し、公衆は公開当初こそ10人程度であったものの、その後順調に人数が増え、明治45（1912）年には60人超、大正3（1914）年には110人超となっている。閲覧図書数も、生徒が1日平均176.6冊であるのに対し、公衆は229.5冊であり、人数の上でも冊数の上でも生徒の利用よりも公衆利用の方が勝っていた。

2. 大正・昭和戦前期の大学開放

（1）通俗教育調査委員会

東京大学・帝国大学の理医学講談会・大学通俗講談会に代表される「通俗講談会」は、他の高等教育機関へ波及する。明治33（1900）年、東京工業学校附設工業教員養成所[21]に設置された附属工業補習学校は工業講話会を開始、明治40年代に入ると、京都帝国大学、東北帝国大学（現東北大学）、あるいは仙台高等工業学校（現東北大学）、熊本高等工業学校（現熊本大学）と、様々な地域で見られるようになった。仙台高等工業学校の『創立三十周年記念誌』には、学校の使命を果たすためには「単に学校教育のみを事とせずして進んで社会的に教育を施し、学生に教ふるの余力を以て一般人の科学的智識を啓蒙するを要す」と書かれ、また『熊本高等工業学校沿革史』にも「本校の如き専門学校は時々通俗講話会を催し地方事業家の参考に資する必要あり」と、通俗講談会を開催する意義に言及している記述が見られる。

このような高等教育機関での通俗講談会開催を推し進めることとなったのが、明治44（1911）年5月文部省に設置された通俗教育調査委員会である。同年11月には、帝国大学総長、直轄諸学校長に対し「各帝国大学及直轄学校ニ於テハ成ルヘク多クノ機会ヲ利用シテ通俗講演会ヲ開催シ、広ク一般公衆ヲシテ最簡易ナル方法ニ依リ之ヲ聴講セシメラレタキコト」という文部次官通牒を発した。同通牒は続く二項で「各学校ノ校舎、運動場、図書、器具、標本及其ノ他ノ設備中通俗教育ニ資スヘキモノハ、学校教育上妨ナキ限リ成ルヘク一般公衆ヲシテ之ヲ利用スルヲ得シメラレタキコト」と、施設や学術資料の公開についても触れている。

こうして大正期になると、名古屋高等工業学校（現名古屋工業大学）、明治専門学校（現九州工業大学）、新潟医学専門学校（現新潟大学）、等、後続事例が多数見られるようになる。これらの取組は、各学校史の記述から判断する限りいずれも盛況だったようである。しかし、いずれもある程度継続するものの、長続きしたとは言い難い。高等教育機関は拡張事業に対する意欲を持ってはいたものの、事業担当部局が設けられることはなく、通俗講談会と各校の教育・研究との

つながりは曖昧であった。これらの事業は一時的な流行に終わってしまい、地域社会と各学校とを十分に結びつける取組へと発展しきれなかった。

なお、大正14（1925）年にNHKの前身である社団法人東京放送局（JOAK）がラジオ放送を開始すると、学術講演はただちにその主要コンテンツとなり、大学教員の語りは従来の対面形式とは異なり広範囲の人々に聴取されるようになった。東洋大学等で教鞭を執っていた高島米峰は人気講師であった。ただし、当時にあっては大学等との連携には至っていない。

（2） 文部省主催成人教育講座

各高等教育機関がそれぞれ実施した通俗講談会が短命に終わりがちだった一方、戦前において最も組織的継続的に行われた拡張事業として文部省主催成人教育講座がある。

大正8（1919）年以降文部省は社会教育公開講演並講習会を直轄学校に委嘱して実施してきたが、大正12（1923）年にその取組を拡充し、大阪外国語学校（現大阪大学）に委嘱して最初の成人教育講座を実施した。3か月間、毎週1回、午後6時より3時間という、従来の同種の事業に比して長期間にわたる講座であった。文部省は13年度には6か所、14年度に8か所と委嘱数を増やし、15年度は帝国大学・専門学校等の直轄学校および県あわせて63か所に講座開設を委嘱、一挙に全国的に普及した。

成人教育講座は、普通選挙法・治安維持法の制定から、教化総動員運動、自力更正運動、さらには国家総動員法へと至る、時局の影響の下にあった。各年度の報告書には「特に世局に鑑み各地共に公民科を設置し、現代思想に対して最も堅実なる指導を与ふる」（大正15年度）、「特に世局に鑑み国民精神の作興経済生活の改善に力め…一般成人の政治思想社会思想に対する的確なる理解を徹底せしめんがため適切なる指導を与へ」（昭和4年度）、「重大なる時局に直面し肇国の本義に鑑み興亜の聖業達成のため愈々国民的自覚を固めしめると共に智徳の錬成に努め大国民としての実力培養、総力発揮に資する」（昭和14年度）と述べられていることからも明らかなように、思想善導・国民教化に力点が置かれていたことは疑いない[22]。拡張事業の主体性・自主性という点においても、成人教育講座は文部省主催であって、大学等は委嘱を受けて受動的に開催したにすぎず、この

ような「官製」という性格が同時期の自由大学運動（後述）からは批判を受けることになった。

（3） 地方都市における専門学校の取組

　早稲田大学校外教育部や文部省主催成人教育講座という一部の例外を除き、戦前の拡張事業は組織的に展開されていたとは言い難い。また、成人教育講座は高等教育機関の主体性に基づいて実施されたものでもない。そのような中にあって、戦前、組織的かつ主体的に行われた数少ない拡張事業として、これまであまり注目されてこなかった専門学校の取組をここで紹介したい。

　明治期以来、帝国大学等で通俗講談会が実施されてきたことは前述のとおりであるが、大正期になると専門的な附属研究機関の設立を契機として、研究成果を公開・普及するための拡張事業がはじまった。それは、附属機関という常設の組織が存在したことで、通俗講談会とは異なり継続性のある事業として発展する可能性を秘めたものだった。

　嚆矢となったのは神戸高等商業学校の商業研究所である。神戸高商では明治45（1912）年、商業経済に関する新聞の切り抜き、整理・保存、各種会社の営業報告書、調査機関の報告書や統計資料の収集・管理を目的とする調査部（大正3年調査課に改称）が設けられた。大正8（1919）年、兼松商店より研究資金の寄付が寄せられ、それを契機に調査課を発展させ、商業研究所が設立された。

　同研究所は、その目的を「商業ニ関スル学術ノ進歩ヲ計リ、商業ノ発達ヲ助長センカ為メ、商業ニ関スル調査研究ヲ行フヲ以テ目的トス」とし、業務として「一、商業ニ関スル調査研究」「二、商業ニ関スル調査研究資料ノ蒐集整理」「三、商業ニ関スル公刊物ノ発行」「四、講演会講習会其他ノ集会ノ開催」等を挙げていた。それに従い、公開講演会が開催され、大正9（1920）年12月から昭和15（1940）年6月まで、計54回を数えた。これらの講演はその多くが『商業研究所講演集』（第1輯〜第93冊）として公刊されている。

　大正9（1920）年第一回公開講演会の開会に際して、商業研究所調査部長瀧谷善一は「従来吾々は此の学校に於て、十分なる各種の資料を蒐集して之れを自分の研究の用に供し、又学生の研究の用にも供し、更に社会一般の人々の用に供せんことを非常に希望して居ったのであります」と、地域貢献への意欲を述べた。

そのモデルは海外の研究機関であった。「斯様に教育機関に研究所を附設し、其所にいろ／＼な資料を輯め、又其所で調査研究した結果を社会に公表するといふやうなことは、外国では例が少くはありませぬ。就中、私の甚だ感心して居るのは、独逸の漢堡市の立て、居る『殖民研究所』、キール大学に附属して居る『海運及世界経済研究所』、それからライプチッヒ大学に附属して居る『保険学研究所』、更に近頃米国のハーバード大学に設置された『商工経営研究所』であります」と、他国の例を紹介している。瀧谷の関心の所在は、主に大学の附属研究所のあり方であり、大学拡張という言葉はどこにも出てこない。しかしながら、大学等が研究所を設けその一環として研究成果を講演という形で普及するという事業は、拡張事業の一つの形であることは間違いない。

なお、神戸高商では、商業研究所とは別に、大正2（1913）年には「主トシテ昼間実業ニ従事スル者ノ為ニ商業ニ関スル学科目ノ講習ヲ為スヲ目的トス」夜学部が設けられ、昭和3（1928）年までの間に一万人弱の聴講者を得ている。

神戸高商と同様の事業として、長崎高等商業学校（現長崎大学）は大正8（1919）年に研究館を設置し、講習及講演規則を制定して夜間の定期講習を実施している。また、高松高等商業学校（現香川大学）が大正13（1924）年に設立した商工経済研究室も、各種事業を組織的に展開していたことが知られている[23]。

高等商業学校以外では、長岡高等工業学校（現新潟大学）が、長岡市の寄付により科学工業博物館を開館した（大正15年）事例もある。常設展示や企画展などを行うほか、通俗講演や、当業者（工業者）に対して専門的な講演会や短期講習会を開催することを博物館業務として構想していた。

これら専門学校の取組は、どの程度実行に移されたかについて不明な点もあるが、地元産業や自治体との産官学連携への意向も伺える。地方都市に地域の期待を担って設置された専門学校は、地域貢献への意志を持っていたことは疑いのないところである。

（4）学生による地方巡回講演

ここまで述べてきたのは、いずれも大学当局や教員による大学拡張の取組である。しかし、学生たちの活躍も忘れてはならない。進学率が低く、学生が知的エリート層であった時代、彼らは学問を一般市民に伝える「スポークスマン」あ

るいは「インタープリター」の役割を積極的に担っていた。

　学生の大学拡張への関わりとしては、大正初期の星島二郎らの学生による『大学評論』の刊行や、大正末期から昭和初期にかけての東京帝国大学セツルメント（後述）がよく知られているが、学生を主体とする地方巡回講演も盛んに行われていた。各校の学友会（弁論部・講演部等）や県人会が時に教員・校友（卒業生）をも交えつつ行った地方巡回講演は、明治末期から次第に増え、大正末期には全盛期を迎えた。

　一例として関西大学の活動を紹介しよう。関西大学では学友会（文芸部）による地方巡回講演と、各県人会による郷土巡回講演が行われていた。学友会の地方遊説がいつ開始されたのかは明らかでないが、大正11（1922）年創刊の『千里山学報』第2号に「本大学々友会年中行事の一たる夏期地方遊説は毎年各地方に於て相当の成績を挙げ来り」と書かれてあることから、遅くとも大正中期には始まっていたことと推察される。一方、『千里山学報』には県人会が主催する郷土巡回講演に関する記事も多数見られ、大正11（1922）年から15（1926）年までの間に、京都府同人会、東海学生連盟、高知県人会、防長会、岡山県人会、筑豊郷友会、香川県人会による取組が報じられている。例えば香川県人会は大正13（1924）年から15（1926）年の間に5回の郷土巡回文化講演会を開催しているが、後援の地元紙『香川新報』には連日大きなスペースが割かれて記事が掲載されている[24]。

　学友会や県人会による地方巡回講演は「課外活動」であり、従来「課外活動発展史」の一部として検討されてきた一方、「大学拡張」として位置づけられているとは言い難い。しかし、「課外活動」であると同時に、日本的な「大学拡張運動」の一部を担うものとして、これを「課外活動としての大学拡張」と捉え直すことも可能であろう。

（5）セツルメントと自由大学運動―「大学拡張」批判―

　日本の戦前の大学拡張の歴史を記述するにあたっては、都市下層労働者を対象としたセツルメント、および農村青年による自由大学運動にも触れておく必要がある。これらの中には制度上の高等教育機関ではない民間組織によって実施されたものも含まれるが、それらはここまで述べてきた既存の高等教育機関による拡

張事業に対する批判を含むものであり、当時の大学拡張を理解するために不可欠と思われるからである。

早くは明治30年代前半の片山潜らによる大学普及講演がある。片山はイギリスから帰国後の明治30（1897）年、神田三崎町にキングスレー館を開設し、明治32（1899）年第1回大学普及講演を開催した。キングスレー館は英米のUniversity Settlement（大学殖民事業）に影響を受け設立されたものである。大学殖民事業について、第1回大学普及講演で村井知至は次のように説明している。「労働者の集まって居る場処、即ち貧民の巣窟として社会から排斥せられて居る所へ、高等教育を受けた所の紳士淑女等が己れの家を移して、其処に住み、春の朝た、夏の夕べも、倶に慣れやうて、自ら受けて居る高等教育の感化を、段々労働者の中に波及して以て労働者の利益を謀り、社会改良の実を挙げんとする誠に高潔なる社会事業であります」。大学普及講演は実際には5か月間と短命に終わってしまったが、労働者教育の観点からの取組として注目に値する。

本格的なセツルメントとしては、大正12（1923）年の関東大震災後の学生救護団から発展した東京帝国大学セツルメントが挙げられる。穂積重遠・末弘厳太郎ら東京帝大教授を指導者とし、学生・卒業生が担い手（セツラー）となって、本所柳島のセルツメント・ハウスを拠点に教育事業のみならず、法律相談、診療活動等々、多様な拡張事業を展開した。その活動は通俗講談会や成人教育講座などの啓蒙事業とは異質な取組であったが、ファシズム体制の進む昭和13（1938）年には解散となった。

セツルメントが都市の下層労働者の実情に応じた大学拡張であるのに対し、農村青年が主体的に学習活動を組織化した取組として長野県[25]を中心に展開された自由大学運動がある。

「我が国においては、大正12年から約10年間長野県を中心に行われた自由大学運動の貴重な事例を見る以外…一般に大学拡張とよび得るほどのものを見出すことができない」（宮原誠一）[26]、「それは教育におけるデモクラシー運動が地域の住民とりわけ農村青年の学習・文化要求と結びつき、それに支えられて展開された戦前日本の数少ない自己教育運動の一つとして独自な歴史的意義をもっている」（小川利夫）など、後世の社会教育研究者に高く評価されることの多い自由大学運動は、大正10（1921）年の信濃自由大学発足をそのはじまりとする。大

正13（1924）年に上田自由大学と改称されるこの活動は、長野県小県郡神川村の山越脩蔵と文明評論家の土田杏村の出会いから始まったもので、農閑期に講師を招き連続講座を開くというものであった。昭和5（1930）年、昭和恐慌によって農村経済が大打撃を受けるまで、途中中断をはさみ、約10年間続いた。

信濃自由大学趣意書は「学問の中央集権的傾向を打破し、地方一般の民衆が其の産業に従事しつつ、自由に大学教育を受くる機会を得んがために、総合長期の講座を開き、主として文化学的研究を為し、何人にも公開する事を目的と致します」と述べる。そして趣意書は「この自由大学運動を全国に波及して、到る処にその設備を見、以て地方文化の程度を著しく向上せしめんが為に、全国の青年と提携することを努めます」という言葉で締められ、当初より全国的な運動を志していた。大正13（1924）年には県内外に波及した各地の自由大学の連盟として自由大学協会が設立され、翌年には協会の月刊誌『自由大学雑誌』も刊行されることとなった。

土田は『自由大学雑誌』の中で文部省批判を展開する。「文部省が直接に成人教育機関を経営することにより、我々の最も重視して居る民衆の成人教育さえ、今日の青年会の如き御用本位のものとなり、地方の青年は其の骨の髄まで腰抜けとなって了ふことを我々は遺憾としなければならない。我々は断じて成人教育を、文部省や内務省やの手に渡してはならない」。土田にとっては、民衆を「啓蒙の対象」として捉えるだけの既存の大学拡張は「官僚的」で「恩恵的」なものにすぎなかった。

『大学拡張運動の歴史的研究』を著した田中征男も、自由大学運動について「既存の大学の既存の学問研究の成果と教育機会の単なるExtension（拡張・普及）の範囲を超えて、既存の大学とそこでの学問の質やあり方そのものに対する批判意識を内包したCounter Universityの契機をはらむものであった」[27]と評している。

しかし、戦争の激化にともない高等教育機関は機能不全に陥り、大学拡張の取組すべてが中断を余儀なくされる。提起された批判も戦後に持ち越しとなった。

3. 戦後の大学開放

（1） 大学開放の法制化

　戦後の教育改革は、大学開放についても例外ではなかった。

　昭和21（1946）年3月31日、GHQ最高司令官マッカーサーに「アメリカ教育使節団報告書」が提出され、戦後日本の教育改革はこの報告書の勧告に沿って展開されることとなった。同報告書は大学開放に関して「五、成人教育」の項で「日本の諸学校、専門学校、および大学は、成人教育を起動させる大きな潜在力である」と指摘し、続く「六、高等教育」の項では「講座の公開による教育」として「公開講座を開くことによって、大学は、正規の大学課程に入学する資格のない成人の聴講生に、刺激と教授とを与えることができるのである。（公開講座というのは、学士号を目的としない学生のための、学園内または学園外で設けられる講座を指すのである。）この計画は、大学を一般人とより密接に結びつけるという点でとくに貴重であろう」と述べた。

　すでに昭和20（1945）年11月、文部省は文部大臣訓令「社会教育振興ニ関スル件」を発し学校開放を促していたが、昭和21（1946）年になると官民において大学開放に関する様々な動きが見られるようになる。4月、文部省は通達「大学、専門学校聴講生ニ関スル件」により大学・専門学校が聴講生制度を設けて一般成人が講座を聴講できるように努めることを要望し、8月には大学・専門学校に対し文化講座を委嘱する。一方民間では、既存の大学の開放ではなく、自らの手で大学レベルの教育を創造しようとする鎌倉大学校（アカデミア）や庶民大学三島教室が設立された。

　翌昭和22（1947）年に制定された学校教育法は、夜間学部（54条）や通信教育（70条）、公開講座（69条）、施設公開（85条）など、実態としては存在していたものの法制上これを容認する規定のなかった「制度外存在」を、はじめて制度として認めることとなった（括弧内はいずれも制定当時）[28]。さらに昭和24（1949）年には社会教育法も制定され、大学等が成人の一般的教養又は専門的学術知識に関する講座を開設することについて定められた（48条）。

　しかし、この法制化が直ちに大学開放の活性化に繋がったと考えるのは早計

であり、終戦直後の大学開放への意気込みは次第に衰退してしまう。昭和30（1955）年社会教育審議会答申「学校開放の実施運営はいかにあるべきか」、昭和39（1964）年同審議会答申「大学開放の促進について」が出されるなど、言わば「上から」大学開放を進めようとする動きは続くが、大学開放が大学の自主的な動きになっているとは言い難い状況であった。また、これらの答申からは、当時の大学開放が公開講座中心に考えられており、その他若干地域連携や施設公開について言及されることはあっても、正規の教育課程の開放については（一部通信教育を除いて）ほとんど考慮に入れられていなかったこともわかる。

　大学開放が本格的に展開するには、大学自身が大学開放を内面化するとともに、社会の側に大学開放を真に必要とする条件が整うまで、今しばらく待たなければならなかった。

（2）生涯学習機関としての大学

　答申「大学開放の促進について」が出された背景には、「近年の科学の進歩、産業経済の発展、あるいは生活の高度化」により、成人教育に求められる内容が広範多岐かつ専門化している事情があった。大学開放は「社会教育関係者のあいだでその必要が強く痛感され」、すでに行われている活動を「さらに組織的・計画的に行い、その内容規模を充実拡大することは、大学の今後の課題」と指摘する。

　このような社会からの要請に加えて、60年代後半には学生運動により、大学内部から大学のあり方に対する批判が噴出する。それを受けて、当面する紛争への対処とともに、長期的な視点に基づく大学改革が唱えられるようになった。例えば、昭和43（1968）年に行われた自由民主党政務調査会文教制度調査会「大学問題に関する中間報告」（『国民のための大学』として出版）は、「象牙の塔」としての大学を批判し、「今後の大学は、研究の業績を社会に還元することが、使命の一つでなければならない。そのために、大学は国民に開放される必要がある」と述べている。サービスとして開放するのではなく、大学自身のために開かれなければならない、すなわち、大学が多様な社会と交流し、外からの批判に耐えることによって、学術研究が発展し、教育の質が高まる、と考えられるようになった。大学自身が開かれたものにならない限り教育研究の発展は望めないとい

うことである。

　さらに、この「開かれた大学」を支える理論となったのが、ほぼ同時期に唱えられ始めた生涯教育（生涯学習）論である。昭和 40（1965）年、ユネスコの成人教育推進国際委員会においてポール・ラングランが提唱した生涯教育論は、急激に変化する社会においては人生初期の学校での教育だけでは不十分であって、社会に存在している教育的機能を有機的に統合しつつ、生まれてから死ぬまでの生涯にわたる学習・教育の権利を保証すべきであるとする考え方である。

　生涯教育論は国際的な共通理解となり、日本にもただちに紹介された。昭和 46（1971）年の中央教育審議会「今後における学校教育の総合的な拡充整備のための基本的施策について」および社会教育審議会「急激な社会構造の変化に対処する社会教育のあり方について」の 2 つの答申、昭和 56（1981）年の中央教育審議会「生涯教育について」において、生涯教育論に基づく教育改革が必要であると指摘された。さらに昭和 59（1984）年には首相直属の臨時教育審議会が設置され、学歴社会の弊害の是正、情報化・国際化の進展、あるいは国民の生活水準の上昇、高学歴化、自由時間の増大などを背景に、「生涯学習体系への移行」が 21 世紀へ向けての教育施策の重要な柱となった。

　生涯学習の考え方は、大学が 20 歳前後の若者だけの占有物から、すべての人に開かれた教育機関へと変わることを要請する。従来は単発的・断続的であった公開講座を、全学を挙げての組織的・継続的な取組とすべく、昭和 48（1973）年、東北大学に大学教育開放センターが設置され、昭和 51（1976）年金沢大学、昭和 53（1978）年香川大学が続いた。私立大学においても昭和 51（1976）年に上智大学が外事部（現公開学習センター）を設けソフィア・コミュニティ・カレッジがはじまり、昭和 56（1981）年には早稲田大学にエクステンションセンターが開設された。その後、平成 2（1990）年の中央教育審議会答申「生涯学習の基盤整備について」が大学・短大等における生涯学習センター設置を提言したことにより、各地の大学に新設が続いた[29]。

　公開講座だけでなく、大学教育の本体部分である正課教育を開放するための取組も見られるようになる。日本では大学進学の機会は高等学校卒業時という傾向にあり、社会人の受け入れについては、従来、夜間学部、通信教育において行われていた。昭和 51（1976）年度には千葉大学工学部の一部の課程（53 年度か

らは全学科）が昼夜開講制をはじめ、学生の生活実態に応じた履修が可能となったが、昭和54（1979）年度からは立教大学法学部が社会人特別選抜を開始、さらに平成3（1991）年の大学設置基準改正によって、学外者の単位取得を可能とする科目等履修生が制度化されるなど、制度やその運用を弾力化し、社会人が大学で学ぶための条件が整えられるようになった[30]。

社会人が学習するにあたっては、時間的経済的な制約や、地理的問題がある。それらを克服する一手段として、放送を活用する高等教育機関である放送大学が設立された（昭和56年放送大学学園法成立、昭和58年開学、昭和60年授業開始、平成10年全国放送開始）。テレビ・ラジオ放送を利用した授業と、全国各地の学習センターにおける面接授業により、高校新卒者から社会人、高齢者まで、多様な人々に高等教育の機会を提供している。

近年では、平成19（2007）年の学校教育法改正によって、社会人等の学生以外の者を対象とした学習プログラム（履修証明プログラム）を開設し、修了者に対して履修証明書を交付できることとなるなど（105条）、社会人のための学習環境整備は進みつつある。

こうして現在では、公開講座等の正課外における開放のみならず、正課教育の開放、さらには図書館等の施設開放[31]まで、様々な大学開放が行われている。

注
1) 「University Extension」について大学開放の歴史的な文脈で論じる際には「大学拡張」と訳されることが多い。欧米のUniversity Extensionをわが国に本格的に紹介した最初のものは『国家学会誌』において家永豊吉が1891年（明治24年）に発表した「英米に於ける大学教育普及の運動」であるが、ここではExtensionの訳語に「普及」という用語が使われている。田中征男によれば、その後の明治時代後半期においてイギリスの実践を紹介する場合に「大学拡張」という用語が集中的に用いられるようになり、構外教育活動の先駆である早稲田大学の関係者が「普及」の使用にこだわりをみせながらも、大正時代においては一般的にはすでに「拡張」という用語が定着していたという（田中征男「「大学拡張」訳語考」『大学拡張運動の歴史的研究―明治・大正期の「開かれた大学」の思想と実践―』野間教育研究所、1978年、181-213頁）。なお、本書においては全体を通じて訳語を「ユニバーシティ・エクステンション」で統一している。
2) 香川正弘「十九世紀英国における大学改革と大学拡張（1）－J・スチュワートを中心にして」『日本社会教育学会紀要』No.6、1971年、21-32頁。

3) 香川正弘「十九世紀英国大学拡張の研究―拡張講義の構成要素を中心にして」『広島大学教育学部紀要』第一部、第20号、1971年、175-185頁。
4) このA～Cの特徴については、香川正弘「イギリス大学拡張運動の構造」『上智大学教育学論集』第43号、2008年、17-18頁より抜粋。
5) 香川正弘「一九世紀イギリス大学拡張の地方組織」梅根悟監修・世界教育史研究会編『社会教育史Ⅰ』(世界教育史体系36)講談社、1974年、294-329頁。
6) B.サイモン著、成田克矢訳『イギリス教育史Ⅱ』亜紀書房、1980年、86-93頁。
7) 宮坂広作「Albert Mansbridgeと初期W.E.A.」『英国成人教育史の研究Ⅱ』(宮坂広作著作集6)、明石書店、1996年、59-190頁。
8) 宮坂広作「イギリスにおける大学成人教育の展開―生涯教育と高等成人教育」『英国成人教育史の研究Ⅰ』(宮坂広作著作集5)、明石書店、1996年、213-283頁。
9) 渡邊洋子「イギリス成人教育の方法論的成立に関する史的考察―初期テュートリアル・クラスの生成過程に注目して―」『京都大学大学院教育学研究科紀要』第52号、2006年、1-25頁。
10) 矢口悦子『イギリス成人教育の思想と制度―背景としてのリベラリズムと責任団体制度―』新曜社、1998年、161-195頁。
11) 小池源吾「H.B.アダムスの大学拡張論」『広島大学教育学部紀要』第一部(教育学)第46号、1997年、55-64頁。
12) 小池源吾「19世紀末アメリカにおける大学拡張の諸相」広島大学大学教育研究センター編『大学論集』第14集、1985年、249-269頁。
13) 同上。
14) これら3つの事例の分析については小池の同上書に詳しい。なお、ユニバーシティ・エクステンションに対する同時代人による批判については、以下の論考を参照。
　小池源吾「十九世紀末アメリカ合衆国における大学拡張批判」広島大学大学院教育学研究科教育学教室編『教育科学』23、1997年、35-81頁。
15) ウィスコンシン大学の事例については、主として以下の論考を参照した。
・小池源吾「ウィスコンシン大学拡張に関する研究―拡張事業の特質をめぐって―」『広島大学教育学部紀要』第一部(教育学)、第25号、1976年、109-120頁。
・小池源吾「ウィスコンシン理念と大学拡張」『広島大学教育学部紀要』第三部(教育人間科学領域)、第49号、2001年、21-30頁。
・小池源吾「ウィスコンシン大学拡張の同時代史」広島大学大学院教育学研究科教育学教室編『教育科学』27、2010年、57-93頁。
・五島敦子『アメリカの大学開放―ウィスコンシン大学拡張部の生成と展開―』学術出版会、2008年。
　なお、『アメリカの大学開放―ウィスコンシン大学拡張部の生成と展開―』の第1章「大学拡張部設立の背景」(39-65頁)では、本節で取り上げたアメリカにおける他の大学や団

体の事象についても記述されている。あわせて参照されたい。

16) 本節で「大学開放」という場合の「大学」の意味であるが、戦前の場合は、旧制大学だけでなく、戦後新制大学発足時に母体となった高等学校、高等師範学校、また高等工業学校・高等商業学校等の専門学校を含んでいる。また、「開放」については、本節では教育面での開放に限定していること（受託、共同研究などの研究面における開放は含んでいないこと）をあらかじめお断りしておく。

17) 本節は、『東京大学百年史』『早稲田大学百年史』等の大学正史、『神戸高等商業学校商業研究所一覧』『長岡高等工業学校科学工業博物館要覧』等の旧制時代の公刊物、『東洋学芸雑誌』『教育時論』等の雑誌などを参照して執筆したが、教科書という本書の性格に配慮し、読み手の煩雑さを避けるため、原則として出典は明記していない。出典について知りたい方は、本節の元となった、国立大学生涯学習系センター有志グループ（代表者出相泰裕）『大学開放論─国立大学生涯学習系センターによるセンター・オブ・コミュニティ（COC）機能の促進─』（大阪教育大学教職教育研究センター、2013年）掲載の同名論文（pp.48-68）に詳細を挙げているので、そちらを参照されたい。ただし、いくつかの重要な文献については以下に列挙するので、参考にして欲しい。国立教育研究所編『日本近代教育百年史』（第7-8巻、社会教育1-2、1974年）、太田雅夫『大正デモクラシー研究：知識人の思想と運動』（新泉社、1975年）、田中征男『大学拡張運動の歴史的研究─明治・大正期の「開かれた大学」の思想と実践─』（野間教育研究所紀要第30集、1978年）、斎藤諦淳編著『開かれた大学へ─大学の開放及び大学教育改革への進展─』（ぎょうせい、1982年）、小川利夫監修『社会教育基本文献資料集成 第3巻 学校の変革と社会教育①』（大空社、1991年）、大森俊雄編『東京帝国大学セツルメント十二年史』（久山社、1998年、原著は1937年）、小野元之・香川正弘編著『広がる学び開かれる大学─生涯学習時代の新しい試み─』（ミネルヴァ書房、1998年）。

18) 地方への巡回講演については、帝国大学卒業生を中心とする学士会通俗学術講談会の方が、東京専門学校より若干早い。学士会は明治23（1890）年に東京で第1回を実施すると、第2回目以降は名古屋・岐阜（明治24年）、仙台・山形（明治25年）、大阪・神戸・姫路（明治32年）、京都（明治36年）と、全国各地へ会場を移して開催した。

19) 徳川幕府が設けた薬園を前身とする小石川植物園は、東京大学の附属施設となった明治10（1877）年以降公開された。また、明治13（1880）年東京大学理学部に開設された博物場は明治18（1885）年に閉場するまで公開されている。

20) 明治33（1900）年の巴里万国博覧会出品のために製作・出版された小川一真編『東京帝国大学』（小川写真製版所、1900年）という写真集には、学術資料の陳列スペースとして、病理学列品室、造船学列品室、機械工学列品室、採鉱及冶金学列品室、応用化学列品室、動物学列品室、地質学列品室、植物園、獣医学列品室の各写真が掲載されており、数多くの学術資料が所蔵されている様子がわかる。

21) 東京工業学校附設工業教員養成所は、明治32（1899）年、昼間働いている職工を対象に

「夜間其他業務の余暇に於いて学業を授け職工其他の技術員を養成し其社会上の位置を向上せしむる」目的で設置された。夜学の修業年限は2か年（のち最短四か月最長1か年）だった。

22) ただし、開講科目を検討すると、農村部で実施されることの多い道府県委嘱講座は確かに国民教化的色彩が強いものの、都市部で実施される直轄学校委嘱講座では比較的学科本位であったなど差が見られた。

23) 高松高等商業学校では、①公開講演会（大正13年から昭和12年まで計23回、その他臨時講演会あり）、②文部省主催成人教育講座（大正15年から昭和16年まで毎年開催）、③展覧会（大正14年から昭和12年まで計16回）、④映画会（大正14年から昭和8年まで計29回）が継続的に行われていた。教授等の講師派遣も、記録に残っているもので、大正13（1924）年から昭和17（1942）年まで計634回行われている。

24) 他にも、県人会による講演活動が盛んだった大学として東洋大学がある。大正15（1926）年には青森県、長野県、神奈川県、山梨県、香川県で各県人会による講演が開催された。中でも山梨県人会主催の峡中夏期大学は大正12（1923）年から昭和2（1927）年まで継続して実施され、かなりの盛況であった。

25) 長野県には大正6（1917）年に設立され現在まで100年近く続いている信濃木崎夏期大学もある。農村部において大学レベルの知識を学ぶ機会を自ら設けようという目的で、地元の尋常小学校長平林広人が提唱し、後藤新平や産業界の援助を受けて設立された。その第一回目には吉野作造らが招聘され講演を行ったという。

26) 宮原誠一は、本格的な大学拡張運動は労働者階級の教育要求の発展を根底にもち、その運動主体は大学自体かあるいは特定の民間団体であるか、いずれにしても民間の教育運動であるというふたつの契機によって成立するとし、その観点から自由大学運動を除けば大学拡張とよび得る運動は存在しないと断じている（宮原誠一『教育と社会』金子書房、1949年）。

27) 田中征男は、自由大学運動以外に、大正4（1915）年吉野作造らが「開放されたる自由国民大学（誰でも這入れる！）」等を掲げて結成した大学普及会の活動なども、同様の批判意識を持つものであったと述べている。

28) 制定当時の条文は以下のとおり。「第54条 大学には、夜間において授業を行う学部を置くことができる。」「第69条 大学においては、公開講座の施設を設けることができる。 二 公開講座に関し必要な事項は、監督庁が、これを定める。」「第85条 学校教育上支障のない限り、学校には、社会教育に関する施設を附置し、又は学校の施設を社会教育その他公共のために、利用させることができる。」通信教育については、第70条において高等学校の通信に関する規定（第45条）を準用することとなったが、昭和36（1961）年の法改正により、通信教育の部分について「第54条の2 大学は、通信による教育を行うことができる。」と独立した条文が設けられた。さらに、平成19（2007）年の法改正により、54条は86条に、54条の2は84条に、69条は107条に、85条は137条に移動している。

29) しかし、とりわけ国立大学では、近年、学内の組織再編によってこれらのセンターが合併

あるいは消滅する例も見られる。

30) 国際的には、昭和49（1974）年にILO総会において労働者に対し有給教育休暇（労働時間中に一定の期間教育上の目的のために労働者に与えられる休暇であって、十分な金銭的給付を伴うもの）についての条約が採択されるなど、時間的経済的な制約を取り除き社会人の学びを促進する措置も行われている。ただし日本は同条約を批准していない。職業能力開発促進法（10条の4）で事業主の責務（努力義務）の一項目として挙げられているものの、実際に制度のある企業は少ない。

31) 図書館に比べ遅れをとっていた博物館について、学術審議会学術情報資料分科会学術資料部会が、平成8（1996）年「ユニヴァーシティ・ミュージアムの設置について」を出し、大学が博物館を設置することを奨励した。報告は「人々の学習ニーズが高まる中で、豊富な知的資産を有している大学は積極的に地域社会に協力することが求められており、学術標本の展示・公開等を行うことにより、人々の多様な学習ニーズに応えることが期待されている。また、展示・公開等は、次代を担う青少年に学問を身近に感じさせるための環境を提供することになる」と述べている。

第3章 大学開放の現状と政策

はじめに

　本章では、日本における大学開放の現状をまとめ、大学が有する様々な資源や機能を、地域や社会に開放することの意義と可能性について述べる。

　近年様々な場面において、大学が果たすべき役割として教育・研究に加え、社会連携（およびそれを通した社会貢献）が強調されてきているが、そのための取組の多くは、具体的には「大学開放」という形態を取る。教育・研究機能を大学の枠内に留めず、学外の様々なフィールドに拡げ、地域住民に届くかたちで発揮し、またその成果を教育・研究にフィードバックすることで、社会連携や社会貢献は拡充し、深化すると考えられる。

　本章では、統計資料や調査報告書をもとに、大学開放事業の動向をまとめ、新たな政策にふれながら、大学開放の方向性を探る。

第1節　大学開放事業の動向

1. 地域社会に対する大学の姿勢と取組

　『平成23年度　開かれた大学づくりに関する調査[1]』（以下、「開かれた大学調査」）は、大学開放および地域連携に関する総合的な調査報告であるが、最初に「開かれた大学づくりに関する実施方針」について各大学に尋ねている（国立

85、公立80、私立578、計743校から回答)。ここではまず、「地域社会に対する大学の貢献として重視する事柄」と「実際に取り組んでいる項目」を対置しながら、大学の姿勢と実際の取組をみておこう。

図3-1にみるように、最も重視されている項目は「公開講座の実施」であり、次いで「学生の社会貢献活動推進」「教員の講師及び委員派遣」「社会人入学者の受け入れ」「生涯学習・教育の最新動向の情報発信」といった項目が続く。「公開講座の実施」「教員の講師及び委員派遣」「社会人入学者の受け入れ」等は重視するとともに実際に取り組まれているが、「学生の社会貢献活動」「生涯学習・教育の最新動向の情報発信」は、地域貢献として重視されているわりに、実際にはそれほど取り組まれていない。重視しながら実践されていない項目には、「地域人材の養成」「地域活性化プログラムの開発・提供」「地域との話し合いの場」等も挙げられ、大学にとって自覚的な課題となっている。

次に、地域貢献として重視する事柄を設置者別にみていこう。「学生の社会貢献活動を推進」以外の項目はすべて国立大学の重視度が公立・私立のそれを上回っており、地域貢献を比較的強く意識しているといえる。

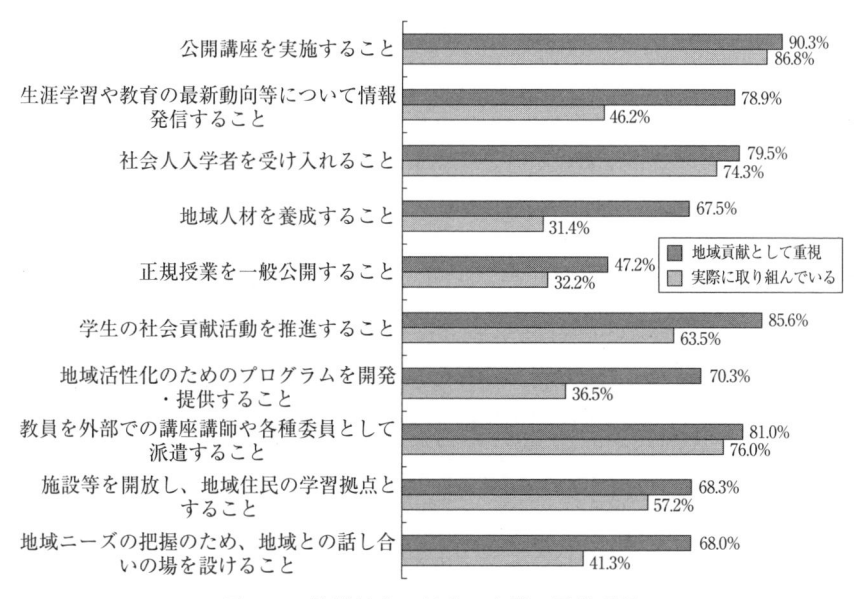

項目	地域貢献として重視	実際に取り組んでいる
公開講座を実施すること	90.3%	86.8%
生涯学習や教育の最新動向等について情報発信すること	78.9%	46.2%
社会人入学者を受け入れること	79.5%	74.3%
地域人材を養成すること	67.5%	31.4%
正規授業を一般公開すること	47.2%	32.2%
学生の社会貢献活動を推進すること	85.6%	63.5%
地域活性化のためのプログラムを開発・提供すること	70.3%	36.5%
教員を外部での講座講師や各種委員として派遣すること	81.0%	76.0%
施設等を開放し、地域住民の学習拠点とすること	68.3%	57.2%
地域ニーズの把握のため、地域との話し合いの場を設けること	68.0%	41.3%

図3-1　地域社会に対する大学の貢献項目

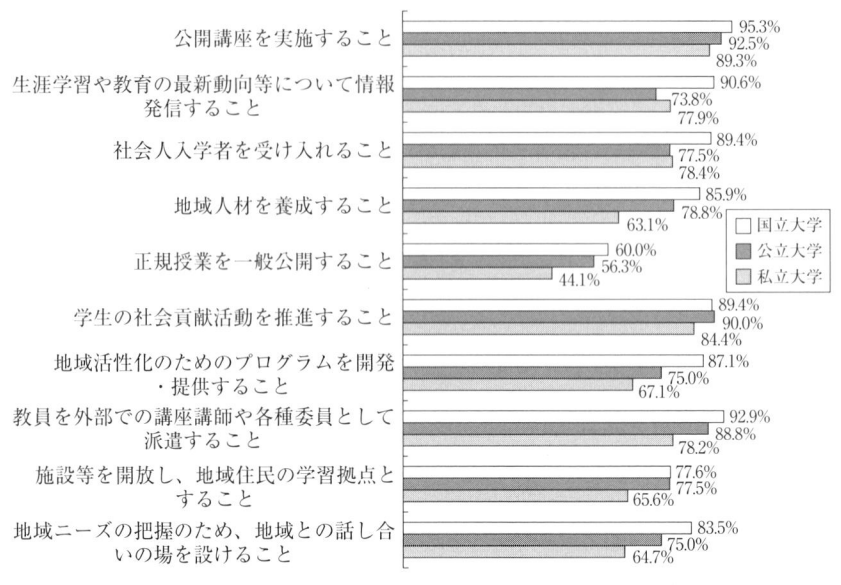

図3-2 地域社会に対する大学の貢献として重視する事柄

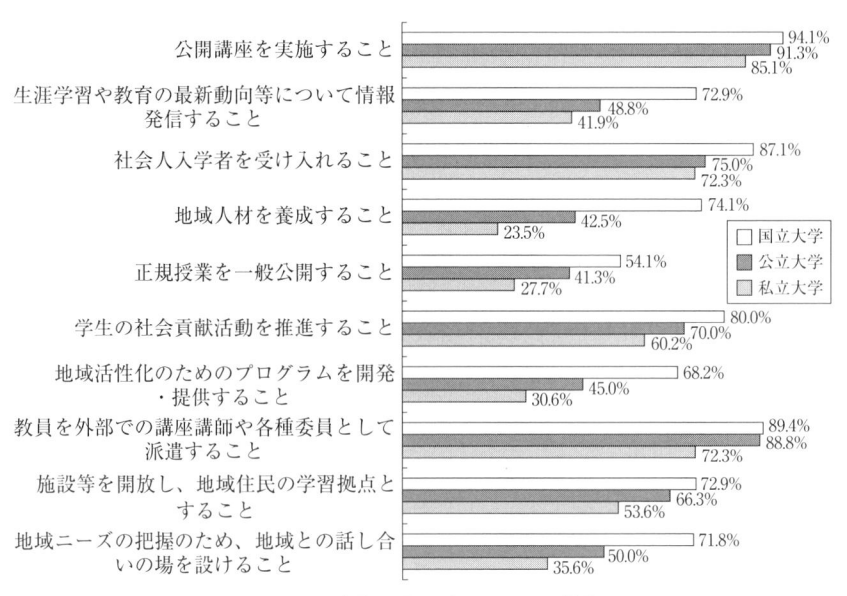

- 公開講座を実施すること: 国立大学 95.3%、公立大学 92.5%、私立大学 89.3%
- 生涯学習や教育の最新動向等について情報発信すること: 国立大学 90.6%、公立大学 73.8%、私立大学 77.9%
- 社会人入学者を受け入れること: 国立大学 89.4%、公立大学 77.5%、私立大学 78.4%
- 地域人材を養成すること: 国立大学 85.9%、公立大学 78.8%、私立大学 63.1%
- 正規授業を一般公開すること: 国立大学 60.0%、公立大学 56.3%、私立大学 44.1%
- 学生の社会貢献活動を推進すること: 国立大学 89.4%、公立大学 90.0%、私立大学 84.4%
- 地域活性化のためのプログラムを開発・提供すること: 国立大学 87.1%、公立大学 75.0%、私立大学 67.1%
- 教員を外部での講座講師や各種委員として派遣すること: 国立大学 92.9%、公立大学 88.8%、私立大学 78.2%
- 施設等を開放し、地域住民の学習拠点とすること: 国立大学 77.6%、公立大学 77.5%、私立大学 65.6%
- 地域ニーズの把握のため、地域との話し合いの場を設けること: 国立大学 83.5%、公立大学 75.0%、私立大学 64.7%

図3-3 実際に取り組んでいる項目

- 公開講座を実施すること: 国立大学 94.1%、公立大学 91.3%、私立大学 85.1%
- 生涯学習や教育の最新動向等について情報発信すること: 国立大学 72.9%、公立大学 48.8%、私立大学 41.9%
- 社会人入学者を受け入れること: 国立大学 87.1%、公立大学 75.0%、私立大学 72.3%
- 地域人材を養成すること: 国立大学 74.1%、公立大学 42.5%、私立大学 23.5%
- 正規授業を一般公開すること: 国立大学 54.1%、公立大学 41.3%、私立大学 27.7%
- 学生の社会貢献活動を推進すること: 国立大学 80.0%、公立大学 70.0%、私立大学 60.2%
- 地域活性化のためのプログラムを開発・提供すること: 国立大学 68.2%、公立大学 45.0%、私立大学 30.6%
- 教員を外部での講座講師や各種委員として派遣すること: 国立大学 89.4%、公立大学 88.8%、私立大学 72.3%
- 施設等を開放し、地域住民の学習拠点とすること: 国立大学 72.9%、公立大学 66.3%、私立大学 53.6%
- 地域ニーズの把握のため、地域との話し合いの場を設けること: 国立大学 71.8%、公立大学 50.0%、私立大学 35.6%

実際に取り組んでいる項目についても同様の傾向があり、全項目で国立が他を上回る。特に「生涯学習・教育の最新動向の情報発信」「地域人材の養成」「正規授業の一般公開」「地域活性化プログラム」「地域との話し合いの場」については、その差が著しい。

2. 公開講座開設数の推移

公開講座は代表的な大学開放事業であるが、その開設状況はどう変遷しているだろうか。図3-4は最近20年の推移であるが、開設大学数、講座数、受講者数ともほぼ一貫して上昇しており、これは公開講座が開設され始めた昭和50年代から続く傾向である。

「開かれた大学調査」によれば平成22年度の公開講座の平均講座数／受講者数は、国立40.2講座／2,329.7人、公立24.6講座／1,535.4人、私立40.5講座／1,612.6人である。受講料（1時間あたり）の平均は、国立2,406.2円、公立507.2円、私立979.6円となっている。

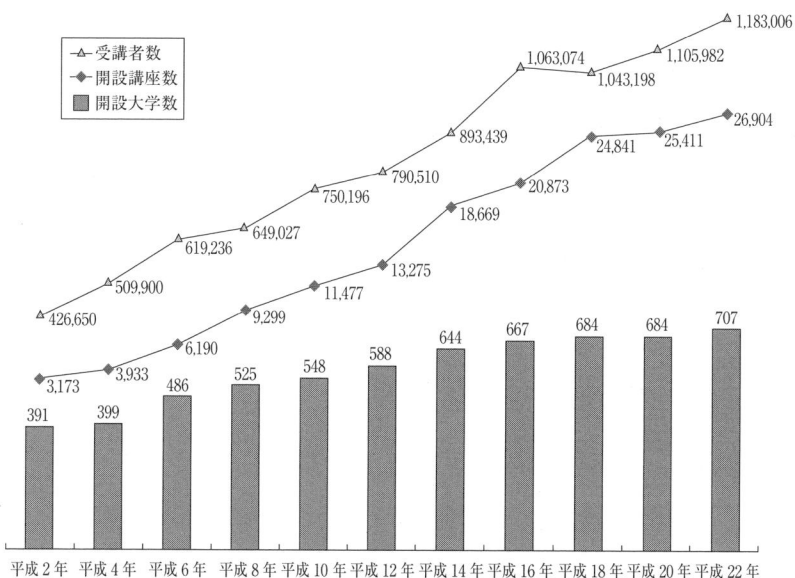

図3-4 大学公開講座の推移（文部科学省調べ）

講座数、受講者数は設置者別でそれほど大きな差はないが、受講料については国立大学のほとんどが規則・規定等で決めているため、高めである。時間あたりの受講料を一律に決めるのではなく、対象や目的、キャリアアップや資格につながるかどうか等で、無料を含め柔軟に運用していく必要があろう。

図3-5は公開講座を発展させるための取組について、設置者別にまとめたものである。共通の課題として「受講生・市民の学習ニーズの把握」「教職員への理解促進」「学内の実施体制の充実」等が取り組まれているが、特に国立大学においてその傾向が強い。「外部講師の積極的活用」は例外的に国立が低いが、その多くが総合大学で、学内に比較的豊富な人的資源を抱えているという条件があるからと考えられる。

「自治体等との共催・連携講座の実施」も公開講座発展のための重要な取組として挙げられている。多くの大学（特に国立大学）では、公開講座開設の調査のさい連携講座等を「公開講座」から除外して回答することが少なくないようだが、自治体、企業、NPO等の地域主体と共催・連携をしながら地域社会の様々な場に学びの機会を拡げていく取組は、むしろ積極的に推進すべき大学開放の新たな方向性の一つである。

3. 地域連携について

「開かれた大学調査」では、地域連携の現状についても多くの設問を用意している。図3-6は地域内の自治体との連携内容を設置者別にまとめたものであるが、「研修・講師派遣」が最も多く、「地域課題解決への取組」がそれに続く。この2項目については特に国立大学の実施率が高い。国立大学での実施率が特に高い項目としては、他にも「生涯学習に関する助言」「協議会の設置」「組織や施設、地域行事等の共同運営」「施設開放」などがある。それに対し、「ボランティア活動の推進／教職員や学生の派遣」については設置者別の差はほとんどなく、比較的高い実施率となっている。

図3-7は、地域との連携の際に課題として意識される項目を設置者別にまとめたものである。「大学側の人手・人材不足」が圧倒的に多く、次いで「連携のための予算が取れない」「地域連携の意義が学内に浸透していない」「多忙等を理

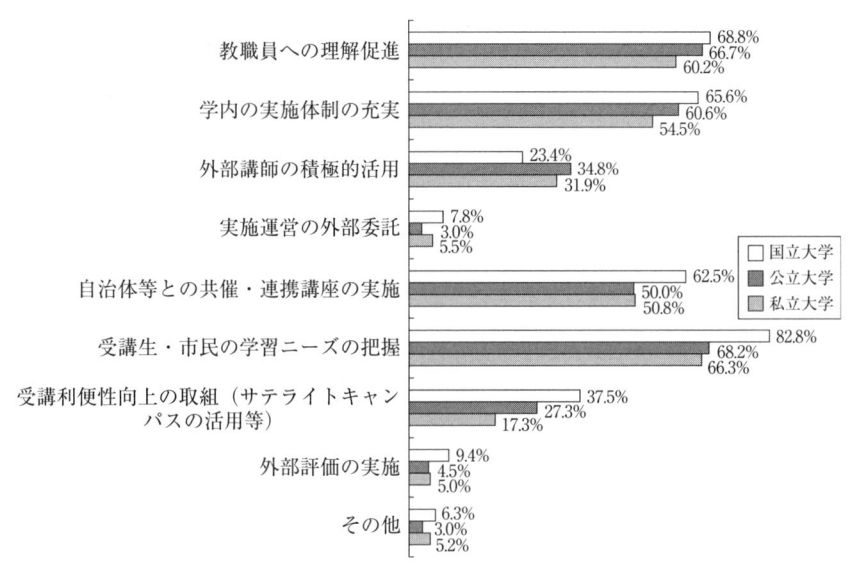

第3章　大学開放の現状と政策　71

取組	国立大学	公立大学	私立大学
教職員への理解促進	68.8%	66.7%	60.2%
学内の実施体制の充実	65.6%	60.6%	54.5%
外部講師の積極的活用	23.4%	34.8%	31.9%
実施運営の外部委託	7.8%	3.0%	5.5%
自治体等との共催・連携講座の実施	62.5%	50.0%	50.8%
受講生・市民の学習ニーズの把握	82.8%	68.2%	66.3%
受講利便性向上の取組（サテライトキャンパスの活用等）	37.5%	27.3%	17.3%
外部評価の実施	9.4%	4.5%	5.0%
その他	6.3%	3.0%	5.2%

図3-5　公開講座発展のための取組

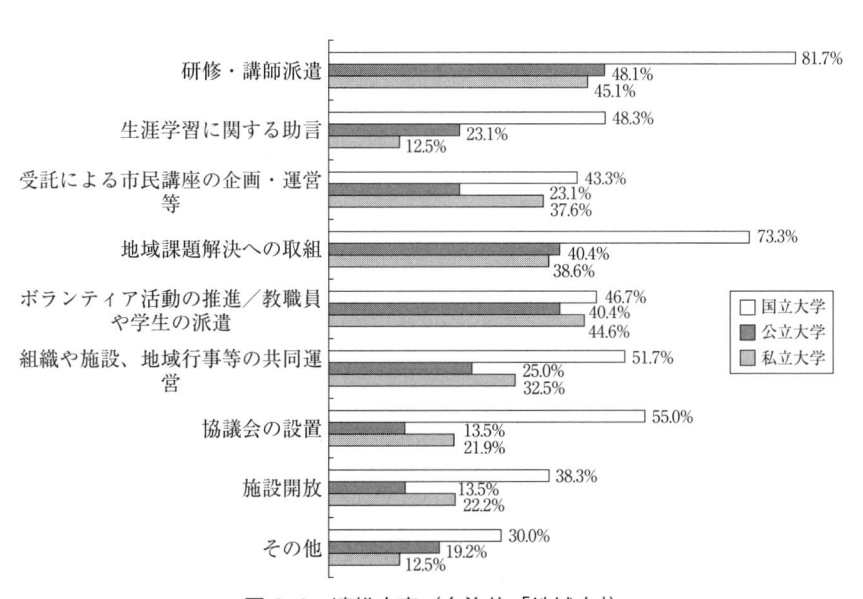

連携内容	国立大学	公立大学	私立大学
研修・講師派遣	81.7%	48.1%	45.1%
生涯学習に関する助言	48.3%	23.1%	12.5%
受託による市民講座の企画・運営等	43.3%	23.1%	37.6%
地域課題解決への取組	73.3%	40.4%	38.6%
ボランティア活動の推進／教職員や学生の派遣	46.7%	40.4%	44.6%
組織や施設、地域行事等の共同運営	51.7%	25.0%	32.5%
協議会の設置	55.0%	13.5%	21.9%
施設開放	38.3%	13.5%	22.2%
その他	30.0%	19.2%	12.5%

図3-6　連携内容（自治体「地域内」）

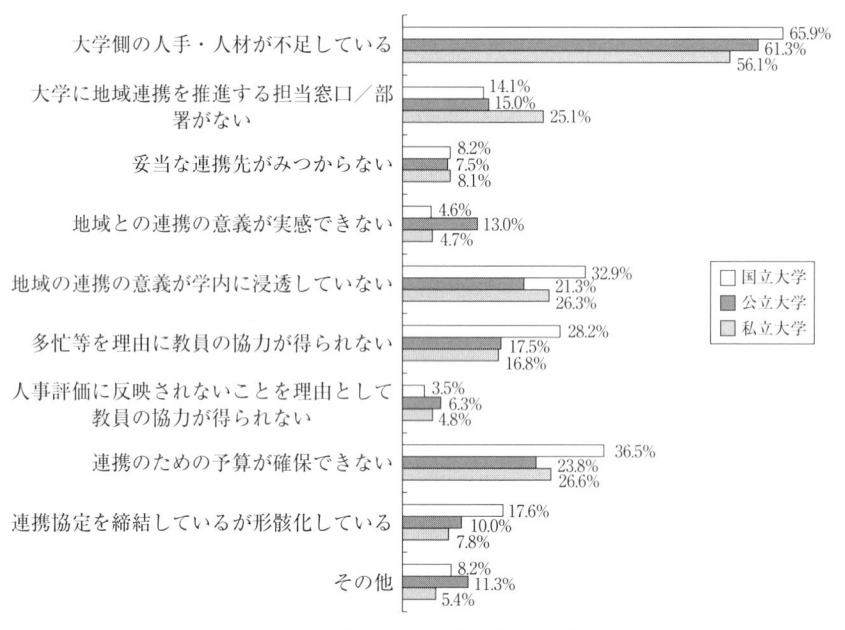

項目	国立大学	公立大学	私立大学
大学側の人手・人材が不足している	65.9%	61.3%	56.1%
大学に地域連携を推進する担当窓口／部署がない	14.1%	15.0%	25.1%
妥当な連携先がみつからない	8.2%	7.5%	8.1%
地域との連携の意義が実感できない	4.6%	13.0%	4.7%
地域の連携の意義が学内に浸透していない	32.9%	21.3%	26.3%
多忙等を理由に教員の協力が得られない	28.2%	17.5%	16.8%
人事評価に反映されないことを理由として教員の協力が得られない	3.5%	6.3%	4.8%
連携のための予算が確保できない	36.5%	23.8%	26.6%
連携協定を締結しているが形骸化している	17.6%	10.0%	7.8%
その他	8.2%	11.3%	5.4%

図3-7　地域との連携の際の課題

由に教員の協力が得られない」といった項目が続く。設置者別で特に差が大きい項目は「大学に地域連携を推進する担当窓口／部署がない」で、私立大学が他の約2倍の回答率となっている。

「開かれた大学調査」では、連携への学生の参加状況も尋ねている。図3-8にみるように、学生の参加は予想以上に進んでおり、特に「課外活動としての参加」の率が高い。

図3-9は、地域との連携のメリットを設置者別にまとめたものである。最大のメリットとして「大学の認知度／イメージアップ」が挙げられ、「自治体等との連携の創出」「市民との接点の創出」「学生への教育効果の創出」の各項目も全体で60%を超える回答率であった。直接的メリットともいえる前2者はともかく、地域連携が「学生への教育効果の創出」につながると答えた大学が多いことに注目したい。地域連携の際に学生が参加することが多くなり、地域社会をフィールドにした社会連携・貢献のプログラムが学生にもたらされる効果が実感されてきたように思える。

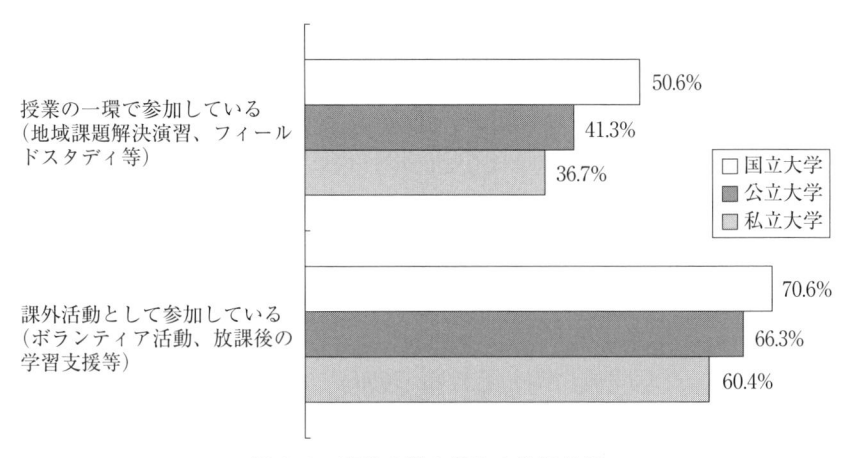

第3章　大学開放の現状と政策　73

図3-8　連携の際の学生の参加状況

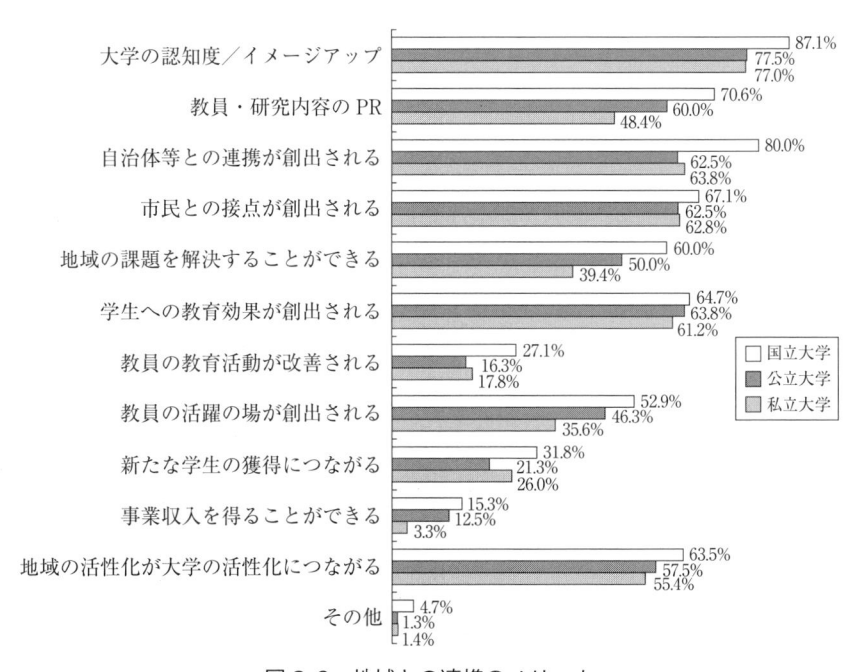

授業の一環で参加している（地域課題解決演習、フィールドスタディ等）
- 国立大学: 50.6%
- 公立大学: 41.3%
- 私立大学: 36.7%

課外活動として参加している（ボランティア活動、放課後の学習支援等）
- 国立大学: 70.6%
- 公立大学: 66.3%
- 私立大学: 60.4%

図3-9　地域との連携のメリット

大学の認知度／イメージアップ
- 国立大学: 87.1%
- 公立大学: 77.5%
- 私立大学: 77.0%

教員・研究内容のPR
- 国立大学: 70.6%
- 公立大学: 60.0%
- 私立大学: 48.4%

自治体等との連携が創出される
- 国立大学: 80.0%
- 公立大学: 62.5%
- 私立大学: 63.8%

市民との接点が創出される
- 国立大学: 67.1%
- 公立大学: 62.5%
- 私立大学: 62.8%

地域の課題を解決することができる
- 国立大学: 60.0%
- 公立大学: 50.0%
- 私立大学: 39.4%

学生への教育効果が創出される
- 国立大学: 64.7%
- 公立大学: 63.8%
- 私立大学: 61.2%

教員の教育活動が改善される
- 国立大学: 27.1%
- 公立大学: 16.3%
- 私立大学: 17.8%

教員の活躍の場が創出される
- 国立大学: 52.9%
- 公立大学: 46.3%
- 私立大学: 35.6%

新たな学生の獲得につながる
- 国立大学: 31.8%
- 公立大学: 21.3%
- 私立大学: 26.0%

事業収入を得ることができる
- 国立大学: 15.3%
- 公立大学: 12.5%
- 私立大学: 3.3%

地域の活性化が大学の活性化につながる
- 国立大学: 63.5%
- 公立大学: 57.5%
- 私立大学: 55.4%

その他
- 国立大学: 4.7%
- 公立大学: 1.3%
- 私立大学: 1.4%

「地域の活性化が大学の活性化につながる」「地域の課題を解決できる」という項目も比較的高い回答率となっており、地域と大学の共生につながる視点として重要である。

設置者別では各項目とも国立大学の回答率が高いが、「市民との接点の創出」「学生への教育効果の創出」については設置者別の差はほとんどみられず、共通の認識と言ってよい。

第2節　大学開放に関わる政策の動向

冒頭で述べたように、大学の役割として教育・研究に加え、社会連携・社会貢献が強調されてきている。平成17年の中教審答申「我が国の高等教育の将来像」でも、「近年では、国際協力、公開講座や産学官連携等を通じた、より直接的な貢献も求められるようになって」おり、「教育・研究機能の拡張（extension）としての大学開放の一層の推進等の生涯学習機能や地域社会・経済社会との連携も常に視野に入れていくことが重要である」と述べられている。

前節では調査統計に表れた各大学による大学開放の取組や姿勢等をみてきたが、ここでは大学開放に関わる政策の動向についてふれておきたい。

1. 履修証明制度

平成19年の学校教育法の改正により、大学等における「履修証明制度」が創設された。大学においては科目等履修生制度や公開講座等を活用し、教育研究成果を社会へ提供する取組が行われてきたが、より積極的な社会貢献を促進するため、社会人等を対象とした一定の学習プログラム（履修証明プログラム）を開設し、修了者に対して法に基づく履修証明書を交付できるようになった。各大学はこの制度を活用し、社会人等の多様なニーズに応じた様々な分野の学習機会を積極的に提供することが期待される。

履修証明プログラムを各種資格の取得と結びつけるなど目的・内容に応じて職能団体や自治体、企業等と連携した取組も期待されており、この履修証明制度

は、教育機関等における学習成果を職業キャリア形成に活かす観点から、現在検討されている「ジョブ・カード制度」においても「職業能力証明書」として位置づけられている。

　平成19・20年度の「社会人の学び直しニーズ対応教育推進プログラム」も、大学等の教育研究資源を活用した、社会人の再就職やキャリアアップ等に資する優れた実践的教育への取組を推進するプログラムで、履修証明制度と相まって各大学による多くの特色ある取組を支援してきた。

2. GP事業

　GPとは大学教育改革の「優れた取組」（Good Practice）を意味し、大学教育の充実改善をねらいに平成15年度からGP事業が導入された。各大学が自らの大学教育に工夫を凝らした優れた取組で、他の大学でも参考となるものを公募により選定する文部科学省の事業である。「特色ある大学教育支援プログラム」（特色GP）と「現代的教育ニーズ取組支援プログラム」（現代GP）等がある。①国公私立を通じた競争的環境の下で、②第三者による公正な審査により選定し、③取組の内容を社会に広く情報提供する、という特徴がある。

・特色ある大学教育支援プログラム（特色GP）

　各大学、短期大学で実績をあげている教育方法や教育課程の工夫改善など学生教育の質の向上への取組をさらに発展させる取組の中から、国公私立を通じて特色ある優れた取組を選び、サポートするものである。

・現代的教育ニーズ取組支援プログラム（現代GP）

　各種審議会からの提言等、社会的要請の強い政策課題に対応したテーマ設定を行い、各大学等から応募された取組の中から、特に優れた教育プロジェクト（取組）を選定し、財政支援を行うことで、高等教育の活性化が促進されることを目的とするものである（平成20年度からは、特色GPおよび現代GPを統合した「質の高い大学教育推進プログラム」として実施された）。

3. COC（Center of Community）構想と「地（知）の拠点整備事業」

　最近の動きとしては、平成24年6月に示された「大学改革実行プラン～社会の変革のエンジンとなる大学づくり～」がある。8つの基本的な方向性の3番目に「地域再生の核となる大学づくり（COC（Center of Community）構想の推進）」が位置づけられており、「地域と大学の連携強化」「大学の生涯学習機能の強化」「地域の雇用創造・課題解決への貢献」といった項目が示されている。すなわち、地域にとって生涯学習や教育・研究の拠点であるだけでなく、地域社会の課題発見・問題解決のための拠点としても機能させることが求められているのである。平成25年度にはこの構想に基づき、「地（知）の拠点整備事業」がスタートし、319件の申請のうち52件の事業が選定された。

　以上の政策はすべての大学に対するものであるが、国立大学においては法人化という制度改革が、私立大学においては少子化に伴う競争激化が、大学開放・社会貢献への動きを加速させる要因になったといえる。教育・研究の質を高めるとともに、積極的に大学開放を進め、地域社会との連携・協働を通して社会貢献と大学自体の活性化を行わなければ、存立基盤を危うくするという危機感が強まっている。

第3節　大学開放事業の類型

　大学開放が、社会と大学との境界を開き、両者の交流・連携・協働を進めることであるとすれば、それぞれどの部分がつながるかでタイプ分けができる。また、大学のもつ教育・研究・社会連携等の機能のどの部分が関わる大学開放かによって分類が可能である。ここでは大学開放事業のタイプと今後の方向性にふれておきたい。

1. 公開講座と公開授業

　公開講座は1節でみたとおり、大学開放事業の中でも歴史が古く、数多く開催されてきた代表的な取組である。しかし、大学教員が地域住民に対して教育研究の成果をわかりやすく披露するという形態にどどまるならば、それは大学開放の可能性を十分に発揮した取組とはいえない。関与するのが教員のみで、基本的に学生が関わらないからである。

　近年は公開講座とならぶ大学開放事業として「正規授業の一般公開」がある（実施率は図3-3参照）。「学生が受講する正規授業を一般に公開する大学開放事業」は、公開講座に比べ、より本格的・継続的で、多様な科目が設定でき、キャンパスで学生たちと一緒に学ぶ機会を提供するものである。それによって学生は生涯学習者としての市民の学びの姿を間近でみて、交流する機会も得られ、大学における教育を活性化するきっかけとなる。

　また、公開講座の形式をとっていても、学生を巻き込むことによって新たな展開が生まれる。静岡大学の例を挙げれば、公開セミナー「学ぶって楽しい！〜大学で学ぼう〜」は、静岡県障害者就労研究会と連携し継続開催している知的障害者向けの生涯学習講座であるが、市民ボランティアとともに多くの教育学部学生がサポーターとして参画している。中・高校生を対象にした公開講座「体験！大学の化学実験」では、教員とともに大学院生が複数参加し、実験の指導に当たっている。これらの大学開放事業では、教員が講師として市民に生涯学習の機会を提供するという形式を超えて、学生が助手としてサポーターとしてまた企画者として積極的に参加している。このことは一般的な公開講座では生まれにくい、学生への高い教育効果につながる。

2. 地域課題対応型の大学開放

　公開授業（「市民開放授業」）の科目の中には、地域課題に市民、学生、教員が協働して取り組む試みがあり、ゼミ形式をとったものも出てきている。徳島大学の共創型学習、高崎経済大学の地域政策にかかわる授業群等でみられることだ

ろうが、地域連携・協働が大学授業の中に効果的に仕組まれた取組においては、学生に対する目覚しい教育効果だけでなく、大学の研究機能を活性化するような相乗効果を生むことが多い。

　前節でふれた GP 事業に関わる取組にも、大学開放・社会連携を軸とするものが少なくない。静岡大学の例を挙げれば、農学部を主体にした「農業環境教育プロジェクト（現代 GP）」、工学部を中心とした「アメニティ佐鳴湖プロジェクト」等、地域課題に取り組む住民参加型の研究プロジェクトが複数実施されている。いずれも大学構成員（教職員・学生）と住民・自治体等様々な地域主体が、環境浄化や環境保全といった地域課題に取り組む活動であり、その中で多くの教育・研究上の成果をあげている。静岡大学では、そうした取組の芽を育てるため「地域連携応援プロジェクト」を実施しており、さらにより広範な地域から課題を公募するため「地域課題解決支援プロジェクト」を立ち上げている。

3. 大学開放と教育研究の関係

　ここで取り上げた事例はいずれも、大学のもつ資源を投入した大学開放・社会連携の取組であるが、大学の教育機能・研究機能を活性化させ向上させる契機となっている。

　大学開放や社会連携を推進しようとすると、学内で「大学開放・社会連携は重要かもしれないが、大学の本分は教育・研究である」「教育・研究を犠牲にしてまでやる必要はない」という主張にぶつかることがある。大学開放・社会連携が、教育・研究と、大学の資源を奪い合う相克的なものとなるか、あるいは互いに高め合う相乗的なものになるかは、もちろん学内外の様々な要因に左右されるだろう。相乗的な効果が生まれるとしたら、いかなる条件で、またどのようなかたちで現れるのかも一様ではないだろう。しかし、大学の歴史の中で比較的若い、未踏破の分野として大学開放と社会連携があること、そこで様々な可能性を探ることが、結果として大学の教育・研究の質を高め、大学全体を活性化することにつながると認識することが重要ではないだろうか。

4. 大学開放に対する地域社会からの期待

　大学開放および社会連携は、それが地域社会と教員間のものに留まるか、学生を巻き込む範囲になるかでその影響力が違ってくる。また「開かれた大学調査」でも、「学生の社会貢献活動の推進」は地域貢献として非常に重視されており（図3-1）、メリットとして「学生への教育効果が創出される」（図3-9）と考える大学が多い。

　教育・研究の成果を大学開放に活かすという方向だけでなく、大学開放・社会連携の成果を教育・研究にフィードバックし、大学の活性化へつなげるという課題意識を持つ場合、ではもう一方の担い手（例えば自治体）が、大学開放・社会連携への学生の参加・参画をどう評価しているかを確認しておくことは重要である。

　表3-1は平成15年度に実施された「大学と地域の連携によるまちづくりのあり方に関する調査[2]」をもとに、地域に対する大学の貢献項目について市町村、大学がそれぞれどのように評価しているかをまとめたものである（160の市町村、104の大学が回答）。

　表3-1にみるように、教育・研究・社会連携にまたがる29項目中、自治体からの期待度が最も高いのは「学生の社会貢献活動の推進」であり、大学が考える重要度を大きく上回っている。「開かれた大学調査」では、学生が大学開放へ参加することの重要性が示されたが、自治体からも期待されていることが確認できる。大学は、教員だけでなく、学生も重要な地域貢献資源であり、大学開放・地域連携の担い手として認識することが重要である。

　自治体による学生への期待に加え、他の項目に見られる差も考慮すると、地域が大学に求めている地域貢献の役割は、単なる「アドバイザー」よりむしろ一緒に汗を流す「パートナー」へと変わってきているのではないかと推測でき、大学開放の今後のあり方を探る上で示唆的である。

表 3-1　地域に対する大学の貢献項目

地域に対する大学の貢献項目	市町村からの期待度（順位）	大学が考える重要度（順位）
23 学生の社会貢献活動（ボランティア活動等 を推進）	1	7
05 実践に役立つ専門的知識・技能を有する人材養成	2	1
04 幅広い教養を身につけた人材の養成	3	3
03 人間性豊かな人材の育成	4	5
07 公開講座の充実	5	6
11 大学教職員を市町村へ講師や助言者として派遣	6	10
13 生涯学習や教育の最新の動向等について情報提供	7	12
08 公開講座を市町村で行うこと	8	16
09 住民向けの講演会を実施すること	9	24
29 地域の活性化のためのプログラムを開発・提供	10	9
10 中・高校生を対象にした講演会やセミナーの実施	11	11
02 実際的、または実践に直結する研究の推進	12	2
24 留学生と地域社会との交流をすすめること	13	14
14 生涯学習の推進に関わる相談に対応すること	14	18
25 複数の大学・短大が連携してコンソーシアム	15	8
06 大学の研究成果をわかりやすく住民に公開すること	16	4
22 資格や免許を認定する講習を実施すること	17	29
19 公開授業の実施（一般の方が学部の授業を聴講）	18	26
26 地域の共通課題に学生・教職員が取り組むこと	19	22
01 基礎的、理論的な研究の推進	20	15
12 大学教職員が市町村の各種委員会の委員に	21	17
27 地域文化を全国に発信するさいの手助け	22	23
21 学部、大学院で取得できる資格、免許を増やすこと	23	28
15 自治体職員や教員の研修の機会を大学が設ける	24	21
18 学部や大学院に夜間開講の授業を設けること	25	25
17 社会人入学の定員を増やすこと	26	19
28 卒業生が仕事上の相談に訪れることができる環境	27	13
16 自治体職員や教員が定期的に大学で研究や研修	28	20
20 他大学・短大との単位互換を進めること	29	27

注
1)　『平成23年度 開かれた大学づくりに関する調査（平成23年度文部科学省委託調査報告書）』2012年。
2)　『大学と地域の連携によるまちづくりのあり方に関する調査報告書（平成15年度文部科学省委託研究・実践報告「生涯学習推進のための地域政策調査研究」）』2004年。

第4章 国立大学生涯学習系センターによる大学開放実践事例

第1節　大学の地域住民の生涯学習への参画の実践
―「さっぽろ市民カレッジ」との連携を中心に―

1. 本節の課題

　本節では、北海道大学の生涯学習計画研究部門の役割のひとつである地域住民の生涯学習への参画の位置づけについて述べ、その取組事例として札幌市と連携してその発足と継続に参画してきた「さっぽろ市民カレッジ」について報告する。「さっぽろ市民カレッジ」は、まちづくりのための学びの場をめざす講座の企画・実施を図ってきた。大学と地域との連携の事業として成果を生む一方、自治体財政の危機を背景とする社会教育・生涯学習予算の削減、指定管理者制度導入などにより、困難も生まれていることについて述べたい。

2. 北海道大学高等教育推進機構・生涯学習計画研究部門の役割

　北海道大学高等教育機能開発総合センター生涯学習計画研究部は、1995年に北海道大学の教養部改革と教育学部に付置されていた産業教育計画研究施設の廃止統合の一環として生まれた研究組織で、2005年度に、北海道大学体育指導センターの廃止を受け、それを吸収し、生涯スポーツ研究分野を新たに設け、生涯学習計画研究分野と生涯スポーツ研究分野とを持ち活動してきた。2010年10月に、高等教育機能開発総合センターの高等教育推進機構への改組に伴い、生涯学習計画研究部は高等教育研究部生涯学習計画研究部門となった。主に以下のよう

な研究と実践をすすめてきた。

第1に、大学が生涯学習のための教育機関として自らどのように改革をすすめる必要があるかを実践的に研究することである。社会人を学部や大学院に受け入れ、継続教育をすすめる際に、成人学習者にふさわしい学習支援のあり方、カリキュラム、教育方法の改善を図ることについての研究を行うことである。社会人院生を中心とする大学院教育を担うこともその実践的研究として位置づけてきた。

第2に、大学として地域住民の生涯学習にどのように参画すべきかを実践的に研究することである。地域住民の生涯学習に対して、大学は主に「公開講座」を通じて「教養」を目的にした学習機会を多く提供してきたが、それらに加えて、大学の研究・教育を基礎に、①地域の産業の発展や人々の職業的専門性の高度化につながる学習機会をいかに開発するか、②地域住民による地域づくり・まちづくりに関わる専門性を高度化する学習機会をいかに開発するか、などについて北海道大学の公開講座の充実を図るとともに北海道教育委員会や札幌市教育委員会等と連携して、地域住民の生涯学習機会として「道民カレッジ」や「さっぽろ市民カレッジ」の発足とその後の展開に関わってきた。このような自治体との連携と同時に、道内市町村の生涯学習計画づくりや生涯学習専門職員やリーダーの継続教育にも積極的に関わってきた。

第3に、大学自身が自らの学生を「生涯学習者（lifelong learners）」として教育し、社会に送り出すためにどのような教育が必要なのかを実践的に取り組むことである。上記の取組の成果を活かしながら、生涯学習に自立的に取り組む学生を育てる大学教育改革をどのようにすすめるべきかを検討し、キャリアセンターとも協力しながら、キャリア教育やインターンシップなど大学としての人材養成に関わる実践的な研究をすすめてきた。

第4に、これらに加え、近年、私たちが重視していることは大学事務職員の生涯学習としてSD（stuff development）に取り組むことである。「大学職員セミナー」は、大学職員が教員とともに大学改革の重要な担い手としてその専門性を高める学習・研修の場として、教育学研究院と共催し、事務局の協力のもとに2006年度から北海道大学の「公開講座」として実施し、2009年10月の北海道地区FD・SD推進協議会の発足を受けて、2010年度からは、北海道地区SD研

修「大学職員セミナー」として実施されるようになったものである。

「大学職員セミナー」は、第1回目にそのねらいを、①職場である大学を、日常業務から少し離れた視点で捉える、②現場で起きている様々な問題の背景、改革の方向などについて考える、③他の参加者と講師と議論しながら、今後の課題を探っていく、とした。これは、その後もセミナーの一貫した目的となっている。その取組の特徴は、第1に、大学職員と教員が大学職員に関わる問題を共に議論してきたことであり、わたしたちはこの「教職協働」をさらに発展させたいと考えている。もうひとつの特徴は、北海道大学だけではなく、国公私立の他大学の職員も参加する大学間の交流とネットワークづくりの場となってきたことである。2009年度のセミナーの事後調査でも「年齢、担当業務も異なる方々が集まっているため、様々な方のお話（ワークショップ）が聞けて、たいへん良かったと思う」「他大学の専門が同じ職員との交流は、吸収する所の多いものであった。また、今後こうした機会があれば参加したい」との回答があった。合宿形式で実施した2009年度には、ワークショップや交流には以下のような感想があった。「合宿という形式がよかったと思います。思いがけない他大学での問題解消法など、職場にもち帰って参考になる話がたくさん聞けました。また、教育の専門家集団との連携であることで、ワークショップ等でご助言も頂いたり、職員間では偏った意見交換を第三者の視点で頂いたので心強く思いました」。「グループワークは、初めての経験でありましたが、全員が協力し議論しあいながら一つのものを作りあげていく作業がこんなに楽しいものとは思いませんでした。一つの目標に向け、全員が同じ方向を向いて作業を行なうことで、一体感が生まれ、とても良い雰囲気でした。今後の業務に生かしたい経験でした」。

私たちが地域住民の生涯学習に参画しながら、成人学習に関わってきた経験がここでも活かされていると感じている。

3. さっぽろ市民カレッジの発足と展開

前述したように、私たちは、自治体と連携して大学が参画することで地域住民の生涯学習の高度化を図ることに努力してきた。北海道教育委員会・(財)北海道生涯学習協会と連携して「道民カレッジ」に参画している（2001年度〜：テ

レビ放送で実施されている「ほっかいどう学大学放送講座」にも中心的に関わるとともに「ほっかいどう学出前講座」等に積極的に参画して、北海道―市町村〈生涯学習・社会教育〉―大学の連携に取り組むとともに、札幌市教育委員会・札幌市生涯学習振興財団と連携して「さっぽろ市民カレッジ」に参画してきた（2000年度～）。さらに、地域の生涯学習計画・社会教育計画策定、生涯学習関連施設の事業計画への助言や基礎調査の実施にも取り組んできた。

ここでは、「さっぽろ市民カレッジ」との連携について述べたい。

（1） 札幌市の社会教育行政の特徴と問題点

戦後の社会教育の中心を担ってきた公民館は、札幌市においては「公民館活動はごく一部に限られ、大半の地域は公民館不在のままであった。このため専任職員としての社会教育主事（公民館主事）を欠く公民館類似施設が社会教育の系統的展開に十全な役割を果たしえなかったことは否めない」[1]と指摘される現状にあった。

一方、総合博物館の設置計画は、観光局において検討がすすめられ、博物館担当係長および博物館学芸係長は観光局の文化部・市民文化課のもとに置かれている。博物館類似・相当施設としては、円山動物園は環境局の所管に置かれ、園長は部長職である。また、札幌市芸術の森（野外美術館をもつ）も、観光局が所管し、部長職に相当する職員が札幌市芸術文化財団に派遣されている。札幌市青少年科学館は、教育委員会が所管するが、財団法人札幌市生涯学習財団が指定管理者として管理運営を行い、館長は部長職が財団に派遣されている。後述する生涯学習総合センター「ちえりあ」も同財団が指定管理者として管理運営し、青少年センター、児童館は教育委員会のもとで財団法人札幌市青少年女性活動協会が指定管理者として管理運営と企画・指導事業を行っている。

図書館は、1950年に市立札幌図書館条例が公布、その直後に時計台を改修して開館し、1967年に新館が開設されたのを契機に図書館活動は急速な展開をみるが、1972年の政令都市指定を契機に実施された区制への移行にともない、各区民センター図書室、図書コーナーが相次ぎ、その後1980年代には、琴似、菊水、山の手の3つの地域図書館が設置され、現在は移転・新築された中央図書館の他に、新琴似、元町、東札幌、厚別、西岡、清田、澄川、曙、山の手の地域図書館

がある。

　札幌市には、現在、社会教育主事資格者は2名しかいない。公民館主事もいないし、図書館司書もほとんどが非常勤職員である。札幌市の社会教育は専門職員の役割が軽視される一方で、青少年教育や成人教育の講座等の企画・実施については、主に財団職員にその専門性が蓄積されてきた。市民と直接接する部分（学習を通じて市民と職員が共に成長する場面）は、財団職員が担ってきた。2006年4月からの指定管理者制度の導入により、これらの財団は指定管理者になることができた（2010年は非公募）、しかし、4年ごとの選定を考えると、財団職員の身分は今までよりも不安定になったことは否定できない。さらに、いわゆる「社会教育」を行う施設の多くが市長部局のもとに置かれ、十分に専門職員が配置されていないので、「社会教育施設」同士の連携も、社会教育施設と学校の連携も十分に行えていない。

　このような社会教育行政のもとで、『新札幌市史』は、第1に、地区集会所の役割について「公民館にかわって地域ごとに設置された地域集会施設が注目される」とし、1950年代になって、既設の出張所に加えて併設された地区集会所は、「その建設にあたって地区住民による運営委員会などによって住民が主体的に管理運営することによって『地区公民館として、地区市民の自主的な公民館運動が展開される』（広報　1950年11月1日）ことを期待していた」。「この地区集会所が地域によっては地区公民館と遜色のない活動を行ってきた」[2]。第2に、労働組合や中小企業家同友会、生協の生活文化教室や農協や町内会の協同にかかわる学習など、民間の社会教育活動に焦点をあてている。

（2）「さっぽろ市民カレッジ」発足の経緯

　札幌市生涯学習センター「ちえりあ」は、上述のような脆弱な社会教育の基盤から、2000年8月に出発することになった。「札幌市生涯学習推進構想」[3]では、「市民の学習活動範囲を、地理的・距離的に3段階でとらえ、全市的には『（仮称）生涯学習総合センター』、区単位では、区民センター・コミュニティセンターなどの『生涯学習各区センター』、日常生活圏においては、学校余裕教室を活用した『（仮称）生涯学習ルーム』や地区センターなどの『地区学習センター』としてそれぞれを位置づけ、その段階に応じた施設の配備と機能分担を図」るこ

とを目指していた。

「市民の学習の全市的拠点としての『(仮称) 生涯学習総合センター』は、①研修・人材育成、②継続的・体系的な学習機会の提供、③学習成果の発表、鑑賞、④全市規模での学習情報の集約と提供、⑤生涯学習についての調査・研究と全市的コーディネート、学習事業の企画・立案　⑥学習相談・助言などの機能が想定」されたものである。

「住民活動の中心となっている区民センターを活用した、区内の生涯学習拠点としての『生涯学習各区センター』は、①区内の学習情報の収集・提供、②区の特色を活かした講座など学習機会の提供、③学習相談、④区内の指導者、学習ボランティアなどの人材の発掘・養成、⑤地域に根ざした学習サークル・グループ活動の促進などの機能が想定」され、「地域に密着した身近な『地区学習センター』は、市民生活に密接した身近なテーマの講座提供、あるいは市民の学習行動圏の広がりに応じて、中核となる学習施設を設定するとともに、公共・民間などの各種学習施設がこれらと連携をしながら、全市的に均衡ある配備をめざ」すことが述べられていた[4]。

この構想では、さらに「リカレント教育の観点で、より高度で専門性の高い学習を、体系的に繰り返し行うことも必要です。このため、リカレント教育の推進に向けて高度で体系的な学習機能を持つ『(仮称) さっぽろカレッジ』を整備し、大学や広く社会の中から講師を迎え、専門的な講座の開講等、学習プログラムの設定による学習機会の提供を進めるとともに、単位認定についての調査・研究を行います」と述べ、2000年度秋季から開始する「さっぽろ市民カレッジ」の開催について位置づけていた。

同時に、構想は「また、高等教育の観点から生涯学習に関する計画・研究・実施等を行う機関である『北海道大学高等教育機能開発総合センター・生涯学習計画研究部』との連携を図る」ことも明らかにしていた[5]。

(3)「さっぽろ市民カレッジ」における生涯学習の位置づけと学習コース

こうして、私たちと札幌市教育委員会とが共同した調査研究の中で、東京、大阪、京都、横浜などの政令指定都市の生涯学習の現状調査に取り組み、それらの検討を踏まえて、以下のように生涯学習をとらえ、札幌市民の生涯学習機会を考

えることにした。
　Ⅰ　生活拡充共生型の生涯学習―文化・教養系の学習コース
　Ⅱ　職業的リカレント教育・学習―産業・ビジネス系の学習コース
　Ⅲ　公共的リカレント教育・学習―市民活動系（まちづくり／ボランティア／NPO）の学習コース

　1992年7月の生涯学習審議会答申「今後の社会の動向に対応した生涯学習の振興方策について」では、リカレント教育は、主に職業人のための知識および技術教育に重きが置かれていたが、私たちは、札幌市教育委員会と協議を行って、この生涯学習審議会の定義を参考にしながら、「公共的リカレント教育」「職業的リカレント教育」とリカレント教育の中身を大別し、生涯学習を以下のように整理してとらえた。①生活拡充共生型の生涯学習（狭義の生涯学習）地域住民による各自の必要・要求に従いながら、それぞれの生活を拡充し、他の住民とのコミュニケーションの拡大ないし深化により、共生・連帯の関係を作りあげようとする営み―地域づくりの基礎となる（それは、ⅰ従来の社会教育およびその拡充した形態：公民館・図書館・博物館、ⅱ民間教育事業など新たな形態の生涯学習：カルチャーセンター等）、②継続（高等）教育型の生涯学習（ⅰ「職業的」リカレント教育・学習：職業人の要請に応える、職業的力能の深化・拡張、または転換のための学習、ⅱ「公共的」リカレント教育・学習：まちづくりのための専門的・公共的な力能を養成するための学習）。

　それぞれ、Ⅰ→文化・教養系の学習コース、Ⅱ→産業・ビジネス系の学習コース、Ⅲ→市民活動系の学習コース（NPO、ボランティアのための学習）で、市民活動系の学習コースではNPOとの関わりが深い。とくにⅠ・Ⅱは、「内容的に学際的にならざるを得ないので、大学等の高等教育機関のネットワークによる推進が必要となる」[6]と位置づけた。

（4）「さっぽろ市民カレッジ」とまちづくりの学び

　札幌市生涯学習センター「ちえりあ」を拠点にする「さっぽろ市民カレッジ」は、「まちづくりの学校」を目指し、札幌市における地域の課題を明らかにし、それを踏まえて地域づくりの方向について、学び考えあう「さっぽろ学」の学びを柱にすえようとしてきた。現在年間に250講座、4,000名以上の受講者があり、

表 4-1　さっぽろ市民カレッジの開設講座数・受講者数の推移

	年度	2001	2005	2006	2007	2008	2009	2010
市民活動系	講座数	30	18	19	19	19	21	31
	受講者数	704	256	294	287	227	330	475
産業ビジネス系	講座数	9	12	12	11	12	10	30
	受講者数	96	191	234	153	130	147	421
文化・教養系	講座数	42	88	105	185	176	194	187
	受講者数	1,230	2,179	2,992	4,395	3,880	3,961	3,423
総　数	講座数	81	118	136	215	207	225	248
	受講者数	2,030	2,626	3,520	4,835	4,237	4,438	4,319

注：各年度の『札幌市生涯学習センター事業概要』（札幌市生涯学習振興財団）により作成

そのうちの8割は文化・教養系講座の受講者である（表4-1）。

　その要となる試みの一つが2003年から始まった「さっぽろまちづくりゼミナール」である。2003年度の「まちづくりゼミナール」は、札幌市立高等専門学校（現在の札幌市立大学）の後藤元一教授（環境デザイン論）をコーディネーターとして、『都心居住を考える』をテーマに、北海道大学大学院教育学研究科社会教育研究室（当時）と北海道大学高等教育機能開発総合センター・生涯学習計画研究部（当時）が連携して実施した。定員20名に対し、5,000円の受講料を負担する受講者は2003年は6名、同じ地域を対象として実施した2004年のゼミナールが9名であったが、その他に、助言者としてまちづくりを考える建築家などが参加するNPOや北大や札幌市立高専の学生・大学院生が参加したので、実質的には毎回20名ほどが参加して行われた。ここでは2003年度の取組について詳述する。

　この「都心居住を考える」の対象になったのは、札幌市中央東地域である。この地区は、札幌市でも古くから開発された地域で、明治期には、豊平川の渡し場があり、北側には官営のビール工場が位置し、これらの工場で働く労働者が暮らし、また彼らが必要とする生活財を扱う商工業が展開した。札幌市の大都市化により、デパートや行政機関が集中した都心部とは創成川（運河として開削され、札幌市の都心を東西に二分する）とその横を通るアンダーパスで分断されたために都心の発展からはやや取り残され、商工業は衰退し、地域の高齢化が進んだ。

表4-2 2003年のさっぽろまちづくりゼミナール

	講座のテーマ	期　日	講座内容
2003年	都心居住をテーマにまちづくりを考える	10月4日（土） 10：00～15：00	・ゼミの進め方。対象地域のレクチャー ・現地調査（対象地域の見方。ヒアリングや写真による地域特性のとらえ方等の技術を学ぶ）
		10月16日（木） 18：45～20：45	・現地調査の整理（建物用途図、歴史等対象地域のカルテづくりの作業を通しての現地の状況を整理）
		10月18日（土） 10：00～12：00	・現地補足調査、現地での検討会（補足調査とヒアリングを行い地域イメージをまとめる）
		10月23日（木） 18：45～20：45	・調査のまとめと方針案を考える。調査のまとめを行いながら方針案をまとめる
		10月30日（木） 18：45～20：45	・方針案のまとめの作業を行う
		11月8日（土） 10：00～12：00	・発表会（発表、対象地域の人達との意見交換、北大生のプレゼンテーション）

　しかし、都心部に隣接し通勤に至便なことから、かつて商工業の建物があった跡地にマンションが林立し、都心を職場とする若い夫婦も多く住み始めた。
　北海道大学の大学院生と学生がこの「講座」に参加し、教員の指導のもとで、中央東地域の調査を行った。学生・院生たちの最初の調査のテーマは、第1に、この地域の商業の現状、第2に、若い母親たちの子育ての現状であった。この調査から明らかになったことを「まちづくりゼミナール」で、受講者に報告し、学習と討論の基礎を提供した。「まちづくりゼミナール」には、地区の住民のほかに、市役所職員や他地域のまちづくりリーダーや都市計画の専門家などが受講者となった。
　この地域には、かつて「市民の台所」といわれる「二条市場」があり、明治30年代から魚が売られ、とくに戦後、闇市を経て、安くて質のよい生鮮食品が買えるところとして市民が集まる場所であったが、1972年に開催された札幌五輪を契機にして、観光客を対象に生鮮品と土産物をともに扱う商店街へと特化していった。商店の営業時間も早朝の千歳空港の東京便に間に合うように午前7時から開いているが、午後6時で閉店する。しかし、観光客を相手にする生鮮物の

商店街としては、近年、中央区桑園にある中央卸売市場の場外市場が台頭し、観光客もそちらに足を運ぶようになり、従来の路線の見直しも必要になっていた。他方、中央東地域の若い母親たちへの聴き取り調査では、共働きをしながら子育てをしている彼女たちが保育所に子どもを迎えにいってから買い物をしようとしても「二条市場」は既に閉まっていて、食事の支度のための買い物をする商店が少なく、都心のデパートでやや割高な買い物をするしかなく、「二条市場」が地元の住民を対象にして営業時間を延長することを希望していることがわかった。同時に、「二条市場」に店舗をもつ業者が誰も地域には住んでいないことも明らかになり、地域住民のこうした要望に敏感に応えることも容易ではない実態も明らかになった。

　また、町内会役員をはじめとするコミュニティのリーダーは高齢化が進んでいるが、役員たちは、増加したマンション住民について「町内会活動には無関心な者が多く、なかなか町内会に参加してくれない」と嘆いていることもわかった。他方、そうしたマンションで暮らす若い母親たちは、前述した買い物について不満を感じている他に、この地域は札幌市としては、古くから開発された所なので、子どもの遊び場となるような児童公園は少なく、寺社（古い地域なのでこれは多い）の境内で遊ばせたり、子どもを遊ばせながら母親たちが子育てについて話をしたりする場所に苦労していること、「（周りの地区と比べると）町内会が子どもたちのためのことについてはあまり取り組んでくれていない」ことなどに不満を感じていることがわかった。一方では、院生・学生たちの統計分析により、この地域では子どもの数が増加していること、しかし、そのような地域の変化に町内会関係者が自覚的でなかったことも「まちづくりゼミナール」の中で明らかになっていった。

　「まちづくりゼミナール」は、このように学生たちが行った社会調査・統計分析のデータをもとに討論を行うとともに、受講者がグループに別れ、デジタルカメラや使い捨てカメラをもち、地域を「観察」して、気がついたことをそれぞれが写真に写して、その写真をテーブルの模造紙の上に並べながら、写真を用いた「グルーピング」を行い（古い町並みや建造物が残っている場所、にぎやかな通り、広いけれど人通りが少ない通り、若者が集まるスポットなど）、まちの現状を明らかにし、まちづくりの課題を話し合うというワークショップの方法で進め

られた。

　実際に、その中で明らかになったこともあった。例えば、この地域には北海道でも最大の日本清酒（千歳鶴）の清酒工場がある。そこを訪問したグループの「このような都心で清酒を作り続けるのはなぜですか」という質問に工場関係者は、「札幌市は地下水が豊富で、たとえると、琵琶湖の上にまちがあるような場所です。私たちは、そのような豊富な地下水でお酒を作ることを誇りにも感じています。しかし、近年、この地域ではマンション建築が増える。高層の場合地下深く掘りますが、地下水はデリケートなのでこのような工事の影響を受けるので、無暗に開発が進むことには心配しています」と話をした。この会社は隣接する土地に「千歳鶴ミュージアム」を作り、地域に根ざす取組を目指しているが、この地域がどのような伝統をもった地域なのか、これからのまちづくりを考えていく上でどのようなことを尊重していくべきかなどを考えさせられる機会となった。

　最終回にはこれらのデータをもとに、中央東地区のまちづくりについて受講者としての提言を行い、町内会リーダーや民生委員などの地元の住民や市役所の職員とともに討論を行った。これらの取組は、札幌市民である受講者にとっては、自分たちの住んでいる地域の歴史や現状を明らかにしていくことを通して、まちづくりの課題を考え、まちづくりの主体として成長していくものであった。また、学生たちにとっては、地域の実態を調査する学習を通して、地域の人びとから学び、大学での勉学のあり方を見直す機会となるものであり、「生涯学習者を育てる」場ともなった。

（5）講座「おとなの学びを支援する」

　2007年からは、私たちは、「さっぽろ市民カレッジ」において講座「おとなの学びを支援する—教えることは学ぶこと」を開設している。

　成人の学びが今日ますます重要になり、成人の学びの支援に関わる人々が増え、おとなの学びをどのように支援したらよいのかという問題につきあたる場面が多くなっている中で、学習の主体として「おとな」をどのように捉えるか、「おとな」はどのような学習ニーズをもっているのか、それはどのように知ることができるのか、「おとな」の学びをすすめるためのコミュニケーションの技法

や学習のすすめかたを理解することを目指し、自ら身につけた知識や技術を活かして講師として関わったり、成人のための学習の場を企画する学習活動のリーダー等を対象に、「おとなを『教える』」ことの意味と意義を考え、大人の生涯学習を進めるための知識と技法を学ぶことを目的とする講座である。毎年（2回）延べ40名ほどの受講者は、ピアノや日本舞踊、健康法などを教えているものや企業や病院の研修担当者などである。

講座「おとなの学びを支援する―教えることは学ぶこと」の基本的な構成は以下のとおりである。

第1回　おとなを教えることは子どもを教えることとはどう違うのか―成人教育学入門―（木村純）

第2回　ワークショップに取り組む（三上直之　北海道大学高等教育推進機構・生涯学習計画研究部門准教授）

第3回　コミュニケーションのスキルとその体験（長谷川聡　北海道医療大学准教授）

第4回　おとなの学習ニーズをどうとらえるか―これから講座を企画するために―（木村純）

札幌市生涯学習振興財団は、札幌市生涯学習センター「ちえりあ」を拠点に、2009年から「ご近所先生」を始めた。この講座は「市民カレッジ」で学んだ人びとを中心とする「教えたい人」と「学びたい人」が集い、共に学び合いながら「学びのコミュニティづくり」を目指すものである。この講座は「自分の趣味を活かしたい」「このコツを教えたい」という思いをもつ市民が「ご近所先生」となって、講座の企画から運営までのすべてを担うが、受講生が講師から学び、講師も受講生から多くのことを学ぶ「学び合いの場」を創造することを目標とするもので、現在札幌市内12施設を会場に100講座程が開講されている。この講師になりたい人の一部も「おとなの学びを支援する」講座の受講者となっている。

4.「さっぽろ市民カレッジ」と大学との連携の今後の課題

「さっぽろ市民カレッジ」は、当初、大学と札幌市教育委員会と札幌市生涯学習振興財団とのパートナーシップに基づき発足した。講座を実際に企画し、講師をつとめる大学教員、高校教師、NPO 代表、企業関係者等により企画委員会（委員長：木村純　北海道大学高等教育推進機構生涯学習計画研究部門長）が組織され（札幌市教育委員会はオブザーバー参加）、運営について協議している。前述したように、札幌市の社会教育が脆弱な社会教育行政基盤の一方、民間の社会教育活動に支えられてきたことを積極的に活かそうとするものでもある。先に述べたように年間 4,000 名以上のうち 8 割は文化・教養系講座の受講者である。

財政当局－札幌市教育委員会は、民間との競合等を理由に「文化・教養系」の講座を減らし、市民活動系や産業ビジネス系を増やすことを要請している。生涯学習センターを「市民の学びのコミュニティづくり」の拠点にしようとする立場からは、生き生きとした学びの拠点を作り出すために重要な「文化・教養系」の講座を、民間のカルチャー・センターがそのような講座を既に提供しているという理由で減らせということには違和感を感じざるを得ないが、指定管理者制度が 2006 年度に導入され、当初、札幌市の生涯学習全体をカバーする構想であった「さっぽろ市民カレッジ」が指定管理者に管理運営される生涯学習センターの事業に封じこめられ、これと連携・協力してきた大学は指定管理者である財団のパートナーに過ぎず、大学と札幌市教育委員会との関係は必ずしも「対等」なものではなくなってしまった。

こうした現状を打破するためにも、「まちづくりセミナー」や「ご近所先生」のような優れた実践を大学と財団との連携をさらに深めることにより生み出し、そこで生み出されている「市民の学びのコミュニティ」の意義に対する理解を行政と共有していくことが大切になっている。

第2節　大学博物館の運営と大学開放

はじめに

「大学開放」ということが社会的に強く要請されるようになり、様々な公開講座が学習機会として市民に提供されるようになり、正規の授業が一般市民も受講することが可能となっている例も多い。こうした中で岩手大学は地方の国立大学として多様な大学開放の事業を展開してきた。「大学ミュージアム」を開設し、展示解説を行うシステムを導入しその運営に当たって積極的に市民のボランティア活動を位置づけてきた。その活動を通して、市民は多様な生涯学習の活動に挑戦し、また、ミュージアムの運営に参画し大学側と「協働」することで、大学開放の内実を豊かにするという成果を上げている。「岩手大学ミュージアム」におけるボランティアの「学び・実践」と「大学開放」について紹介する。

1. 岩手大学における大学博物館

岩手大学では、「岩手の"大地"と"ひと"と共に」をキャッチフレーズに掲げ、「地域に根ざした地方国立大学」を目標の一つとした。その中で、地域への貢献のため、研究活動や教育活動の成果を社会還元することを基本としてきた。岩手大学の「大学開放」を推進する上で中核的な組織として位置づけられているのが「地域連携推進センター」の「生涯学習・知的資産部門」である[7]。具体的には、公開講座の企画・実施、公開授業講座の実施、講師紹介、地域連携講座の企画・実施、地域生涯学習計画の策定、NPO・ボランティアの支援、シニアカレッジの企画・実施、生涯学習相談、生涯学習・事業プログラム、が挙げられる。「ミュージアムボランティア」との関わりは、この「NPO・ボランティアの支援」に位置づけられる。

岩手大学の「ユニバーシティミュージアム」の構想はこうした地域貢献の目標を具体化したものである。岩手大学ミュージアム設置準備委員会が掲げた理

念には、「大学は得られた研究教育活動の成果を人類共通の知的資産として広く社会に公開する」「岩手大学の教育研究活動の公開の場として位置づける」と明記されている。またミュージアム本館とともに学内の施設・作品を結ぶ、「エコミュージアム」として構想された[8]。施設としては、戦前に建設され重要文化財として登録されている農業教育資料館（旧高等農林学校本館）や、農学部附属植物園、教育学部自然観察園、獣医学科標本室、さらに教育学部の卒業生が制作した彫刻などが構内に数多くある。

次に、「岩手大学ミュージアム」の設立経緯について概観しておきたい。

大学内部では、2000年（平成12）11月に博物館設立準備会が組織され、翌2001年（平成13年）7月に大学の評議会で正式決定された。そして、2003年（平成15）3月に、文部科学省の補助事業「地域連携貢献特別支援事業」で予算処置がなされることになり、同年10月にミュージアム本館が開館する運びとなった。オープンに関連した事業として、同年10月に記念式典と、地元の歴史小説家・高橋克彦氏を招いて記念対談（高橋氏の希望により、あえて記念講演という形式にはしなかった）が開かれた。ミュージアムの建物は、既存のもののリユースを行うということで、それまで放送大学岩手学習センターとして使用されていたものを活用した。職員としては、専任の教員は配置せず、学芸員の配置も行わず、館長は兼務の教員とし、受付業務は3名の派遣職員で対応するということであった。

運営にあたっては、全学的に委員が選出され、運営委員会（後に部門委員）が組織され、定期的に会議が開催され、運営上の諸問題が討議され決定されている。大学ミュージアムの構想は、「大学は市民の学びの場であり、市民のものである」というポリシーに支えられており、また「地域とのネットワークを積極的に構築する」という考えを具体化したものである。

開館以降、ボランティア育成を図る事業のために学内予算処置がなされてきた。経常費としての支出は、光熱水費と派遣職員の雇用に限定されていたため、学内の競争的環境の下で競争的資金の獲得をめざし、ミュージアムの整備やボランティア活動の育成を図る意義を訴えることで「教育施設研究支援経費（戦略的経費）」を獲得し、ミュージアムの整備（展示替え、展示パネルの制作など）や、ミュージアムの活動経費を確保してきた。また、ボランティア活動としての実績

を示すことで、「学長裁量経費」を獲得し、ボランティアの活動費を確保することができた。

　2003年10月に開館して以来、この間入館者数は大幅に増加してきた。初年度は10月以降だけの6か月間の入館者数ではあるが、1,407人であった。翌年は、年間のトータルが2,950人となったが、10月以降だけの入館者動向をみると、ほぼ前年度と同様の入館者数にとどまっている。しかし、3年目の2005年度には4,274人、さらに2008年度には6,148人と6千人台に達し、2010年度も増加傾向にある。このような入館者数の増加は、のちに述べる「ミュージアムボランティア」の活躍にささえられている面が極めて大きい、と考える。

　　2．ボランティア活動の発展と大学開放

　（1）　博物館の教育機能とボランティア活動
　岩手大学ミュージアムでは、積極的に教育機能を発揮すること、教育活動を展開することに重点が置かれることになった。即ち、地域住民のボランティアを積極的に養成し、日常の博物館教育活動に参加・参画してもらうことが図られたのである。

　そのため、岩手県教育委員会と連携し、県教育委員会主催の「シルバーカレッジ」の修了生が学習成果を生かして社会参加する際の受け皿となるよう要請もあり、ボランティア募集を行った。併せて一般市民、学生からもボランティアを募集し、養成講座修了後に登録するというシステムで実施した。

　ボランティア活動が軌道にのる中で、先に触れたように大学側も積極的に予算処置を行うようになり、毎年1～3月に「ボランティア養成講座（全8回）」が開催され、養成講座では、「博物館とは何か」ということともに、ユニバーシティミュージアムであるため、大学ミュージアムの果たすべき役割、「大学博物館は大学の教育研究活動の成果を公開する場である」ということや、教員の研究内容、大学の歴史に関する理解、さらに「大学の教育研究成果をPRする場である」ということについての理解が必要とされた。

　この間にボランティア登録した人数は、平成16年度39名、平成17年度48名、平成18年度63名と漸増したことで、平成19年度は新規募集を見送ったが、そ

れでも平成19年度は49名の登録があった。平成20年度には55名の登録がなされ、ボランティアのシステムを変更するため平成21・22年度も新規募集は行わなかったが、平成21年度には33名、平成22年度には34名の登録がなされている。

次に、ボランティアが展示解説を行う意義について、ボランティア活動に参加する人の立場から、以下の4点について触れておきたい。

第1に、展示解説を行う事前の準備として研修を実施するのだが、それはボランティアにとって「学習」であり、展示資料に関する様々な知識を習得し、世界観の再構築をも可能とする。

第2に、展示資料に関する研修で学んだことを来館者に解説するという実践を通して、習得した知識がより深い・正確なものへと精錬される一方、十分説明できない点や質問されても答えられない事項に直面することで、学習意欲が刺激される、高められるということがあり得る。「もっと学びたい」という学習要求が形成される可能性が高い。

第3に、展示解説を担うということから、「社会参加している」ということを実感できる。それはまた、引き続き学習したい、来館者により充実した解説をしたい、というプラスの作用を促進する可能性が高い。

第4に、ボランティアは、多くの場合、世代や職業・出身地などにおいて多様であることから、その個人の価値観や生活経験・生活文化なども多様なものとなる。そのことが、ボランティア集団の中で交流を促す要因として機能した場合、「集団的教育」が実現し各人の「成長発達」を可能とする、ということである。岩手大学ミュージアムの場合には、学生との交流を求める形で、いわば世代間交流が促進されたこともそうした集団的教育の一環として捉えることができよう。

（2） ボランティア活動の発展と大学開放事業の展開

ボランティアの活動は当初はミュージアム展示解説を基本として、養成講座で展示に関する知識の習得を図っていたのだが、ボランティア側から「もっと多くのことを学びたい」という積極的な要望が出され、大学教員が講師となって展示資料についてのスキルアップ講座を行うようになった。また、「学生と交流したい」という要望がよせられたことから、ボランティアの企画する事業と学生サー

クルとのコラボレーション事業、正規の講義としてミュージアムの展示資料の内容を中心にオムニバス形成の「岩手大学ミュージアム学」という全学を対象とした共通教育科目の講義を新たに開設し、受講する学生に対してボランティアが展示解説を行うこともある。基礎ゼミの一環としてミュージアムの見学を位置づける場合もあり、受講する学生に対して展示解説を行っている。このほか、ボランティアから留学生と交流したいという要望がだされたことから、留学生を対象としたイベントにボランティアが参加していることもある。

　ボランティア活動が市民の参加で積極的に展開されるようになるにつれて、当初「ミュージアム本館での展示解説」であった活動内容は、次第に豊かなものになっていった。大学キャンパス内には多様な植物が生息し、ホタルやリスなどの動物も棲息していることから、ボランティアから「キャンパス内の自然について研修を実施して欲しい」という要望がだされ、これを受けて大学教員による研修が行われるようになった。そしてその成果は、構内の桜や樹木に着目して、「桜ツアー」や「紅葉めぐり」「樹木めぐり」という新たなイベントの企画へと結実していく。桜ツアーは桜の開花時期に、構内で咲く様々な種類の桜の花をめぐるというものである。紅葉めぐりは紅葉の時期に、構内の様々な樹木の紅葉を鑑賞しよう、というものである。さらに、これらのツアーでは旧高等農林時代の建築物や資料等の他、石川啄木や宮澤賢治ゆかりの建物なども視野に入れられ、桜を鑑賞するとともに大学の構内に残る啄木や賢治ゆかりのものを知ってもらうものとして企画・実施されている。

　また、宮澤賢治にゆかりの施設等も保存されていることから宮澤賢治についても研修を受けたいという要望が出され、その「学び」を生かして宮澤賢治ゆかりの場所をめぐる「賢治ツアー」というツアーが行われるようになった。こうした事業がボランティアの発案で企画・実施されるようになり、多くの市民の参加を得るようになった。ちなみに、平成16年度に初めて実施された「賢治ツアー」は、10月16日（土）に午前11時と12時から2回実施され、予想を大幅に上回る延べ250人の参加を得ることができた。

　こうしたボランティア活動は社会的にも注目され、地元新聞ではイベントの開催時や養成講座の実施時期をはじめ、多様な活動の場面で取り上げられ、報道されてきた。そのことは、地域での大学開放に関する情報提供として重要な意味

を持つとともに、ボランティア活動に参加している人々にとってはアイデンティティを確認する契機ともなっている。

ところで、ミュージアムボランティアに登録し、活動している人には学生から中高年と幅の広い世代が参加している。「定年退職になって、時間が自由になった」「同じ構内にある放送大学で学びながら、講義の空き時間にボランティア活動に参加している」「岩手大学の卒業生」「子どもが岩手大学の卒業生」「大学とはまったく今まで関わりがなかったがボランティア活動に興味がある」等、様々な動機で登録している。また、地域では国立大学（岩手大学）は敷居が高いと感じている人も多い。そうした状況の下で、ボランティア活動の養成講座に参加し、さらに登録し、そして博物館資料の展示解説という実践に参加することは、高いハードルを越えることが求められているということができよう。

活動を続ける中で「研修を受けたい」「もっと専門的に学びたい」という要求も高まり、そうしたボランティアの要望を受け止め、学外でフィールド調査を行い、展示・収蔵されている資料に関する理解を深める研修（スキルアップ講座）も設けられるようになった。

ミュージアムでボランティア活動を始めた人の中には、それを契機として新たに地域での様々なボランティア活動に参加するようになった人もいる。「福祉ボランティア」「観光ボランティア」に参加するようになったり、町内会・子供会といった地域組織での活動に積極的に参加するというように、「社会参加」の幅を拡大している人も多い。

「岩手大学ミュージアム」としての活動内容は、「ボランティアメッセ in 札幌」というイベントでも紹介された。ブースごとに活動内容をパネル展示し、来場者に説明する、というイベントである。こうした場でも、積極的に自らの活動内容をPRする活動に取り組んできている。

おわりに

岩手大学ミュージアムは、市民の学習要求や岩手大学への「思い」を強く抱いている市民のボランティアによって支えられてきた。展示の解説活動は、ミュージアムを訪れた人々の知的興味・関心や学習要求を充足させる、重要な役割を果

たしてきた。ボランティアはまた、大学側が開設する研修機会に参加するにとどまらず、展示資料や大学構内に生息する動植物等に関する研修を求めてきた。そうした「学び」の成果は、展示解説活動や賢治ツアー等の多様なイベント・取組に結実し、大学開放の事業をより多様なものへと充実させてきた。
　そうした積極的なミュージアムボランティアの「大学開放」への参加・参画は、従来の大学開放事業に市民が参加する（公開講座や公開授業を受講する）という形態を大きく踏み出したものであり、今後の「大学開放」が目指すべき１つの指標になり得るものとして注目される。
　なお、本節は、拙稿「地域と融合した住民参画型『大学開放』の実践と可能性―地方国立大学博物館の実践例から―」（『北海道大学大学院教育学研究科研究紀要』116号、2012年、pp.129～140）を、「大学開放」に焦点をしぼって修正し、とりまとめたものである。

第３節　宇都宮大学による「食農ファシリテーター養成コース」の実際 ― 社会人対象の人材養成システムの開発・実施のプロセスとアウトカム ―

はじめに

　宇都宮大学生涯学習教育研究センター（平成25年４月より「地域連携教育研究センター」に改称）では、2007（平成19）年度から2009（平成21）年度までの３年間を、文部科学省委託事業「社会人の学び直しニーズ対応教育推進プログラム」として、「企業の環境取組み診断を通じたプロジェクト・マネジメント能力の練成プラン」と「対話力に富み『食と農』に精通した人材の養成および農業集団の育成のためのプログラム」という事業を行った。これらは、いわゆる競争的資金による事業であり、全国の国公立大学および短期大学と高等専門学校から315件の応募があって採択された126件のうちの２件である。
　この２本の事業について、本センターの専任教員２名が、各々の事業担当者として、プログラム開発・実施に努めた。そして、本稿は、本センターが開発・

実施している2つのプログラムのうち、筆者が事業担当者となった「対話力に富み『食と農』に精通した人材の養成および農業集団の育成のためのプログラム」（以下「食農プログラム」と略す）について事例紹介するとともに、若干の反省的考察を深めようとしたものである。

なお、本プログラムを「食」と「農」という2つのテーマを連動させる形で構築したのには、人材養成の次元において既存の学問や行政領域等にとどまらない新しい分野を切り開こうとする明確な戦略的意図があった。つまり、「農」を主として担当する生産者が消費者の視点に立てるようになるとともに、「食」の当事者である消費者も生産者の視点に立てるようにすることにより、両者の視点をクロスオーバーさせて生み出された「食農」という新しい領域を生み出し、そこを基盤にして発想できる人材を輩出しようとした。これにより、例えば「第6次産業」や「農商工連携」といった、まちがいなく今後の日本において盛んになると思われる取組に対して的確に対応できる人材が確保されるので、大学の地域貢献として着実かつ創造的に展開していけると考えていたのである。

1. 食農プログラムの事業実施の前提

食農プログラムは、宇都宮大学の独自資格である「食農ファシリテーター」を取得できる学習プログラムである。ここで、こうしたプログラムを大学が実施できる制度的根拠について再確認しておく必要がある。というのは、2006（平成18）年度末に公募が開始されて2007（平成19）年度から2009（平成21）年度までの3年間にわたり実施された文部科学省委託事業「社会人の学び直しニーズ対応教育推進プログラム」は、2007（平成19）年6月末に学校教育法が改正されることにより新設された履修証明制度の実施と連動しており、この制度の具現化を重要目的の一つとしていたからである。したがって、食農プログラムそれ自体について説明するにあたって、宇都宮大学独自に行ったものではあるとはいえ、事業実施の前提として国策的文脈を強く意識せざるをえないというわけである。

（1） 学校教育法第105条の意味合い

　1947（昭和22）年に制定された学校教育法は、日本の学校教育制度の根幹を定めた法律である。この法律が2007（平成19）年6月末に改正された際に、大学の社会貢献を具現化するための一つの方策として、大学の裁量として行える事項に関する画期的な内容を持つ条文が新設された。それは、大学の教育研究の成果を、当該大学の若年の学生だけに限定せず広く社会人に対して提供するという意味合いの内容を明文化した第105条である。

> 第105条　大学は、文部科学大臣の定めるところにより、当該大学の学生以外の者を対象とした特別の課程を編成し、これを修了した者に対し、修了の事実を証する証明書を交付することができる。

　このように、大学が独自に交付することのできる証明書に対して法的根拠が基礎づけられたのである。第3章でも述べられていた「履修証明制度」は、このように学校教育法を裏付けとしたものであるが、2005（平成17）年1月に出された中央教育審議会答申「我が国の高等教育の将来像」における提言を踏まえて設計されており、米国のCertificate制度をモデルとしている。つまり、政策的な文脈においては、社会人が再学習を進めることの意義について、学び直すことそれ自体が目的ではなく、学習したことの証明書を得ることにより再び社会に出て職業生活などをつうじて活躍するところに主眼が置かれている。このように、大学の社会貢献のあり方として、学習機会の提供それ自体を目的としがちであった従来型の公開講座とは別に、学習だけにとどまらず学習成果を実社会において生かすことのできる社会人を養成するという方向性が、有力な選択肢として示されているのである。

　ところで、「社会人の学び直しニーズ対応教育推進プログラム」は、2006（平成18）年12月に策定された「再チャレンジ支援総合プラン」の中で、「いつでも『学び直し』ができる社会の構築」という文脈において予算化されたものである。この「再チャレンジ」という考え方は、個人個人が生涯にわたって学び続ける意義を裏付けてくれるものだが、当時の安倍晋三首相が2007（平成19）年9月末に辞任するとともに、その言葉までもが価値がないように破棄される傾向にあった。だが、「学び直し」および「再チャレンジ」は、政局的都合とは別に、

昨今の就職難の時代にこそ一層クローズアップされるであろう。実際、2012（平成 24）年 12 月に第二次安倍内閣が組閣されると、前回以上に「学び直し」が重要キーワードとして前面に出てきて、社会的にも相当に普及した言葉になった。

（2） 学校教育法施行規則第 164 条による運用規定

　学校教育法第 105 条の具体的な運用については、学校教育法施行規則の「第 9 章　大学」の中に「第 3 節　履修証明書が交付される特別の課程」が新設され、第 164 条において以下のように規定されている。

> 第 164 条　大学（大学院及び短期大学を含む。以下この条において同じ。）は、学校教育法第 105 条に規定する特別の課程（以下この条において「特別の課程」という。）の編成に当たっては、当該大学の開設する講習若しくは授業科目又はこれらの一部により体系的に編成するものとする。
> 2　特別の課程の総時間数は、120 時間以上とする。
> 3　特別の課程の履修資格は、大学において定めるものとする。ただし、当該資格を有する者は、学校教育法第 90 条第 1 項の規定により大学に入学することができる者でなければならない。
> 4　特別の課程における講習又は授業の方法は、大学設置基準、大学通信教育設置基準、大学院設置基準、専門職大学院設置基準、短期大学設置基準及び短期大学通信教育設置基準の定めるところによる。
> 5　大学は、特別の課程の編成に当たっては、当該特別の課程の名称、目的、総時間数、履修資格、定員、内容、講習又は授業の方法、修了要件その他当該大学が必要と認める事項をあらかじめ公表するものとする。
> 6　大学は、学校教育法第 105 条に規定する証明書（次項において「履修証明書」という。）に、特別の課程の名称、内容の概要、総時間数その他当該大学が必要と認める事項を記載するものとする。
> 7　大学は、特別の課程の編成及び当該特別の課程の実施状況の評価並びに履修証明書の交付を行うために必要な体制を整備しなければならない。

　以上のような条件を満たせば、学生を対象とした「学位プログラム」とは異なるものとして、主として社会人を対象とした「履修証明プログラム」を開発・実施できるようになった。宇都宮大学に即して言えば、宇都宮大学に入学しなくとも、宇都宮大学が独自に編成した課程を修了した人は、学校教育法に基づいた履修証明書が宇都宮大学から交付されるという形で、その課程を履修したことが証

明されるというわけである、

　改めて言えば、履修証明プログラムは、大学による社会貢献を具体化したシステムである。その仕組みを構築・実践することは、従来の「学歴社会」とは異なる「生涯学習社会」を創造しようとする文部科学省の既定路線の延長上で、いわゆる学歴とは異なる形の新たな能力証明システムを創造するという、社会から大学に課せられた「宿題」でもあった。

　　2.「食農ファシリテーター養成コース」の概要

　本プログラムを実施する途上で人材養成のあり方を方向付けるものとして展開された事業が「食農ファシリテーター養成コース」である。その概要を述べる。

（1）食農プログラムの事業目的
　2007（平成19）年5月に文部科学省に提出した「社会人の学び直しニーズ対応教育推進プログラム」に関する企画提案書では、「対話力に富み『食と農』に精通した人材の養成および農業集団の育成のためのプログラム」の事業概要として、以下のように述べた。

　　　本企画は、実社会で積極的に活躍できるようなコミュニケーション能力やマネージメント能力を身につけているとともに、「食と農」に関する普及啓発活動や社会教育活動を指導的立場で行える人材を養成することを第一目的として、講習・授業を行う。さらに、本学が修了生を継続的にフォローアップしながら、専門性を備えるとともに「学び直し共同体」でもある「農業集団」を組織化し、事業委託されたり自ら起業したりするに耐える実践的力量を高めていく。
　　　また、本企画により一定の科目群を学修した受講者が、獲得した知識・技能・経験等を社会通用性の高い形で現実化していける人材であることを保証できるような評価システムを開発・実践する。その上で、学位とは異なる履修証明として、初級程度に「食農教育サポーター」、中級程度に「食農経営ファシリテーター」といった、国立大学法人宇都宮大学による独自認定資格（ともに仮称）を付与する。
　　　なお、本企画は、食もしくは農についての学業経験や就業経験がある人や、食と農に関する教育や経営について強い関心を持っている社会人を対象としている。その際、

様々な年代どうしの接触が相互に刺激を与えあう効果を想定している。

　むろん、この事業概要は、事業実施前の計画段階のものであったので、当時の文教政策の展開に応じた柔軟な変更などを行っている。実際、この計画を提出した直後の2007（平成19）年6月に学校教育法が改正されて具体的内容が明らかとなったが、企画提案書の採用が本学に通知された同年8月以降は、履修証明書を付与するのに最低必要な総時間数などを鑑み、国立大学法人宇都宮大学による独自認定資格として、初級程度に「食農教育サポーター」、中級程度に「食農経営ファシリテーター」を与えるという計画については変更し、結局のところ、中級以上に相当するものとして「食農ファシリテーター」という資格を付与することのみにした。また、事業を実施する過程において、「食と農」というテーマを扱う上では、「農業集団」という言い方では的を射ていないことが自覚され、実質的には「食農集団」という表現に切り替えて、人材のネットワーク化・組織化を進めた。

　とはいえ、この事業概要に示した基本的な考え方をそのまま踏襲して、事業を進めた。こうした事業展開の具体的様相について、本事業の主たる目的を明示して説明しておく。

　第1に、「食と農」に関連して、直に人材養成を行うことである。そこでは、受講者が身に付けるべき能力として、2つの系列を設定した。第1の系列とは「食と農」に関する網羅的なものであり、生産・消費過程、加工・調理、食にまつわる安全・安心、栄養問題、食習慣改善、地域食材など広範な領域を見すえ、個々の知識について一つ一つ深めていくよりも、全体像を自分なりに描き出せる能力を優先して、知識・教養を身につけてもらおうとするものである。第2の系列とは「対話力」であり、コミュニケーション能力・プレゼンテーション能力・マネージメント能力の3つの領域について、一定水準以上の力量を高めてもらおうとするものである。つまり、直に会ってコミュニケーションを円滑に図ったり、文章を通じて正確に意思疎通を図ったりするといった基本的な能力を土台にして、魅力的な企画を立てたり、効果的な広報活動を進めていったりする力など、様々な要素が含まれた総合的な力量の形成である。そして最終的には、第1系列と第2系列とを融合させる形の力量を形成することを目標とした。受講生に

は、「食と農」に関する幅広い知識や専門的知見を獲得するだけでなく、それらを「宝の持ち腐れ」にせずに、実社会で通用する形で効果的に生かしていく能力をも同時に育成できていることが求められる。

第2に、「食と農」を手がかりとして、人材どうしのネットワークを創造・発展させることである。人材ネットワーク化とは、人材養成事業を一通り終えた後に得られるべき成果であると同時に、人材養成を効果的に行うための手段でもある。本プログラムでは、人と人との豊かなつながりこそが学習活動を効果的に促進すると確信していたため、その部分に最も心を砕いた。具体的に言えば、事業期間内に人間関係が深まるように、「対話力」の系列に属する授業は、それ自体が受講生どうしの活発な交流機会になることをもねらっていた。また、プログラム修了後の受講生の活動のあり方として、単独の「食農ファシリテーター」としてよりも、複数形の「食農ファシリテーターズ」として活動することを推奨していた。人材ネットワーク化が進むことにより、自ずと「食農集団」および「食農組織」といった集団化・組織化を進める基盤が固まることを期待していたのである。

第3に、「食と農」という例題を用いて、事業方法として汎用性のある仕組みを創出し、それが様々な場面での応用に資する程度まで洗練することを目標とした。仮に本学他組織や他高等教育機関が自らの個性に応じたプログラムを創造するために、本企画とは異なったテーマ設定で事業を行う際にも、若干の創意工夫さえすれば円滑に事が運ぶような事業実施システムや運営方法論を開発しようとチャレンジした。その際、①教育活動の「入口」として「学習ニーズを捉える手法」を洗練すること、②教育活動の「中身」として「学習の効果的な支援方法」を洗練すること、③教育活動の「出口」として「学習成果の評価システム」を洗練することに、目標を分岐させてプログラム開発・実施を進めたのである。

（2）本プログラムの基本構成

本プログラムは、実社会で実際かつ十分に生きてくる「社会通用性」を査定基準として教育活動それ自体を洗練することを意識せざるをえないものである。そこで、事業担当者としては、単に一定の科目群を学んで知識・技能・経験等を獲得するにとどまるのでなく、それらを個人および集団単位で社会的に通用する形

で生かしていける「メタ能力」があるということを、受講生が示せてはじめて、プログラムを修了したとみなす仕組みを導入せざるをえないと考えた。受講生の学習活動が量・質ともに充実するようなあり方を実行・実現するために、以下の3段階を意識してプログラムを構成した。

　第1段階は、普段からの学習活動の積み重ねにより、学習を量的に充実させようとしたことである。先に引用した学校教育法規定に明文化されているように、履修証明書を発行するためには、特別の課程の総時間数を120時間以上設置しなければならない。また、「食と農」というテーマそれ自体が極めて幅広いため、一通りの知識を得るための講義の時間も相当に要する。結局、食農ファシリテーター養成コースは、平成21年度には、総時間数が180時間（平成20年度は195時間）の講義・演習などの受講を伴うものに落ち着き、2009年5月から2010年1月の9か月間（平成20年度は、2008年5月から2009年2月までの10か月間）のほぼ毎週土曜日に午前中から午後までみっちりと行われた。しかも、普段から授業ごとに、その内容や方法に関するアンケートも兼ねたレポートが課されていて、講義を受けている時間以外にも多くの学習時間を要する構成になっていた。

　第2段階は、一般学生の卒業論文に相当する「学習成果レポート」の提出が義務づけられている。社会人学生とはいえ、自分の考えや実践などをレポートという形式でまとめるということは決して簡単なことではないが、それを行うことによって、自らの思考を相対化できる。本プログラムでは、第三者に文章を読まれたときに、一定程度以上の説得力が発揮できるように、講座の中に文章力を高めるための時間を組み込んでいるし、受講者からの相談を特任研究員が受ける仕組みも整えた。なお、こうした修了生の学習成果については、宇都宮大学生涯学習教育研究センター編『食農関連人材養成プログラム・食農ファシリテーター養成コース学習成果報告書』（平成20年度はA4版328頁、平成21年度はA4版444頁）としてまとめられていて、以前はホームページでも閲覧可能にしていた。

　第3段階は、口頭プレゼンテーションによる試験を行うことである。試験官は、資格認定委員会のメンバーである本学教員数名である。受講生が、学習成果レポートについて、試験官の前で10分程度の時間にまとめて口頭発表し、試験官からの質疑応答に答える形態になっている。平成20年度については、試験官数名のみによるクローズ形態で口頭試験を行ったが、平成21年度については、

他の受講者の受験様子を見られる形態で口頭試験を行った。こうした変更は、口頭試験について、それ自体が資格認定のための検定を実施する機会としてだけでなく、受講者が一層プレゼンテーション能力を高めざるをえない形で学習できる機会としても活用するという発想を取ったためである。

　むろん、このような高いハードルが続くプログラムなので、プログラム提供者側としても、質・量ともに学習支援体制を充実させたが、そのフォローアップについては授業時間外にも多大な時間を割いた。その際、本プログラムの実施のために雇用した戸室憲勇宇都宮大学生涯学習教育研究センター特任研究員（当時）の獅子奮迅の活躍により、後述するような成果が得られたことを特記しておきたい。こうしたフォローアップについて、個人的な資質や踏ん張りなどに過度に依存せず、システムとして洗練すべき重要性が強調されてよい。

（3）公開講座の活用

　本プログラムを開発するに当たって、食農ファシリテーター養成コースの中に、公開講座を組み込むことを試みた。具体的には、「宇都宮農学校」（平成20年度で延べ17日、平成21年度で延べ11日）は、食農ファシリテーター養成コースのメイン科目であるが、公開講座としては10名定員に絞ることにより、両方の意味合いを持たせて講座を行った。

　公開講座の活用についてのプログラム提供者側の事情とは、昨今の大学教員の多忙さを考慮すると、外部資金導入による教育プログラムを新たに実施しようとしても、指導教員を量的に確保することが簡単ではないことである。たしかに、公開講座と食農プログラムとを同時に行うことには、ともすると事務的な混乱を招きかねないという危険性もあったが、その部分をクリアすれば、教育効果や広報効果などにおいて相乗化されるという側面も出てきて、前向きな方向性が生まれたのである。

　また、本プログラムのメインとなる「食農ファシリテーター養成コース」だけでなく、入門的位置付けとなる「モニター受講生コース」も用意した。モニターは、食農ファシリテーター養成コースの科目群のうち、その一部の科目を受講生が自由に学ぶことができると同時に、公開講座のうち企画力や広報力の養成に関する講座を受講できるようにした。なお、モニター受講生コースについては、受

講時間数が規定の分野の合計で60時間以上になった受講生には、本学より修了証書が交付されるようにした。

3. 食農プログラムに対する受講生の参加状況

　本プログラムの成果について、紙幅の都合上、受講生の参加状況に絞ってまとめておく。プログラムへの参加状況を量的に把握しても、教育プログラムの成果についての形式的側面を捉えたに過ぎないが、その成否を見極める際の目安として有効に機能しうるので、応募状況・修了状況・活動状況の段階ごとに人数や割合等を確認しておく。

（1）本プログラムに対する応募状況

　まず、教育プログラムに対する応募状況に注目すれば、食農プログラムに対する社会的関心の程度を測ることができる。

　平成20年度は、食農ファシリテーターコースについては、定員10名のところ15名の応募者があり、全員を受講生として受け入れることにした（定員充足率150.0％）。平成21年度の同コースは、定員15名のところ27名の応募者があり、当初は個別面接による選抜を検討したが、本学農学部附属農場における実習体制を整えるということで、全員を受講者として許可した（定員充足率180.0％）。したがって、食農プログラムに対する社会的関心は高く、それどころか熱意の高さが顕著に見られたと評価できる。なお、モニターコースに対する応募者の数については、平成20年度では定員30名のところ応募者11名（定員充足率36.7％）であり、平成21年度では定員10名のところ応募者9名（定員充足率90.0％）であった。このような数字の出方からは、学び直しの機会として、どうせ講座を受講するならば、ともすると中途半端になりかねない入門的なものよりも、より体系的で総合的なものを選択したいという社会人の学び直しニーズが読み取れる。

　ただし、受講生の募集段階について、少なくとも他に、問い合わせ数や説明会への参加状況なども視野に入れなければ、食農プログラムに対する関心の高さを的確に把握することはできない。平成21年度については、4月下旬に3回にわ

たって開いた説明会に計45名の出席者がいたが、講座の大変さを強調することによって、参加希望者が減るよう努めざるをえなかった。一般に、社会人向けの講座では人集めが大変だと言われるが、定員に対して人が集まりすぎたときに、どのような基準で受講者を決定するかについては、事業担当者として大きな戸惑いを感じざるを得なかった。というのは、人材養成という意味合いを持つ講座について、先着順や抽選などによる選抜がはたしてふさわしいかどうかが疑問だからである。したがって、主に社会人を対象とした講座における受講者の選抜システムをどのように設計すべきかを考えなければならないという大きな課題が残ったのである。

（2） 受講生のプログラム修了率

次に、受講生の修了率に注目することは、そのプログラムに対する受講者の満足度を測定する上で有効である。

平成20年度では受講者15名のうち13名が修了者となり（修了率86.7％）、平成21年度では受講者27名のうち26名が修了者となった（修了率96.3％）。年齢・性別や職業等の社会人受講生の多様性を考えれば、こうした長期にわたるプログラムにもかかわらず高い修了率を達成したことは、それだけで驚異的に思われる。

加えて、プログラムに対する出席率の高さは単なる形式的充足にとどまらない実質を伴っている。実際、ビデオ等で欠席を補えるような補完システムを用意しているのにもかかわらず、多忙な社会人が時間をやりくりして講義・演習に出席しようとしていた。これには、グループで協働して発表内容を創造する作業を行うなど、その場に居合わせてしか学べないことが多い授業構成にしたことの効果が出ている。実際に、平成21年度には、全部の授業について1度も休まず完全出席した皆勤者が7名も出た（皆勤者存在率26.9％）。

こうした成果が得られたのには、プログラム提供者としても創意工夫と配慮を重ねたという面もあるが、「1年間はやり抜こう」という受講者側の熱意と決意が基盤にあったからこそ、こうした極めて高い修了率を記録することができたのである。見方を変えれば、募集の時点で、意欲の高い受講生を集めることにすでに成功していたとも考えられる。

（3） プログラム修了者の社会的活動率

　事業の実施成果を正当に評価するためには、プログラムを終えた受講者がどのように社会的に活動しているかに注目せざるをえない。その点では、プログラム修了者の社会的活動率を明確にする必要がある。ただし、何を以て社会的活動にいそしんでいると見るかについては定義が難しいし、新たに活動を始めなくても、これまでの職業生活の中に食農プログラムの成果を生かす人も多数いるので、これを数値化することは難しい。そのことを自覚した上で、修了者に対して「食農プログラムをきっかけとして、何か新しい社会的活動を始めたか？」という質問を行ったところ、平成20年度では修了者13名のうち9名が該当した（活動率69.2％）。なお、平成21年度についても、ほぼ同様の成果が生まれた。

　いずれにせよ、受講者は、「プログラムが終われば、学習も終わり」という意識にはとどまっておらず、本プログラムが受講者を社会的活動へと拡張していく遠心力を働かせていたことが確認できる。一方では、プログラムの成果を生かして、何らかの活動を開始する人がいる。例えば、地域の食と農をテーマに起業したり、修了生間で食育集団を組織し教育活動を実践したりするといった形で、輩出した人材が地域で活躍を見せるに至っている。他方では、さらに学習し続けようとする人もいる。実際、本プログラムがきっかけとなって、宇都宮大学大学院の農学研究科に社会人入学して勉学に励む人が出てきた。

　　おわりに ― 本プログラムの波及効果 ―

　本プログラムは平成21年度をもって修了したが、これにより得た成果は、「農商工連携」および「第6次産業」といった新しい行政施策に関連して、その後において宇都宮大学が何らかの形で関わって実施されるプログラムに顕著に反映された。例えば、平成22年度全国中小企業団体中央会補助事業「農商工連携等人材育成事業」を栃木県中小企業団体中央会が請け負った際には、生涯学習教育研究センターが部分的に事業委託され、プログラムで得た成果を内容的にも方法論的にも直接的に生かすものとなった（2010年9月～2011年1月）。また、本プログラムの方法論を生かしたものとして、株式会社三菱総合研究所が実施機関として栃木県および宇都宮大学と連携する形で第6次産業化を進めようとした「平

成22年度 新事業創出人材育成プログラム」（農林水産省所管）がある。

このように、あくまでも結果的にではあるが、本プログラムがきっかけとなって、地方国立大学法人の中の小さな一部局にすぎない生涯学習教育研究センターが、文部科学省・経済産業省・農林水産省などの国の行政機関、栃木県の行政機関、民間シンクタンクなどが結集するハブ機能を果たすとともに、縦割り的になりがちな組織間の関係を横断的につなぐ器の役割を果たした。また、副次的・付随的かつ内部的なことではあるが、本事業がきっかけとなって、農学部と生涯学習教育研究センター（当時）との連携が実質的なレベルで密になるなど、縦割り意識が激しい大学を多少なりとも変革させていくきっかけができたことも、大きな成果であり発見でもあったのである。

第4節　滋賀大学生涯学習教育研究センターの大学開放事業
―「淡海生涯カレッジ」と「環境学習支援士」養成プログラム―

1. 淡海生涯カレッジ

「淡海生涯カレッジ」は、1994年から3年間にわたって行われた文部省（現・文部科学省）による「地域における生涯大学システムの研究開発」をきっかけに、滋賀大学生涯学習教育研究センター（現・滋賀大学社会連携研究センター）と滋賀県の共同研究の中から生まれた学習機会である。

1994年といえば、滋賀大学に生涯学習教育研究センターが設置された年であり、大学の研究センターとしてやるべきことは何か、地域社会に対してどういう貢献ができるのか等、まだまだ研究も事業の中身も具体的に見えていない時期であった。そういう時に、この委嘱プロジェクトが始まったのである。

筆者がプロジェクトの内容を見た時、これは大学の知的資源を生かした地域貢献の一つのモデルとなり、プロジェクトを通して地域との関係を深める中で、「生涯学習教育研究センター」の大学や地域での役割が見えてくるのではないかと感じた。この事業に一筋の光を見いだしたのは筆者だけでなく、センター長や

他のスタッフも同じだったようで、すぐに大学から滋賀県教育委員会へプロジェクトに手をあげるよう働きかけていくことになった。その結果、センターが中心となって研究計画を立て、大学と教育委員会が協働で事業を実施するということで、上記プロジェクトの2年目に文部省より委嘱を受けることになったのである。

　ここからセンターとしての研究・事業が本格的に動きはじめたと言っても過言ではない。その意味では、滋賀大学の生涯学習教育研究センターは、「淡海生涯カレッジ」とともに歩んできたといえよう。後述するように1年の研究開発の後、1996年に滋賀県大津市で初めての「淡海生涯カレッジ」が開設された。それから19年、大学の知的資源を生かすと同時に、地域の生涯学習機関（公民館、高校、生涯学習センター等）とのネットワークにより、体系的で深まりのある学習機会を提供するカレッジは、滋賀県下で5校（大津校、草津校、湖南校、彦根校、長浜校）が開設されるまでになっている。

（1）淡海生涯カレッジ開校までの経緯

　生涯大学システムの開発においてまず問題となったのは、何をテーマに大学システムを創るかであった。これについては、滋賀県の地域特性を生かしたもの、すなわち琵琶湖を中心とする環境問題に焦点をあてることにした。

　続いて、このテーマに関して環境学習機会提供者を対象に調査を行ったところ、環境学習の機会の大半は、環境問題への意識の啓発を主目的とした、1回限り、1日コース、平日昼間の講義、見学、講演会等であることがわかった。また、環境学習機会提供者は、放送メディアや体験活動を含む多様な方法での学習機会を、大学、企業や専門研究機関と連携して実施する必要性を感じていることも明らかとなった[9]。

　こうした調査結果を得て、生涯大学システムの方向性は決まった。「継続的、体系的に学べる環境学習機会」の創出である。筆者を含む大学研究者は、そのシステムの実現に向けて試行錯誤を繰り返し、最終的に、後述する一つのシステムにたどり着くことになる。それが「淡海生涯カレッジ」である。

　その後大津市をモデル地域に、生涯学習教育研究センターと教育委員会は、慌ただしく事業実施に向けての準備段階に入った。しかし、これが順調に進んだかというと決してそうではなかったのである。学習機関として選定された公民館、

高校、市の生涯学習センター、そして大学が、初めてカレッジの運営委員会で顔を合わせた時のことである。公民館の職員からは、「公民館は、地域の住民に学習の場を提供するのが基本であるから、地域外の住民のための学習の場を確保することはできない」また「半年にもわたるこうした学習機会にそうそう受講者が集まるとは思えない」等、カレッジの実施に対して否定的な意見が相次いだ。事務局サイドと公民館サイドとの間での激しいやりとりは何時間も続き、とりあえずやるという結論には達したが、全員が納得したわけではなく、多くの不安や不満を抱えながらの船出だったのである。

大学内部にもカレッジの実施に向けて大きな壁が立ちふさがっていた。カレッジには「土曜コース」と「平日コース」の2コースがあり、滋賀大学では、「土曜の特設講座」か、科目等履修生制度を利用して平日の「正規の授業」を受講させることで、2つのコースに対応しようと考えていた。ところが大学は、前例がないということで、「淡海生涯カレッジ」のシステムに大学の「正規の授業」を組み込むことに難色を示したのである。われわれは、大学の職員を対象に「淡海生涯カレッジ」についての説明会を何度か開き、システムの中に「正規の授業」を位置づけることに理解を求め続けた結果、最終的には「問題なし」という回答を得ることができた。

そして受講生募集の時期がやってきた。最初はいったい何名の応募者があるのか不安な日々を送っていたのだが、日ごとに応募者は増え、募集締め切り日には160名を超える申し込みがあったのである。抽選を行い、100名で始まった「淡海生涯カレッジ」で、受講者は本当に熱心に学んだ。1997年2月にカレッジの事業は無事終了し、同時に文部省からの交付金もなくなったが、生き生きと学ぶ受講者を見続けてきた関係者の間からはこの事業をやめようという声はまったく出てこなかった。すぐに次年度からは、県と開校する市が半分ずつ事業費を出し合うことで「淡海生涯カレッジ」の継続実施が決定し、現在に至るのである。

（2） 淡海生涯カレッジのシステム

現在「淡海生涯カレッジ」は県内に5校あり、各校の実行委員会が、共通の枠組みの中で（図4-1）、地域のニーズや特徴を考慮しながら企画・運営を行っている。滋賀大学は、「環境」をテーマとする「大津校」と「草津校」の2校に関

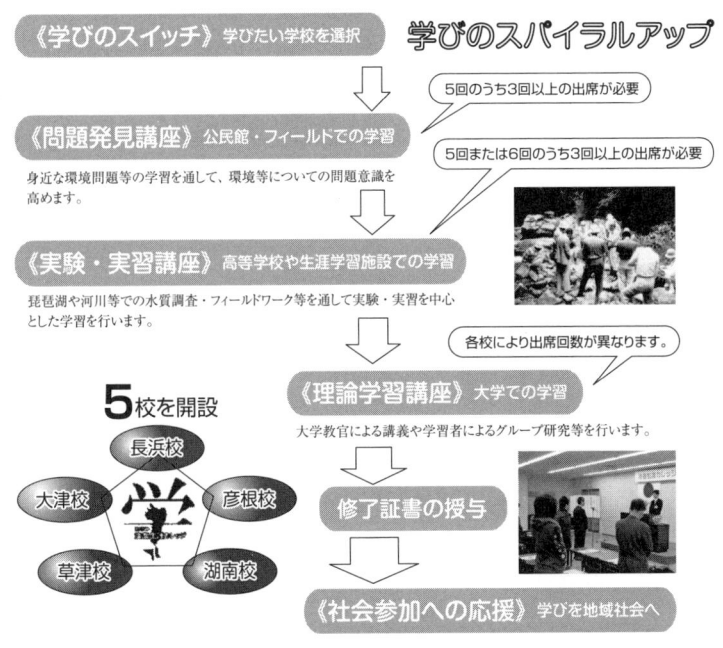

第4章　国立大学生涯学習系センターによる大学開放実践事例　*115*

○ 淡海生涯カレッジの学習の流れ ○

学びのスパイラルアップ

《学びのスイッチ》学びたい学校を選択

↓

《問題発見講座》公民館・フィールドでの学習
身近な環境問題等の学習を通して、環境等についての問題意識を高めます。

〔5回のうち3回以上の出席が必要〕

↓

《実験・実習講座》高等学校や生涯学習施設ての学習
琵琶湖や河川等での水質調査・フィールドワーク等を通して実験・実習を中心とした学習を行います。

〔5回または6回のうち3回以上の出席が必要〕

↓

5校を開設（長浜校／大津校／彦根校／草津校／湖南校）

《理論学習講座》大学での学習
大学教官による講義や学習者によるグループ研究等を行います。

〔各校により出席回数が異なります。〕

↓

修了証書の授与

↓

《社会参加への応援》学びを地域社会へ

図4-1　学習の流れ

わっているので、以下では、このうち「大津校」を例に挙げながら、カレッジの学習システムを述べていくことにする。

　カレッジのシステムの特徴としては、大きく2点が挙げられる。一つは、学習者があるテーマを深く学ぶことができる体系的なシステムであること、そしてもう一つは、地域の多様な機関間のネットワークを重視したシステムであること、である。

　近年、市民の学習ニーズが高度化・専門化する中、そうしたニーズに応える学習機会には体系性が求められる。カレッジでは、特色のある3つの講座を開設し、受講者がそれぞれの講座内容を学ぶことで学習を深めていけるようにした。その3つの講座とは、身近な環境問題を学ぶ中で、環境についての問題意識を高めることを目的とする「①問題発見講座」、実験や実習を通して、体験的に環境問題に迫る「②実験・実習講座」、そして理論的に環境問題を深める「③理論学習講

座」である。環境問題に対する「意識」を高め、実際に「経験」することで問題を明確にし、その上で、最後に「理論」を学ぶことで、環境問題に対する理解を深めていこうというわけである。

　しかし、この3つのバラエティにとんだ講座を一つの機関のみで企画・実施することはかなり難しい。この点について、カレッジの開発にあたった住岡英毅は、次のように述べている[10]。

> 　大学の研究者にとっては、学習者の身近な学習課題に肉薄する学習過程を仕組むことは困難である。大学が得意とするところは、どちらかといえば、③の段階に対応した「理論学習」の援助といってよいであろう。…これとは逆に、公民館は、これまでどちらかといえば、①のレベルに対応した、いわゆる啓発型の学習機会の提供に努めてきた。…このように考えると、学習要求の高度化が進む今日では、学習者のすべての学習欲求を単独の機関のみで満足させることは不可能である。

　そこでわれわれは、地域の学習機関にそれぞれの得意分野を生かした講座を開設してもらい、それを結びつけることでこの問題を解決しようと考えた。こうして、公民館が「問題発見講座」を、高校と生涯学習センターが「実験・実習講座」を、そして大学が「理論学習講座」を担当し、全体として体系的で、実りある学習機会を提供する淡海生涯カレッジのシステムができあがったのである。

（3） 淡海生涯カレッジの評価

　カレッジでの学びを受講者はどう評価しているのだろうか[11]。「問題発見講座」「実験・実習講座」「理論学習講座」の受講満足度をみると、すべての講座で「満足した（「非常に満足した」＋「まあ満足した」）」と回答した人の率が8割を超えていた。

　また、「学習を深められた」と感じているかどうかについてみてみる。「非常に深められた」に5点～「まったく深められなかった」に1点を与え、その平均値を算出すると、4.31という結果が得られた。多くの受講者が、カレッジでの学習を通じて「環境についての学びを深められた」と感じているようである。

　さらに「淡海生涯カレッジ」での学びは、地域の中で様々な形で生かされていることも明らかとなった。カレッジがスタートして10年目にあたる2005年に、

カレッジ修了者の学習成果の活用状況を調査したのだが、その結果、修了者の約7割が地域等で活動していたのである。その活動内容をみると、何らかの環境関連団体に所属して活動している人も多いが、カレッジの修了者が集まって自主的にグループを組織し活動しているケースもいくつかみられた[12]。

2.「環境学習支援士」養成プログラム

「淡海生涯カレッジ」の実践とともに、滋賀大学では、2003年より大学が独自の資格を授与するという形で人々の生涯学習の成果を評価し、彼らの学習成果の活用を促すプログラムの開発に取り組んできた。それが「環境学習支援士」養成プログラムと呼ばれるものであり、2年の開発期間をかけて2005年4月から実施されている。

このプログラムは、その構想を生涯学習教育研究センターが大学へ提案したことから始まったもので、センターはプログラム開発において中心的な役割を果たした。

プログラムには、「学生コース」「社会人コース」「現職教員コース」の3つのコースがある。そのうち「社会人コース」を志望する人については、大学で学ぶためにはある程度の環境に関する知識が必要だということで、「淡海生涯カレッジ」の修了を受講の条件とした。

大学が「資格」を与えることの意義としては、次のことが考えられる。

以下に述べるように、大学の複数の授業科目をセットにし、一つひとつの学習に意味や他の科目との関係性を持たせ、そしてそのひとまとまりの学習を「資格」と結びつけた「環境学習支援士」養成プログラムは、社会人入学や科目等履修生制度を利用して学ぶこととは別に、社会人が大学で学ぶ新しい意味を与えることになる[13]。

また、山口健二によれば、評価の一形態である資格は、経済学において貨幣に例えられるという。それは「両者の背後に"信用"の問題があるからである。たんなる紙切れが価値を生むかどうかは、信用制度が社会的に維持されているかどうかに依存する」のである[14]。大学による人材認証は、大学が社会に対して持つ信用度の高さゆえに、「資格」の価値を高め、人々が学びの成果を生かす際の

大きな力となる。

（1） 養成プログラムでの学習の流れ

「環境学習支援士」とは、学校や地域にあって、自ら先頭に立ち、適切な指導・助言を行いながら、環境問題の解決に取り組むことができるリーダーである。

この資格を取得するまでの学習の流れを、図4-2に示した。プログラムは、「大学の授業の履修」「実習」そして「課題研究」の3つから構成される。

それぞれの内容は、以下のとおりである。

1）「大学の授業の履修」

指導者としての素養を身につけることができるよう、大学が開講する環境教育・教育学関係の科目を10科目受講する。そして、試験も学生と同じように受け、指導教員による評価を受ける。

2）「実習」

大学での事前指導を受けた後に、県内の環境教育機関（「琵琶湖博物館」「環境学習支援センター」等）において、一定期間実習を行う。

3）「課題研究」

受講生各自が研究テーマを決定し、研究論文を作成する。論文の作成に際しては、文献調査のみでなく、必ずフィールドワークを義務づけている。

これらの学習を4年以内（最短2年で修了可能）に修了した受講生には、厳格な審査を経た後に、滋賀大学より「環境学習支援士」の資格が授与されることになる。2014年3月現在、資格取得者数は、「学生コース」44（女性：31　男性：13）名、「社会人コース」33（女性：12　男性：21）名、「現職教員コース」7（女性：0　男性：7）名、計84名である。

（2） プログラムの評価と学習成果の活用

「環境学習支援士」の資格取得時に行ったアンケート調査[15]の結果から、受講生の養成プログラムでの学習満足度をみると、「非常に満足している」と回答した人の率が21.9%、「まあ満足している」と回答した人の率を合わせると、90.2%

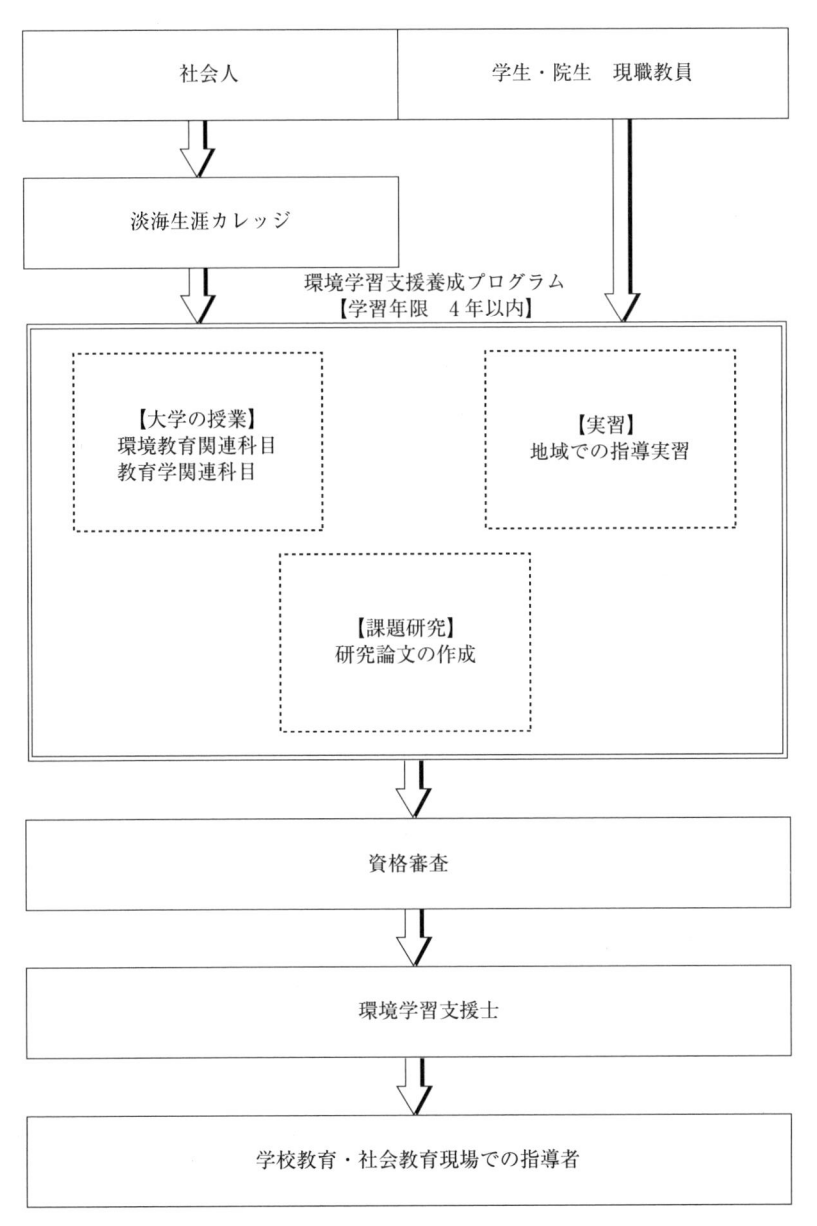

第 4 章　国立大学生涯学習系センターによる大学開放実践事例　119

```
┌─────────────────┐  ┌─────────────────┐
│      社会人      │  │ 学生・院生　現職教員 │
└────────┬────────┘  └────────┬────────┘
         ↓                     │
┌─────────────────┐            │
│  淡海生涯カレッジ  │            │
└────────┬────────┘            │
         │   環境学習支援養成プログラム
         │   【学習年限　4年以内】
         ↓                     ↓
┌───────────────────────────────────────┐
│  ┌───────────────┐    ┌─────────────┐ │
│  │ 【大学の授業】 │    │  【実習】   │ │
│  │ 環境教育関連科目 │  │ 地域での指導実習 │ │
│  │ 教育学関連科目 │    │             │ │
│  └───────────────┘    └─────────────┘ │
│           ┌───────────────┐           │
│           │ 【課題研究】  │           │
│           │ 研究論文の作成 │           │
│           └───────────────┘           │
└───────────────────┬───────────────────┘
                    ↓
┌───────────────────────────────────────┐
│               資格審査                 │
└───────────────────┬───────────────────┘
                    ↓
┌───────────────────────────────────────┐
│             環境学習支援士              │
└───────────────────┬───────────────────┘
                    ↓
┌───────────────────────────────────────┐
│       学校教育・社会教育現場での指導者    │
└───────────────────────────────────────┘
```

図 4-2　学習の流れ

の人が「満足している」と回答していた。満足度は、非常に高い。

また「環境学習支援士」の資格取得後、彼らが地域でどのような活動を行っているのかを確認するためのアンケート調査も実施している。その結果から以下のことが明らかとなった[16]。

まず、多くの人は資格取得の前後で、何らかの変化を感じているようである。変化としては、「環境問題に関する学習意欲がさらにわくようになった」を挙げた人の率がもっとも高く、次いで「環境問題に関する活動の幅が広がった」の順となっていた。

実際、「環境学習支援士」の資格取得後の学習状況をみると、90.0%の人が資格取得後も環境学習を継続していた（図4-3）。また、「環境問題に関する活動の幅が広がった」と感じている人からは、「以前と違い、滋賀大学が認証した資格を持っていることで、地域の環境教育機関の人がきちんと自分の話を聞いてくれるようになった」とか、「例えば、小学校等では教員が滋賀大学の卒業生であることも多く、滋賀大学が認証した『環境学習支援士』資格を持っていることが、教員の方と交流するきっかけになった」といった声が聞かれた。

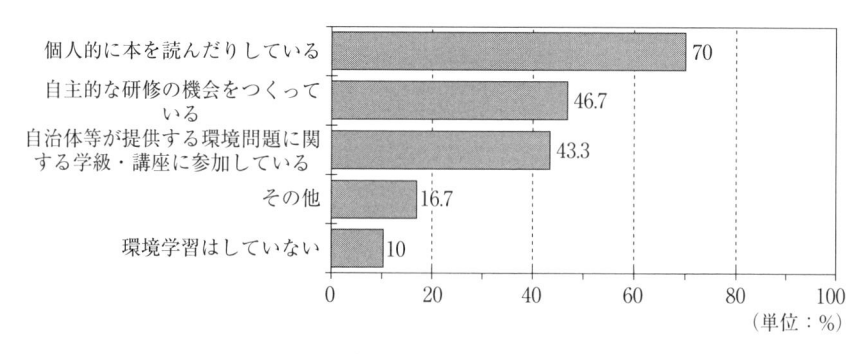

項目	%
個人的に本を読んだりしている	70
自主的な研修の機会をつくっている	46.7
自治体等が提供する環境問題に関する学級・講座に参加している	43.3
その他	16.7
環境学習はしていない	10

（単位：%）

図4-3　資格取得後の学習（複数回答）

大学での学びは、受講生（特に、社会人・現職教員）の知的好奇心を刺激し、そして大学による認証は人々の学習成果の活用の可能性を広げることに貢献しているといえよう。

では現在、どのくらいの人が地域で活動をしているのだろうか。調査結果をみると、「環境学習支援士」資格の活用率は73.3%、「社会人・現職教員コース」の

資格取得者に限れば94.7%であった。また、これまで地域での活動経験が「ない」人の75.0%が、現在活用「している」と回答しており、多くの人にとって、資格の取得が地域での活動を始めるきっかけとなっていることも明らかとなった。具体的な活用内容は以下のとおりである。

例えば彼らは、「地元農家の方と水田、休耕田で魚類の飼育を行い、観察会を実施」「栗東自然観察の森や矢橋の人工島での自然観察会の実施」「ヨシ刈り体験、竪穴住居など体験から学ぶ活動を実施」等、環境に関わる活動を自らが企画・実施していた。公民館や県民カレッジ等での「講座を担当」する人もいた。

またボランティア活動としては、「滋賀県立水環境科学館でのサイエンスボランティア」「びわ湖フローティングスクールサポーター」「地元の施設で環境学習『やまのこ』の支援」等が報告されていた。

この他、「県内の研究機関や滋賀自然環境研究会の指導を受け、湿原の調査を継続している」や「河川にて定例日を決め、魚の調査を行い、身近な場所で河川の環境を知ってもらえる活動」等、調査研究を行っている人もいた。

こうした多様な活動の原動力となっているが、滋賀大学「環境学習支援士」会（以下「支援士」会）である。これは、「環境学習支援士」資格取得者が、自分たちで立ち上げた組織である。現在、「温暖化防止部会」「自然環境分野部会」「びわ湖部会」「学校・地域環境教育部会」に分かれ、「環境学習の出前講座」「環境学習の企画サポート・コーディネート」「環境学習の調査・研究活動」等を行っている。資格取得者の「支援士」会への入会率は75.0%、「社会人・現職教員コース」の人に限れば89.5%が「支援士」会に入会していた。

（3）今後の課題

「環境学習支援士」養成プログラムが開始されてから10年目に入るが、まだまだ課題も山積みである。

まず社会的な認知度の問題がある。大学がいくら資格を出したところで、活用の場となる地域がその存在を知らなければ意味がない。まずは「環境学習支援士」という資格を広く地域の環境教育関係の施設や人々に知ってもらうための方策を講じる必要がある。

次に、「環境学習支援士」の活用の場の開拓の問題である。これに関しては、

上述したように、「支援士」会が現在、いくつかの部会に分かれて積極的に地域の中で環境学習支援活動を行っている。大学も、「支援士」会の事務局として大学内の1室を提供し、また共催でフォーラムを開催する等、「支援士」会の活動を支援している。今後も、「環境学習支援士」の活躍の場を広げていくために、大学としてできることを考えていくつもりである。

最後に、「環境学習支援士」養成プログラムの制度を維持していく上での人的資源の確保の問題がある。養成プログラムでは、受講者に対して大学の授業への出席とともに課題研究を課している。当然、受講者の指導には環境教育に関わる教員の協力が不可欠なのだが、それは一部の教員の負担を増やすことになってしまう。こうした問題を解決しながら、制度をいかに維持していくのかが今、大きな課題となっている。

第5節　大阪府内の社会教育振興に向けての協働
―社会教育施設職員の学び合い講座―

はじめに

2009年度、当時の大阪教育大学教職教育研究開発センター生涯学習支援部門は大阪府教育委員会後援のもと、社会教育施設職員の学び合い講座（以下、学び合い講座）を実施した。その後、教職教育研究開発センターは教職教育研究センターに、生涯学習支援部門は地域連携部門となったが[17]、12年度まで4度にわたり、学び合い講座は実施されている。

ここではその学び合い講座立ち上げの経緯とその内容、および大学と社会教育関係者との協働の一端について紹介する。

1. 学び合い講座立ち上げの経緯

　この学び合い講座の立ち上げに向けては、2つの背景があった。その第1は大学学内の事情である。大阪教育大学は教育大学であり、第2期中期目標の基本目標においても、「地域の教育の充実発展に努める」ことが基本目標として明記されているが、特に大阪府内の教育を支援することを目的する教職教育研究開発センター内の一部門であった生涯学習支援部門はもっと地域に大阪教育大学の姿が見える形で、地域教育への貢献という機能を発揮していく必要があると考えていた。また本学はメインキャンパス以外にも、交通の便の良い大阪都心の天王寺にキャンパスを持っており、そこでは夜間の教員養成課程と夜間大学院を開講しているが、昼間を中心にこのキャンパスを有効活用することが大学の課題としてあった。

　第2としては、地域の社会教育および市町村の動向がある。今日、公民館などの社会教育施設は子どもの居場所づくり、地域づくり、高齢者の生きがいづくりなど、果たさなければならない役割が拡大してきているが、その一方で、現場の職員からは「予算・人員が減らされた」「正規職員が再任用や非正規職員に変わった」といった厳しい現状を示す言葉が聞こえてきていた。また人が減って、一人ひとりの職員がこれまで以上に生産性を上げていかねばならないにもかかわらず、財政および人員配置上の問題から、社会教育主事講習のような長期の講座には職員を送れない、あるいは研修そのものもままならない自治体、施設も多く出てきていた。

　さらに施設も自治体直営のみならず、財団や民間企業、さらにはNPOによる指定管理と管理運営形態が様々となってきており、自治体の垣根を超えた情報交換、施設の交流も容易ではなくなってきていた。

　これらの背景から、公民館のみならず、緩やかに生涯学習センターなどの施設も包み込みつつ、実際に職員が参加可能で、かつ自治体の垣根や管理形態の違いを超えて、一人ひとりの職員が力量形成を図っていく機会を作っていく必要が生じてきており、そこに関わることがまさに当時の大阪教育大学教職教育研究開発センター生涯学習支援部門の使命ではないかとの思いが生じた。

2. 学び合い講座の立ち上げと企画・運営方法

　そこで職員の力量形成につながるプログラムの企画に取りかかったわけであるが、企画にあたっては、その実態について基本的なことを知らなければならないということから、2008年度に大阪府内の各市町村の中核的な施設を対象に調査を実施し、職員の能力開発の動向の把握に努めた。

　講座を企画するにあたっては、大学側が一方的に講座内容を決め、「こういった講座を行いますので、来て下さい」と参加者を募るのでは、施設職員の学習ニーズと合致せず、受講者の満足度も高くならないであろうから、講座の企画段階から施設職員に参加してもらう「大学教員と施設職員」の協働の方式を目指すことにした。幸いにも08年度の調査によって、非常に意欲的に職員の力量形成に努めている自治体・施設が把握できたので、それらの施設を訪問し、新たに実施する講座への協力を求めた。大変ありがたいことに、訪問したすべての施設から講座への協力を快諾していただき、09年度は大阪府内の5自治体6施設から計6名の社会教育施設職員が企画委員として派遣された。

　企画委員に関していうと、企画のみならず、次頁の表4-3にあるとおり、自分の担当回を持ち、講座の運営も中心となって行っている。このように企画委員はかなりの負担を負うため、学び合い講座は施設の理解・協力がなければ、なりたたない事業であるが、各企画委員は非常に積極的に講座に関わっている。

　講座の企画は3月から5月にかけて、4回程度実施している企画会議で行っているが、講座内容については、まず職員と教員で様々なアイディアを出し合い、それらの中から適当なもの、優先順位の高いものを選び、皆で話し合いながら具体化している。2年目からは前年度の受講者アンケートの結果も講座企画にあたって参考にしている。

　講座内容が大筋定まると、府教委に講座への協力を依頼している。これは大阪府内の社会教育振興に向けて、組織間の協働といった形を作りたかったことに加えて、府教委の後援があれば、施設側に講座に対して信頼感を持ってもらえるであろうと思ったからである。このような呼びかけに対し、府教委は非常に好意的で、職員が毎回の企画会議、学び合い講座、さらには講座終了後の夜の懇親会に

表 4-3　2012 年度の社会教育施設職員の学び合い講座の概要

	担当者	所属	タイトル
第1回	眞砂　悦実	貝塚市立山手地区公民館	社会教育施設とは？―社会教育の"いろは"を知ろう―
第2回	小松　茂美	大阪狭山市立公民館	人が集まる場で活かそう！―ファシリテーションスキルとホワイトボードミーティング―
第3回	浜　好彦	高槻市立城内公民館	講座から始まる社会活動―ボランティアグループを育成しよう
第4回	梅基　みどり	岸和田市立公民館	職員の STEP UP 講座―「現代的課題」講座の作り方―
第5回	橋本　尚子	キッズプラザ大阪	学び合い企画"お悩み整理術"―ききとる・はなす・提案する―
第6回	池西　照美	河内長野市教育委員会生涯学習課	今こそ人材活用！―使える人材バンクと地域人材発掘のコツ―

も出席している。

3. 学び合い講座の現状

　学び合い講座は各職員が参加しやすいよう、交通の便のよい本学天王寺キャンパスにおいて、参加費無料で行っている。初年度 09 年度の参加者総数は 57 名で、各回の平均参加者数は 22.3 人であったが、12 年度は 21 自治体 62 組織（53 施設を含む）から総数 133 名の参加があり、各回の平均参加者数は 38.2 人であった。

　参加した施設職員の所属先は自治体直営施設、財団・民間の指定管理施設に加えて、10 年度から NPO が運営する指定管理施設も加わり、一層多様なものとなった。また雇用形態面では、自治体・指定管理者の正規職員の参加もあったが、非正規職員も多く、また内容によっては施設職員のみならず、行政職員や財団本部の職員の参加も見られた。

　2012 年度の学び合い講座の具体的な内容は表 4-3 にあるとおりであるが、講座の形式としては、一方的に話を聞いて終わりではなく、基本的に報告・講演とグループワークの 2 部構成としている。報告では職員に自らの実践・経験を振り返る形で報告してもらい、それについてグループワークの中で各人の経験を踏ま

えつつ、意見交換するなどし、互いに学び合えるように努めている。また各回最後に大学教員がその回の総括を担当している。

　内容については、すぐ仕事に役立つ実践的な内容もないと職員の派遣も現実的には難しくなるとの企画委員からの指摘から、そういった内容も何回か行っているが、大学による講座ということで、学内外の大学教員が講師を務める回も必ず置いている。

　この学び合い講座の目的は職員が自治体の垣根を超えて、互いの実践・経験から学び合う機会を提供するということであるが、大学が実施主体であるということから、中期的には学んだことを自らの施設でも実践し、それをまた報告・考察し合うことで実践知を生み出していくことも目標の1つとしている。

4. 成果と今後の課題

　ここまで学び合い講座立ち上げの経緯およびその概要等について述べてきた。
　学び合い講座は4年目を終えたが、いまだに様々な課題があり、試行錯誤を続けている。例えば、その問題の1つに企画委員の問題がある。毎年、学び合い講座を6回にわたって行うとすると、最低6人の企画委員が必要となる。これまではその人数を確保できているが、今後もそれが可能かとなると、一抹の不安がよぎる。元々、企画委員を派遣できる余力のある施設は限られている上、財政上等の理由から、これまで社会教育職員の力量形成にも積極的に取り組んでいた自治体・施設も突然の組織上の変革により、事情が一変することもある。実際、1～2年目に企画委員を送り出すなど、積極的に学び合い講座に関わっていた府内の某市では、10年度、公民館に関わる大きな変革があり、それにより企画委員どころか、職員が学び合い講座そのものに参加することも困難な状況になっている。
　また企画委員は施設と本人のご厚意でメンバーに加わっているわけであるが、彼（女）らに気分良く協働に参加してもらうということは思っていた以上に難しく、彼（女）等の参加意欲を高めるという点で、大学教員のマネジメント能力も重要となる。
　第2の問題は受講者の継続的な参加の困難である。講座の企画運営側とすれば、同一の職員にできるだけ多くの回数、参加してもらいたいという気持ちはあ

るが、人員配置上、それが現実的には困難な施設が多い。それゆえ、一つのテーマを深めていくことは難しく、1年目に2回連続の形で、共同で講座を作るという取組を行ったが、2回目の参加者の多くは1回目とは異なるメンバーで、1回目の議論を引き継ぐことは困難となった。それゆえ、そういった現実を踏まえた講座づくりを行っていかなければならない。

　第3は直営・指定管理（指定管理の中でも財団・民間・NPOがある）、正規職員・非正規職員、さらには社会教育職の経験年数上の差異といった、受講者の持つ多様性への対応の難しさである。例えば、経験年数上の相違では、これまで大雑把にいって、受講者の3分の1超が経験年数2年未満で、その一方で10年以上も1割以上見られるという状況になっているが、例えばグループワークの中で、新人職員がベテラン職員の経験から学べるように心がけているものの、両方の満足度を上げることはそんなに容易なことではない。そこで12年度はそれへの1つの対応策として、回ごとに、「勤務年数の浅い方」あるいは「講座企画に関わる職員」といったように、受講対象者をより具体的に明示した。

　しかし、こうした様々な課題を抱えているものの、これまでの受講者調査では全体として肯定的な評価をもらっている。例えば、12年度の受講者アンケート調査でみると、全体では「非常に満足している」とした受講者が半数弱の47.4%で、「ある程度満足している」46.8%を合わせると、9割を超える受講者が満足と回答した。またアンケート調査では、「社会教育の仕事への意欲が高まった」「社会教育についてもっと学びたくなった」といった労働意欲や社会教育への関心の向上にも寄与しているなどの結果も示されている[18]。

　また学び合い講座を実施して成果と感じられることも多々見られている。例えば、1つには自治体の垣根を越えた職員の交流がそうである。学び合い講座で知り合った職員の中には、互いの施設を訪問し合ったりしている者もおり、他施設の職員のがんばりが刺激になるといった声も多く聞かれている。また上述したように、府教委は積極的に学び合い講座を支援し、職員も毎回参加しているが、それにより、府教委と市町村の施設職員との交流も進んでいる。

　このように、学び合い講座は大阪府内の社会教育の活性化に貢献していると言えるが、さらには大学側にもメリットが見られている。例えば、第1に、大学教員にとっても、職員と協働で実践知を生み出していく過程に参画することによ

り、現場の実情・実践についての学習の場となっていることがある。そういった点では職員同士の学び合いのみならず、職員と大学教員の間の学び合いともなっている。第2に、学び合い講座は前述したように、基本的にワークショップ形式で実施されているが、それが教員にとって教育方法について学ぶ場ともなっており、ワークショップの手法が大学の授業で応用される形で実践されている。また第3にこの学び合い講座で多くの社会教育施設とつながりができたが、そのつながりから、社会教育を学ぶ本学学生が施設で実務経験を積む機会を得ており、そういった学生は授業そのものにもより興味が湧いてきている。中にはその実務経験を通じて、就職を果たした学生もこれまで3名いる。このように、学び合い講座は教育研究上、好ましい影響を大学に与えている。

　大阪教育大学は教育大学であり、上述したように、地域の教育の充実発展に努めることが使命とされている。そういった背景から、本学は大阪都心にある天王寺キャンパスを大阪府内の教育に携わる人々の集いの場として、整備してきているが、教職センター地域連携部門も社会教育職員が気軽に集まり、交流し、学び合う場を作り上げ、府内の社会教育の発展に一層貢献していく所存である。

第6節　社会人のための教員養成セミナー
—教員になる夢を応援します—

はじめに

　筆者は、大阪教育大学と大阪府教育委員会との連携協定書に基づき、平成20年4月から23年3月まで教職教育研究開発センターに勤務したが、着任後に与えられた業務の1つとして、「社会人のための教員養成セミナー」の運営・実施等に携わる事になった。この「社会人のための教員養成セミナー」は、平成19年度に、本学が「社会人の学び直しニーズ対応教育推進プログラム委託事業」に実施計画書を提出し、事業実施が認められた「大学と学校・教育委員会の連携による教員免許所持者のための即戦力教育プログラム（以下、即戦力プログラム）」

で行われた中核の事業である。このセミナーの骨格であるカリキュラムの大枠については、平成19年度中に決定され、すでに、受講生の募集や希望者への説明会が実施されていたところである。

したがって、本節では、筆者が関わった平成20年度からの2年間のセミナーにおける取組を中心に、大学開放という視点から以下にまとめる。

1. 事業の背景

本学がこの事業に取り組んだ背景とねらいは次のようにまとめることができる。大阪地域においては、団塊の世代を中心とするベテラン教員の大量退職に連動して大規模な新規採用が続く一方、中堅教員が圧倒的に少ない状況にある。このため教育委員会ではこの間、教員採用に社会人枠を設けるなど、年齢構成バランスに配慮した人事施策が講じられてきたが、必ずしも効果的な人材確保ができているとは言い難い。

また、現在の中堅教員層は、教員需要の低迷期に厳しい採用試験の関門をくぐり抜けてきた世代であるが、このことは、教職への強い志を実現するのが難しかった世代とも言える。採用から外れ、やむなく教員への道を断念し、民間企業等の職業人、家事専従者等としてその後の人生を送ってきたが、今なお教育への強い関心と教職への希望を抱き続けている人材が埋もれている。

このような状況を踏まえ、本事業では、教員免許を取得し教職への志を抱きつつも、その夢を叶えることができなかった者のうち、学校現場に必要とされる社会人経験を経た中堅教員世代（概ね30歳～40歳）を対象に、約1年間の教員養成教育プログラムを提供し教職実現を支援する。その内容は、学校教員に求められる基本的な資質・能力はもとより、学力課題、子ども理解や保護者対応など今日的な教育課題にも対応できるよう、大阪教育大学の教育機能を活用し、総合的な授業カリキュラムとして準備する。また、こうした取組を通して、本学の教員養成教育の改善にも資するものとする。

2. セミナーの内容

(1) 開講講座および開講時間数について

学校現場が抱えるいじめ・不登校や学力向上など今日的な課題に対応して、1) コミュニケーション力、2) 子ども理解力、3) 組織力、4) リスクマネジメント力をテーマとした講座や、学習指導要領の変化や問題点、評価と評定などを解説する教職実践基礎講座や教職演習（教員採用試験対策講座）などを必修講座として開設した。一方、5) 教科指導力の育成には、教科指導・教科教育法などに関する講座を受講生の希望による選択講座として開設した。

図4-4　セミナーの様子

なお、各テーマにおける講座の内容については、131頁の表4-4のとおりである。

(2) 開講時間帯について

受講生の勤務時間や本学の二部の授業時間帯を考慮して、必修講座は、主に土曜日の13：00～17：00に、選択講座は、主に平日（月～金曜日）の19：30～21：00の時間帯に設定した。ただ、一部の選択講座については、講師等の都合により、平日の18：00前後から開講したため、受講生からは、もう少し遅い時間帯にしてほしいという要望があった。

(3) 担当講師について

このプログラムを担当した講師の人数および所属については、132頁の表4-5のとおりである。必修講座および選択講座とも多くの講師は本学の非常勤講師を含む教授陣が担当することができた。このことは本学の持っている教育機能を提

表 4-4　即戦力教育プログラムの内容

項目	時間	テーマ	内　容
学校現場が抱える今日的課題の理解	10	全体運営プログラム	・オリエンテーション、ホームルーム　など
	11	教育実践基礎講座	・学校教育の現状 ・学校教育の課題 ・臨時教育審議会以降の学校教育政策の変化 ・学習指導要領の変化 ・教科の授業と教科外授業の関連 ・評価と評定の相違と関連 ・学習指導要録の変化と問題点 ・授業方法と組織の多様性 ・授業と学力
	20	コミュニケーション力	・現代学校で求められるコミュニケーション力とは？ ・アクティビティを通してメンバー同士の交流 ・対人支援活動としての学校教育活動 ・対人スキルの基礎、自尊感情、傾聴とは？ ・対人スキルの基礎、自尊感情、傾聴の実践 ・話すこと、グループでの話し合い（アサーショントレーニングの基礎） ・問題解決・対人支援のためのコミュニケーション力 ・対立のとらえかたと対立の解決 ・事例学習とまとめ
	18	子ども理解力	・「現代の子ども・教育」その特質と大阪の現状 　—数値から読み取る大阪の子どもたち— ・生徒指導と学習指導の今日的課題 ・子どもの観方　かかわり方・その理論とスキル ・認め合い高めあう学習集団構築のために ・さまざまな課題を有する子どもの理解と指導の実際 ・いじめ・不登校・子ども虐待などについて・その現状と実践的対応 ・たのしい学級経営・その目的と具体的方法 ・班づくり・綴り方指導などの実際 ・学級経営・実践プランづくりを愉しむ ・グループによる実践プランの共同作成 ・実践プランのプレゼンテーションと合評

	6	組織力	・職場の人間関係と生き生きとした学校（グループ討論・勢いのある学校とは） ・校務組織の分掌、組織の一員としてチームで職務に当たる（グループ討論・効率的な校務遂行について） ・職員会議、打ち合わせの意義と進め方（レポート・効果的な会議とは） ・研修の意義とあり方、校内研修と授業研究、1人の10歩よりみんなの1歩（グループ討論・教員力とは） ・教育活動の中で（校門指導、学活、給食、清掃、読書活動、道徳）（討論・知徳体調和のとれた児童とは） ・開かれた学校と説明責任、地域やPTA、健全育成会、学校評議員、学校評価（討論・学校を開くとは）
	6	リスクマネジメント力	・学校にとってリスクとは何か？ ・危機事象とそれへの対応（事例学習） ・組織としてのリスクマネジメント ・リスクに対応できる組織経営（事例学習）
教職演習	27	授業づくり、模擬授業等	・模擬授業に関わる指導 ・教員採用試験対策
教科指導力	30	教科指導力	・授業研究法コース ・教科実践ワークコース ・教科専門基礎コース ・教科専門研究コース
実習	60	ボランティアプログラムへの参加	・研究会への参加　など
	188	合計	

表4-5　講師の所属先およびその人数

(単位：人)

		本学	公立学校教員	教育委員会	その他	合計
必修講座	H20年度	8	0	1	2	11
	H21年度	11	0	2	1	14
選択講座	H20年度	17	5	0	0	22
	H21年度	19	5	0	0	24

供して、教職に関わる専門的な知識を受講生に身に付けてさせるために大いに役立ったものと理解している。

（4）活用施設について

講義は主に、本学の天王寺キャンパスの施設を活用して行った。また、図書館にある図書の貸し出しや閲覧については、受講証を活用することにより、本学学生に準じる扱いとすることで便宜を図った。さらに、受講生が講義の合間に休憩できるスペースや受講生同士が気楽に情報交換をできる場所を確保する事が受講生の学びを進めるという考えから、会議室用のスペースをセミナーを開講している期間、セミナー生控え室として活用した。なお、控え室には、パソコン2台・プリンター1台・インターネット環境整備・学習用机などの備品を整備するとともに、教員採用試験に向けた資料を準備した。セミナー生が講義室の活用だけでなく、控え室を利用できたことは、受講生間の横の繋がりを広めるために大いに役立った。

（5）セミナー修了条件および証明書等の発行について

セミナーで開講した講座を受講した時間数およびボランティアでの活動時間や自主学習帳の提出回数を基に実習時間数の合計を修了認定の基準として設けた。特に、各講義において修了試験などは実施しなかった。認定に当たっては、委員会を開催し、基準に基づいて決定した。なお、修了基準は次のとおりである。

　ア　修了認定される者
　・原則として、必修講座98時間、選択講座30時間以上及び実習時間60時間計188時間のうち、150時間以上学習した者を修了したと認定する。該当者には修了証書を発行した。
　イ　履修証明書を発行される者
　・必修講座、選択講座及び実習時間を合わせて120時間以上学習した者には学校教育法第105条に基づき、履修証明書を発行した。

（6）教員採用選考試験関係資料について

　本学では、教員採用選考試験に関わって参考となる資料、例えば、各都道府県別の面接内容を整理したデータファイルや、教職教養を学習するためのテキスト・資料・問題などを独自に作成している。これらの資料を受講生にも配布することにより、受講生自身に直近の教員採用選考試験の様子を把握させるとともに、教員になるという"夢"の実現に向けた努力を地道に積み重ねていくことを期待した。

（7）自主学習帳の取組について

　この取組は、受講生がセミナーの講座以外に、自発的・自主的に取り組んでいる教員採用選考試験に向けての学習や講座の振り返り、日々の出来事などをノート（これを自主学習帳と呼んでいる）にまとめて提出させるものである。提出された自主学習帳に担当者がコメントを記入し、返却した。この取組は、社会人として忙しい日常を過ごしている受講生に、教員採用に向けた学習時間を少しでも確保をしてもらうとともに、小学校や中学校などにおけるいわゆる"学級担任"のように常に顔を合わせることが少ない大学教員と受講生の思いをつなぐツールとしても有効であった。

（8）教育委員会との連携について

　すでに社会に出て企業等で働いている受講生が教員として活躍するためにはどのような実践力や授業力などを学校現場が必要としているかを、より明確にして講座を開設する必要がある。このため、本学の地元である大阪府教育委員会および大阪府柏原市教育委員会の指導主事等が、事業管理委員会や企画・実施委員会並びに授業評価委員会の委員として参画した。

3. 受講生の状況

（1）受講生の属性について

　受講生の人数および性別、職業、年齢構成については表4-6から4-8のとおりである。1期生、2期生とも女性の割合が多かった。職業の教育関係は、学校

表4-6 受講生の性別

(単位：人)

	男性	女性	合計
1期生	8	24	32
2期生	7	13	20

表4-7 受講生の職業

(単位：人)

	1期生	2期生
民間（正社員）	15	3
公務員	1	3
教育関係	15	8
その他	1	6

表4-8 受講生の年齢

(単位：人)

	～29歳	30歳～34歳	35歳～39歳	40歳以上
1期生	3	11	9	9
2期生	2	2	12	4

現場に非常勤講師などとして勤務している方の人数である。受講生の中には、非常勤講師や常勤講師、ボランティアなど学校教育現場に少なからず関わっている方が多く見られた。このことからも、教員になるという"夢"を強く持ち続けていることが伺える。年齢構成について、学校現場では教員が少ないと言われている30歳台について見ると、1期生では6割強、2期生では7割を占めている。

（2） 受講生の受講状況について

このセミナーでは必修講座として、98時間開講した。また選択講座として開講した時間数は、1期生では128時間、2期生では138時間であった。ここではセミナー生の受講した時間数を表4-9と表4-10にまとめた。必修講座については、60時間以上受講した者は1期生では6割強、2期生では6割であった。一方、選択講座については、セミナーの修了条件として、選択講座の受講時間数を原則30時間以上の講座を受講するよう指導した。受講時間数には、受講生間でかなりの差が見られるが、受講生一人ひとりは、日々の勤務時間等をやりくりし、自

表 4-9　受講生の必修講座の受講時間数

(単位：人)

	～30	30～40	40～50	50～60	60～70	70～80	80～90	90以上
1期生	5	1	4	2	2	4	5	9
2期生	0	2	3	3	2	4	3	3

表 4-10　受講生の選択講座の受講時間数

(単位：人)

	～20	20～30	30～40	40～50	50～60	60～70	70～80	80以上
1期生	5	3	10	5	4	1	2	2
2期生	2	0	8	3	2	1	1	3

分にとって必要な教科・科目の講座を選択していた。

(3) 修了者について

2.(5)で示した修了条件や履修証明書発行条件を満たした者の数は次のとおりである。

表 4-11　履修証明発行者数並びに修了証書発行者数

	受講生人数	うち、履修証明発行者数	うち、修了証書発行者数
1期生	32名	25名	19名
2期生	20名	17名	13名

(4) 教員採用選考試験の結果について

受講生が受験した各年度の教員採用選考試験の合格結果については、表4-12のとおりである。1期生では32名中、23名が平成22年度教員採用選考試験を

表 4-12　平成21年度、22年度、教員採用選考試験の結果

	平成21年度教員採用選考試験		平成22年度教員採用選考試験	
	1次合格	2次合格	1次合格	2次合格
1期生	6名※	4名	15名	5名
2期生	－	－	8名	1名

受験した。そのうち、1次を合格した方がのべ15名いた（2名の1次免除者を含む）。この15名中、5名の方が、第2次選考試験に合格され、平成22年4月から正教員として採用されることになった。したがって、1期生では、平成21年度教員採用選考試験合格者の4名を含めると合計9名の方が、教員になるという「夢」を実現させることができた。2期生については、20名中、のべ8名の方が、平成22年度教員採用選考試験の1次試験に合格されたが、2次試験に合格され、平成22年4月から正教員として採用されることになったのは1名だけである。なお、平成23年度教員採用選考試験においては、1次選考試験を免除されている方は1期生で8人、2期生では5人いる。

4．受講生の感想

修了時にアンケート調査を行ってまとめた受講生の感想を紹介する。
○　学校の先生って本当に素晴らしいなと、どの先生の授業を受けても感じました。それは、先生という職業の意義だけではなく、人間的に温かく各先生方を、人として敬愛するという意味で感じ入りました。私も時間がかかるかもしれないけれど、そういう先生方の仲間になり、子ども達のために必死に頑張りたいという想いが、より強くなりました。社会人になって、志を同じくする友達にたくさん出会えたことも、素敵な財産になりました。
○　大変有意義なセミナーでした。セミナーの皆さんとともに様々なテーマでいろんな角度や視点から教育を考え、自分はいったいどういう教育をしたいのか、教員として子どもとどう向き合っていくのかということを考えることができた期間でした。ひとりでは、学べない貴重なセミナーでした。
○　大学の時に「国語科教育法」という講座がありました。板書、声の大きさ、レジュメの作り方、話す間合など実際に教科書を使用し、みんなの前で（30分以上）授業をしてみて、受講生同士や教授から批判・指導を受けるというものでした。現場に入ったことも無く、勉強から離れて長い社会人（ペーパードライバー）を実際に運転できるようにするといったこのセミナーの本来のコンセプトに対して、私が個人的に一番期待していたものは、こういったタイプの授業だったので、少し残念でした。

○　このセミナーは、小学校教員を希望する人を主な対象としたものだと伺いましたが、実際は、ほとんどの方が、中学校教員を希望されていて、また、講師経験をされている方が多く、セミナーに参加されている間も講師をしながらという方もいらっしゃって、最初は戸惑いを感じました。が、そういった中で、私のような講師経験もなく家事専業者にとっては、いろんな意味でとても刺激を受けました。また、様々な講座を受けることができ先生方から多くのことを学びました。ただ、私のような経験不足の者にとって、実際、指導するに当たっての教授技術や教科指導について、もっと実践的なものを学習したかったと、物足りなさを感じました。

お わ り に

　本セミナーでは、本学の持っている教員養成に関わる教育力を大学卒業後も教員になるという"夢"を失わず、機会があれば再度挑戦したいという希望を強く持っていた30歳台から40歳台の社会人のために提供することができた。
　内容については、受講生が学生時代に学んだ内容の繰り返しではなく、できるだけ、今の学校現場で求められている教育課題に対応できる講座となるよう配慮した。さらに、受講生にとっては、難関である教員採用選考試験を突破するため、一般教養や教職教養などの知識・理解を深めるとともに、集団面接や個人面接などへの対応も必要であることから、受講生の希望も伺いながら、いわゆる、教員になるための受験予備校的な内容もわずかであるが折り込んだ。
　このセミナーの成果は、受講生に学長名の修了証書や履修証明書を発行しただけで終わるものでは決してない。正教員となって、学校現場で勤務してこそ、このセミナーを実施した成果があったと言える。その意味では、1期生の受講生においては、32名中、9名の受講生が、2期生については、1名の方が、平成22年4月段階で、公立の小学校・中学校・高等学校において正教員として勤務されている。このことから、全体からみればわずかかも知れないが、10名という教員採用選考試験の合格者を輩出できたことは、受講生の"夢"の実現に少しでも貢献できたのではないかと自負しているところである。
　今後は、教壇に立って活躍されている受講生には、ぜひ、社会人としての豊富

な経験と今の学校現場で教師に求められている"子ども理解力"や"コミュニケーション力"・"教科指導力"などセミナーで提供した教職に関する新しい知識をいかして、ミドル・リーダー的な働きをされることを切望するとともに、将来的には、管理職等の学校経営にも携われる人材になってくれることを大いに期待したい。また、教員採用選考試験合格をめざして努力しておられるセミナー受講生には、教師になる"夢"をあきらめず、その実現に向けた学びを今後も継続してもらうことを願っている。

第7節　子ども対象の大学開放事業
―大学生が企画する公開セミナーの取組―

はじめに

近年、子どもを対象とした開放事業を実施する大学は多い。

ここで言う「子ども」には、未就学児から高校生まで、大学入学前の幅広い年齢層が含まれている。「子ども向け開放事業」は、受験生獲得を視野に入れた高校生対象のオープン・キャンパスや公開授業[19]のみを指しているのではない。

筆者が勤める香川大学も例外ではなく、生涯学習教育研究センターで実施される公開講座・公開セミナー[20]のうち1～2割は子どもを対象とするものであるし、その他にも、博物館のミュージアム・レクチャー、教育学部の「未来からの留学生」[21]「科学体験フェスティバル」「わくわくコンサート」、工学部を主体とする「かがわ源内ネットワーク」による実験教室・ものづくり教室、等々、様々な部局が事業に取り組んでいる。子ども向け開放事業は今や大学業務の一部となっているのである。そして、これらの事業には多くの大学生・大学院生（以下、大学生）が関与している。

本節では、まず筆者が大学生とともに実践している公開セミナーを紹介し、続いて、①なぜ大学は子どもを対象とする開放事業に取り組んでいるのか、②大学生の開放事業への関わり方、の2点について考察してみたい。

1. 大学生が企画する公開セミナー――正課教育と大学開放との連携――

筆者が担当している教育学部社会教育主事特別コース科目の一つ「社会教育課題研究Ⅱ」（前期、2単位）では「大学開放」をテーマとして取り上げ、授業の最終ゴールとして小学生の夏休み期間中に受講生たちが講師となって講座を行うこととしている。この講座は筆者が所属する生涯学習教育研究センターの公開セミナーとして位置づけ、講座開設にかかる諸費用（材料費、会場までの交通費、等）については同センターが負担し、受講申込みの受付もセンターの事務職員が担当している。

授業は前半（4～5月）で大学開放の歴史に関する講義、香川大学や他大学で行われている大学開放事業の事例研究を行い、後半（6～7月）で講座の企画・準備を行っている。履修人数は毎年変動するが、平成25年度は教育学部3年生10名が履修し、5名ずつの2グループに分け、香川大学教育学部から徒歩5分

表 4-13　平成25年度公開セミナー概要

タイトル	紫いもでおいし～い科学実験！	みんなで飛ばそうフィルムロケット
日時	平成25（2013）年7月24日（水）13：30～15：30	平成25（2013）年7月31日（水）13：30～15：30
対象	小学校4～6年生、16名	小学校1～6年生、20名
会場	高松市二番丁コミュニティセンター　調理室	三豊市市民交流センター　ホール
内容	紫いもに含まれるアントシアニンは、酸性やアルカリ性になると色が変わる性質を持つ。通常の蒸しケーキを作る材料だけではアルカリ性となるため、カビが生えたような色の蒸しケーキとなってしまう。どうすればきれいな紫色になるか、中和の原理を学ぶ。最後に紫いもの蒸しケーキを作って、全員で食べる。	［低学年］フィルムケースでロケットを作り、発砲入浴剤を使って飛ばす。 ［高学年］フィルムケースでロケットを作り、気化エタノール＋電気（圧電素子により発生）によって起こる爆発力を用いて飛ばす。
広報	大学ホームページ チラシ（香川大学教育学部の近隣小学校へ直接持参）	三豊市広報 チラシ（三豊市教育委員会を通じて市内全小学校へ配布）

の高松市二番丁コミュニティセンターと、大学から1時間以上かかる西讃の三豊市市民交流センターの2つの会場で講座を行うこととした（会場の選定についてのみ、筆者が交渉に当たった）。概要は表4-13のとおりである。

　講座の内容は大学生に自由に決めさせている。平成25年度に実施した講座は、2グループとも、あるメンバーがかつて小学生のときに経験して強く印象に残っている講座を自分でもやってみたい、ということで決まったものである。ただし講座を受けてからはかなりの年数が経っているため記憶が曖昧な部分があり、また、はっきりと記憶していたとしてもより良い方法もあるのではないかということで、具体的な内容・進め方を確定させるまでには何度も試作品づくりを繰り返すこととなった。

　公開セミナーを実施するためには、当日120分間頑張ればよいというものではない。広報期間のことを考えると、遅くとも1か月半前までにはある程度の内容を決めなければならない。子どもたちが興味を惹くようなタイトルも考えなければならないし、チラシのデザインもしなければならない。講座に必要な物品は大学の事務を通して購入するが、注文するモノによっては納入までに時間がかかることがあるため、早めに発注しなければならない。5名ずつ2グループに分かれたが、「紫いもでおいし～い科学実験！」を担当する5名は「みんなで飛ばそうフィルムロケット」の時はそちらのグループ5名を補佐することとなる（逆も同様）。別グループの5名に当日適切に動いてもらうために、事前にお互いの講座内容をしっかり把握しておいてもらわなければならない。

　しかし、大学生にとっては自分たちで講座を企画・実施することは初めての経験であり、当日まで何をすればよいか、どのようなスケジュールで動けばよいか、まったくわかっていない。筆者がタイミングを見て次に何をすればよいかアドバイスをするものの、なかなか大学生の動きは鈍く、叱責することもしばしばであった。

　幸いにして両講座とも定員を上回る申込みがあり、定員を数名ずつ増やしたものの、主に会場キャパシティの関係で何人かはお断りしなければならなかった。当日は子どもたちがとても楽しそうに参加して下さり、本番まで様々な苦労があったものの、結果的には成功といってよいと思われる（図4-5）。

　公開セミナー終了後の大学生のレポートには「率直な感想としては大変だった

図4-5 当日の様子(左:紫いもでおいし〜い科学実験！右:みんなで飛ばそうフィルムロケット)

という気持ちが大きい。企画する段階でなかなか良い案が浮かばず、試行錯誤を重ねた上で紫いもの粉を使った科学実験というテーマを決定したが、そこからの計画や当日の段取りを決めていくのは特に難しかった」「今まで誰かが企画したものに手伝いとして協力したり参加したりしたことは何回かあったが、実際に一から計画を練っていくことはほとんど初めてで、自分たちが主体となって進めるためには非常に多くのことを考えなければならないということを学習した」「講座が終わった後に子どもたちから『楽しかった』と言われたことは非常に嬉しく、自信を持って成功したと言えるのではないかと思う」という感想が述べられている。

2. 子どもと大学—"理科離れ"の衝撃—

ところで、多くの大学で子ども対象の開放事業を実施するようになったのは、それほど古いことではなく、せいぜい1990年代に入ってからのことである。

第2章第2節で述べたように、大正期の文部省主催成人教育講座は名称から明らかなように対象は成人であったし、戦後アメリカ教育使節団の報告書も、成人教育の文脈で公開講座の有用性を述べるものであった。社会教育審議会答申「大学開放の促進について」(昭和39年)も、同「急激な社会構造の変化に対処する社会教育のあり方」(昭和46年)も、いずれも大学開放の成人教育に果たす役割の重要性を謳っている。そもそも大学は成人教育機関として期待されていたのである。

とはいえ、学校教育法第107条に規定された大学公開講座について「どのような内容のものが本条にいう「公開講座」に該当するかは今のところ明らかにされていない」[22]という状況であり、公開講座を含む大学開放事業の対象は成人であると定められているわけでも、子どもが除外されているわけでもない。

実際にいつ頃から大学が子どもを対象とした講座を実施し始めたのか、正確なことはわからない。昭和48（1973）年3月刊行の文部省社会教育局『大学開放講座の現状』に掲載されている講座（国公立大学：43大学75講座、私立大学：108大学259講座）には、子ども対象と思われるものは一つもないが[23]、文部省編『我が国の文教施策』（昭和63年度）掲載の「昭和61年度大学公開講座の開設状況」には、国公私立大学で開設された2,511講座のうち、子どもを対象とした講座が57講座（2.3％）、親子を対象とした講座が26講座（1.0％）ある。子ども向けの公開講座はわずかながらも実施されていることがわかるが、比率は非常に低い[24]。

では、なぜ近年多くの大学が積極的に子どもと関わるようになったのであろうか。

大学が開放事業の対象として本格的に子どもに着目するようになったのは、1990年代中頃から盛んに報じられるようになった「理科離れ」が主たる原因と思われる。

「理科離れ」「科学離れ」「理工系離れ」で朝日新聞の記事を検索すると、平成元（1989）年に初出、平成6（1994）年から頻出するようになる。同年4月12日に日本物理学会、応用物理学会、日本物理教育学会の3つの学会が、小中高における理科の授業時間削減等を批判する共同声明を発表すると、以後「理科離れ」の現状およびその対策が盛んに論じられるようになったのである。

特に強い危機感を感じていたのは理工系の大学教員たちだった。子どもの頃から科学に親しむための機会を自ら提供しようと、平成6年夏には、国立オリンピック記念青少年総合センターで4泊5日の科学教室（中学生80名）が開催され、大学の講師、助手らによる実験や、東京大学生産技術研究所の見学、有馬朗人・理化学研究所理事長（当時）の講義などが行われた。他にも、早稲田大学の「ユニラブ～小中学生のための科学実験教室～」（昭和63年から実施）、工学院大学の「わくわくサイエンス祭：理科教室」（平成6年から実施）など、大学にお

ける子ども対象の事業が注目を集めるようになった。

　法制化も進む。平成7（1995）年には科学技術基本法が制定され「国は、青少年をはじめ広く国民があらゆる機会を通じて科学技術に対する理解と関心を深めることができるよう、学校教育及び社会教育における科学技術に関する学習の振興並びに科学技術に関する啓発及び知識の普及に必要な施策を講ずるものとする」（第19条）と定められた。さらに翌平成8（1996）年には、同法の規定に基づき科学技術基本計画（5年計画、第一期）が閣議決定され、科学技術に親しむ多様な機会の提供として「青少年を中心として国民の科学技術に対する興味・関心を高めるため、大学、高等専門学校、国立試験研究機関等に高校生等を受け入れる体験事業、小・中・高等学校等での大学教員・研究者による講演や実験の実演等を推進する」ことが謳われた[25]。

　「全国子どもプラン（緊急3か年戦略）」（平成11～13年度）、「新子どもプラン」（平成14～16年度）等の子ども対象の取組に対する国の補助事業も、大学や大学共同利用機関等の教育・研究機能に子どもたちが直接触れる機会を提供することを後押しした。平成17（2005）年度からは、科学研究費補助金を受けた研究の成果を社会に還元することをめざして、日本学術振興会が各大学に委託して行う「小・中・高のためのプログラム：ひらめき☆ときめきサイエンス～ようこそ大学の研究室へ～」が実施されるようになり、また、平成18（2006）年度からは科学技術振興機構（JST）の「サイエンス・パートナーシップ・プロジェクト」（SPP）により、学校等と大学・科学館等とが連携し、科学技術、理科・数学に関する観察、実験、実習等の体験的・問題解決的な学習活動を実施している。

　このような状況を受けて、大学が主体となり、夏休みを中心に子ども向けの学習機会の提供が幅広く行われるようになっているのである。

3. 大学開放を担う主体─大学生の活用─

　これらの子ども向け講座で指導をするのは、大学教員とは限らない。大学生が力を発揮している例も多い。

　そもそも、大学開放は誰が担うべきだろうか[26]。

教育機会を提供する役割を担うのが教員である以上、教員が主体となるのは当然のことである。しかし、事業の目的が「最先端の学問を主に成人に対して提供する」のではなく「子どもたちに科学の楽しさを体験させる」ような場合、教員は主体ではなく、むしろコーディネーター役となって、大学生が主たる担い手となることが効果的な場合もある。

大学開放について語るとき、教員の教育・研究に次ぐ第3の役割と考えてしまいがちである。しかし、大学生を大学の「お客様」と捉えるのではなく「構成員」として見るならば、「大学生による開放事業」という視点を持つことができる。

大学の正史の中で、大学開放を「大学主催」と「学生主催」に分けて論じているのは、管見の限り『東洋大学百年史』の大正〜昭和初期に関する記述のみである[27]。戦前は進学率が低く、大学生が「知的エリート層」であったため、当時の大学生は学問を一般市民に伝える「スポークスマン」あるいは「インタープリター」の役割を積極的に担っていた。

わが国の大学教育が、トロウの言うところのエリート型からマス型を経て、ユニバーサル型へと移行している現在[28]、大学生を必ずしも知的エリート層と呼ぶことはできず、戦前と同じ役割を期待するわけにはいかないだろう。しかし「大学生による開放事業」が成立しないというわけではない。大学生は教員の補助的役割を担うだけでなく、本節冒頭で紹介した例のように自ら事業を企画・実施する場合もある。サークル活動等の課外活動を通して子どもたちとの積極的な関わりを持っている大学生も存在する[29]。

平成7（1995）年の阪神・淡路大震災を契機に、大学生のボランティア活動への関心が高まったとはいえ、すべての学生が積極的に行動できているわけではない。香川大学では学生支援GP（平成20-23年度）や就業力育成支援GP（平成22-23年度）の採択以降、大学生の地域貢献力の育成に一層力を注ぐようになっている。教職員からの働きかけがなくとも自発的積極的に行動できる学生がいる一方で、地域貢献といっても教員に促されて出かけるボランティア以外「何をどうやったらいいのかわからない」という学生が多いのも現状である。地域とのつながりを持っていない学生が、いきなり現場に入って何かをするということは、余程の行動力の持ち主でもない限り難しい。だからこそ、大学の既存の開放事業に大学生を関わらせること、大学の正課・正課外教育と大学開放を担っているセ

クターとの連携を進めることが、有効なのではないだろうか。

　大学は大学生に対する教育の場である。その観点で見れば、大学生は子ども対象の事業を実施することによって「実践を通しての学び」をしている、ということができる。「教えることは学ぶこと（To teach is to learn）」という姿勢は、教員だけでなく大学生にも当てはまる。教員を目指す学生は言うまでもないが、どのような学生であっても、自らの学ぶ学問を子どもたちに教えることによって、改めて学問とは何かについて考える契機となるだろう。あるいは、将来、コミュニティの一員として、子ども会などの団体活動を通して地域の子どもと関わることもあるだろう。開放事業を「大学生の教育の場として活用する」という視点で検討してみることも必要である[30]。

　大学開放において、大学生をより活用することができれば、事業の幅が一層広がり、地域の子どもたちに対して多様な学習の場を提供できるようになることは間違いない。

注

1) 札幌市『新札幌市史』第5巻通史5〔上〕、816頁
2) 札幌市『新札幌市史』第5巻通史5〔上〕、816頁
3) 『札幌市生涯学習推進構想』（札幌市編集　札幌市教育委員会社会教育部、1995年4月）
4) 『札幌市生涯学習推進構想』（札幌市編集　札幌市教育委員会社会教育部、1995年4月）64～65頁
5) 『札幌市生涯学習推進構想』（札幌市編集　札幌市教育委員会社会教育部1995年4月）50頁
6) 北海道大学高等教育機能開発総合センター『札幌市の生涯学習と〈さっぽろ市民カレッジ〉』1997年
7) 岩手大学におけるこれまでの「大学開放」事業については次の文献を参照。藤田公仁子「地域生涯学習の展開と大学開放」（『大阪教育大学教育実践研究第3号』、2009年。
8) 「エコミュージアム」については、基本的には「生活・環境」に基礎づけられたものとして捉えている。岩手大学の場合、本館の他いくつかの施設・植物園などをネットワーク化する（丸ごとミュージアム）構想の下にミュージアムが設立されており、エコミュージアムとしての性格をもつものと考える。なお、エコミュージアムについては、次の文献に学ぶところが多い。新井重三『実践エコミュージアム入門—21世紀のまちおこし—』牧野出版、1995年。
9) 『地域における生涯大学システムに関する研究開発』滋賀大学生涯学習教育研究センター、1996年、p.45
10) 住岡英毅、梅田修、神部純一『地域で創る学びのシステム—淡海生涯カレッジの挑戦—』

ミネルヴァ書房、2009 年、p.28
11) 同上書、pp.116-122
12) 淡海生涯カレッジ 10 周年記念事業実行委員会・滋賀大学生涯学習教育研究センター『淡海生涯カレッジの挑戦―学びと生かしの創造、10 年の軌跡―』2006 年、p.59
13) 神部純一「大学による独自の資格認定システムの可能性―滋賀大学「環境学習支援士」養成プログラムの取り組み―」日本学生支援機構編『大学と学生（6 月号）』時評社、2008 年、p.23
14) 日本教育大学協会編『「教育支援人材」育成ハンドブック』クラルテ、2010 年、p.64
15) 『「環境学習支援士」養成プログラムの成果』滋賀大学生涯学習教育研究センター、2011 年、pp.13-14
16) 神部純一「大学による人材認証の可能性―滋賀大学「環境学習支援士」資格はどう生かされているのか―」『日本生涯教育学会論集 34』2013 年、pp.33-42 を参照
17) 「教職教育研究センター地域連携部門」となったのは 2012 年度から。
18) 具体的な学習成果を含めたアンケート調査の結果は下記を参照。
    『社会教育施設職員の学び合い講座 2012 年度報告書』大阪教育大学教職教育研究センター、2013 年
19) 香川大学で実施している高校生対象公開授業は、香川県教育委員会と香川大学の協定に基づき実施しているもので、香川県下の高校・高専の生徒に対して、大学教育に触れる機会を提供している。
20) 香川大学生涯学習教育研究センターでは、地域住民を対象とする講座のうち、有料のものを「公開講座」、無料のものを「公開セミナー」として区別している。
21) 毎年 10 月に、地域の小学生やその保護者に香川大学教育学部を体験してもらうイベント。平成 24 年度は「おもしろ算数・数学教室：図形の変身！」「幸町こども論語塾」「太陽黒点を観察しよう」など 33 講座。無料。
22) 鈴木勲『逐条学校教育法：第七次改訂版』学陽書房、2009 年、p.922
23) 中には対象が明確に記載されていない講座もあり、それについては内容から推測するしかないが、子ども対象と思われるものは見当たらない。
24) 香川大学大学教育開放センター（現生涯学習教育研究センター）は、設立当初の昭和 53（1978）年から夏休み期間中に「子供水泳教室」を実施していたが、これなどは初期の事例の一つだろう。
25) 現在（平成 25 年 12 月）は科学技術基本計画（第四期）の期間中であるが、基本方針に変更はない。
26) 「誰が大学開放を享受しているか」に比べ、「誰が大学開放を担当しているか」については、注目を集めることが少ないように思われる。英国の事例になるが、安原義仁による先行研究はその点で興味深い。19 世紀末から 20 世紀初頭にかけて、オックスフォード大学の大学拡張講義（地方巡回講義）を担当していたのは、大学に正規のポストを得ている者ではなく、多

くは大学で学位を取得したばかりの若者、大学教師・研究者予備軍であったという。安原義仁「大学拡張講義の講師たち―前世紀転換期オックスフォードの旅する教師―」松塚俊三・安原義仁編『国家・共同体・教師の戦略―教師の比較社会史―』昭和堂、2006年、pp.313-335。

27) 東洋大学創立百年史編纂委員会・東洋大学井上円了記念学術センター編『東洋大学百年史：通史編Ⅰ』（1993年）の第6章第2節「東洋大学の大学開放活動」の項参照（pp.884-897）。大正〜昭和初期の東洋大学では、大学主催の夏期大学・講演会のほか、学生の活動としての夏期大学・講演会、臨海学校なども開催されていた。東洋大学に限らず、当時の高等教育機関の学生たちが各地で実施した講演会は、教員の行うものに劣らず盛況だった。山本珠美「学生の社会貢献に関する一考察―大正末期における巡回講演の事例から―」『生涯学習・社会教育研究ジャーナル』第6号、2013年（pp.1-21）も参照されたい。

28) マーチン・トロウ（天野郁夫、喜多村和之訳）『高学歴社会の大学：エリートからマスへ』東京大学出版会、1976年。

29) 香川大学教育・学生支援機構編『大学と地域社会とのつながりに関する実態調査報告書』2011年。

30) 山本珠美「学生主体の地域貢献〜香川大学博物館におけるミュージアム・レクチャーの取組〜」『香川大学生涯学習教育研究センター研究報告』17号、2012年、pp.31-46。

第5章

大学開放を通じた学び

第1節　公開講座における受講者の学び

はじめに

　大学開放事業の中核はこれまで伝統的に公開講座であったが、その内容は「専門・職業」「現代的課題」「一般教養」「語学」「趣味」など多様で、また各講座の目的や対象も異なり、その結果、学びの質も変わってくると考えられる。そのため、大学公開講座における受講者の学びはこういうものだとは言いにくい状況にある。

　また公開講座の受講者調査も満足度や今後希望する内容等に関する調査は数多く見られるが、社会教育施設において様々な学習機会が存在する中、大学が行う講座では、どういった学びが生じているのかに焦点を当てた調査研究の蓄積は、実際には少ないというのが現状である。

　ただその中で徳島大学や大阪教育大学では、量的のみならず質的な受講者調査が行われている。そこでそれらの調査から、大学公開講座における受講者の学びの一端を見ていくこととする。

1. 徳島大学における受講者調査

　徳島大学大学開放実践センターでは、1991年度の開設科目のうち、「出張公開講座」「在留外国人のための日本語講座」を除く32の科目受講者748人を対象に、

「公開講座受講者アンケート調査」を実施している[1]。調査は郵送法で実施され、回収数は508、回収率は67.9％であった。

表5-1にあるとおり、32の科目のうち、圧倒的多数の26は「知識・教養系」で、人文、教育・心理、社会科学、自然科学、医療など様々な分野から構成されている。その他は「趣味・スポーツ系」「職業・技能系」がそれぞれ3ずつで、どの科目も開設回数は10回となっている。また回答者の属性は女性が約7割（69.7％）で多数を占め、年齢は40代が26％と最多であったが、60代が24.4％で続いており、70代以上を合わせると、60歳以上は35.2％と3分の1以上を占めた。学歴については、「大学・大学院」が28.3％、「短大・高専・旧制高校」が33.5％と高等教育修了者が6割を超えており、比較的高学歴となっている。

調査では、受講した科目ごとに受講してどのような成果があったと思うかを尋ねている。具体的には15の評価項目を設定し、それぞれについて「とてもそう思う」から「ぜんぜんそう思わない」の5段階評価で回答を求め、それに5～1を与えて項目ごとの得点を算出している。全体で最も値の大きかった項目は、表5-2に示したとおり、「学ぶことの楽しさが味わえた」で4.08、続いて「ものの見方、考え方が深まった」「未知のことがらに目が開かれた」がそれぞれ3.95、3.82と高くなっている。調査を実施した藤岡はさらに因子分析（主因子法）を行い、これら15項目から「認識」「交流」「解放」「喜び」「健康」の5つの因子を抽出している。その中で、各因子を構成する項目の得点の平均値が高かったのが、「喜び」と「認識」で、それぞれ値は3.88と3.71となっており、ここには示していないが、「知識・教養系」ではどちらの因子においてもすべての項目の得点は3.50以上と特に高かった。

また藤岡は1998年度に過去5年間で4年以上受講した者を固定層と位置づけ、そのうちの13人を対象に、公開講座から得たものなどを尋ねるインタビュー調査を実施している[2]。情報提供者は女性7名、男性6名で、年齢は最年少47歳最高齢92歳で3名を除けば、皆65歳以上という比較的高齢なグループとなっている（表5-3）。

彼（女）らは学習が生活の一部になっている「学習志向型」の人々で、公開講座の受講によって、様々なものを得ている。その第1は学習による精神的な充実である。59歳の女性Ａは「なにかひとつ挑戦したり覚えたりしたときの快感」

表 5-1　徳島大学 1991 年度公開講座の受講科目と受講者数

	科　目	延べ受講者数
	知識・教養系	
1	西洋美術の歩み	21
2	夏目漱石を読む	25
3	生きること、死ぬこと	49
4	楽しい考古学	39
5	比較文学	16
6	フランス―人と言葉―	18
7	英国の文化と文学Ⅰ・Ⅱ	45
8	中国語入門Ⅰ・Ⅱ	33
9	心理学トピックス	23
10	不安とストレス	17
11	遊びの中で育つ子どもたち	15
12	メディアの教育学	6
13	子どもの人権と教育問題	5
14	日本国憲法を読む	21
15	企業のグローバル化と世界経済	7
16	地域の経済と住民の役割	12
17	福祉と医療の経済学	19
18	くらしと微生物	10
19	アレルギーの病気	33
20	疫学のはなし	33
21	薬よもやま話	38
22	家庭で知っておきたい応急処置	15
23	物質の究極を探る	16
24	環境放射能	9
25	自然・環境・社会と工学	4
26	日常生活における人間工学	38
	趣味・スポーツ系	
27	テニスを楽しもうⅠ・Ⅱ	32
28	たのしい女声コーラスⅠ・Ⅱ	55
29	楽しみながら学ぶ書道	34
	職業・技能系	
30	看護理論の最先端	43
31	はじめてのパソコン	22
32	パソコン講座Ⅰ・Ⅱ	17
	合計	567

表 5-2　徳島大学 1991 年度公開講座の受講成果―5 段階評価得点―

因子名 (得点の平均値)	項目	得点 (標準偏差)
認識 (3.71)	1. ものの見方、考え方が深まった	3.95 (.93)
	2. 実際に役立つ知識・技能が得られた	3.75 (.98)
	3. 高度な学問的知識が学べた	3.67 (.94)
	4. 未知のことがらに目が開かれた	3.82 (.92)
	5. 客観的・批判的な見方を学んだ	3.37 (1.03)
健康 (2.79)	6. 健康・体力づくりに役立った	2.79 (1.29)
喜び (3.88)	7. 心が豊かになった	3.79 (1.02)
	8. 学ぶことの楽しさが味わえた	4.08 (.94)
	9. 向上していくことのよろこびを感じた	3.77 (.96)
解放 (3.21)	10. 息抜きやストレスの解消になった	3.26 (1.15)
	11. 有益な時間つぶしになった	3.15 (1.28)
交流 (3.22)	12. 新しい友達ができてよかった	2.92 (1.21)
	13. 講師と知り合えてよかった	3.66 (1.13)
	14. 大学の雰囲気を味わえた	3.29 (1.11)
	15. 生きていく心の支えを得た	3.01 (1.13)

表 5-3　徳島大学インタビュー調査対象者の属性

		性別	年齢	学歴
1	A	女性	59	高校卒
2	B	女性	62	大学卒
3	C	男性	73	旧制専門学校卒
4	D	男性	67	旧制中学卒
5	E	男性	92	実業学校卒
6	F	男性	65	大学卒
7	G	女性	66	大学卒
8	H	女性	77	旧制高等女学校卒
9	I	男性	69	旧制専門学校卒
10	J	女性	66	高校卒
11	K	男性	81	旧制中学卒
12	L	女性	67	高校卒
13	M	女性	47	短期大学卒

という言葉でその気持ちを表現しており、67歳の男性Dも「今日も一つ新しいこと、知らないことを学び得ることができた。この充実感はまこと爽やかなものがある」と述べている。

さらに「学ぶとは私の生きがい（E）」「老人とよばれる年代になることにより、一見無駄とも見えるような、何の得にもならないことに精出して取り組むことができる。これこそ大きなよろこびです。生きている証しのように思えます（G）」と喜び、生きがいという言葉で、精神的充実を言い表している者もいる。

第2に、Dが「知らないことのあまりにも多い自分に気付き、学ぶことにより変化していく自分や、次の学習への意欲の湧いてくる自分に驚くことがある。自分の再発見は学ぶことの魅力の一つである」と述べているように、自分を再発見できることも講座受講によって、得たものの1つとして挙げられている。

続いて第3として、体系的に一層高度なレベルにまで到達できるということがある。

　（E）公開講座は10回なら10回、90分ずっと聞きますと毎回内容が充実していますね。1回こっきりで、1時間なら1時間で終わるというふうなのとは違いますでしょう。今日の講義が前の講義につながっておりますし、また次の講座へとつながりますからね。ずっと流れに乗ってますから…それで教え惜しみがない。例えば医学的なことでも学生の講義資料をそのままお持ち下さって…

徳島大学の公開講座は10回、同一の教員が連続講座を行うため、系統的、体系的に講義が進められ、より高度な部分まで学ぶことができるという点をEは指摘しており、藤岡もそれを受けて、大学公開講座の魅力は提供される内容の専門性の高さにあるとしている。

　（M）自分の頭の中にある常識をくずして、発想を変え、視点を変えると今まで見えてこなかったものが見えたり、考えられなかったものがすっと頭の中にすべり込んできたりする。…この作業、視点を変えたり、発想を変えるということが、日常生活に広がりをもたらしてくれる

またMは上記のように、新しい視点・発想を公開講座で学んでいるが、日常性から離脱した新しい視点を提供できるのは、まさに「知の集積体」である大学だからこそと藤岡も述べている。

その他、成果として考えられるものとして、補償機能がある。情報提供者の大多数は65歳以上で、Gが「若い時にあんまり勉強できていないんです。私の年代は。し残したものがいっぱいなんです」と述べているように、彼（女）らは若い時期が戦争期あるいは戦後の経済的に厳しい時代に重なり、また女性はジェンダー意識から、思い通り学べなかった世代で、4年制大学への進学率だけでも50％を超えた今、若年期を迎えていたなら、大学に行けていた人々であろう。このように現実には教育到達上の世代間格差が存在しているわけであるが、実際、77歳女性のHは「大学の校庭なんかに行きましたら、私も大学生になってこういうふうにしたかったんだなと…あこがれみたいなのがやっぱし残ってました」と述べており、また母子家庭で大学進学を断念せざるをえなかったAも「形は違っても大学で学べるということは、長年の夢がかなったような気持ちでした」と振り返っている。

2. 大阪教育大学における受講者調査

大阪教育大学では公開講座のうち、10代以下の学生と学校教員向けの講座の受講者を除いた一般市民向け公開講座の成人受講者に焦点を当てた調査が実施されている[3]。ここでの講座は表5-4にあるとおり、11あり、それらはパソコン系、語学系、一般教養系、芸術系、健康・スポーツ系に分類されるものとなっている。調査は受講者に郵送で調査票を送るという形で実施され、回答者は同封の返信用封筒で調査票を返信した。有効回収率は58.8％で、調査票を返信した一般成人受講者233人の属性を見ると、性別では約3分の2の67.4％が女性となっており、年齢層では50代が35.6％と最も多く、60代が21.9％とそれに続き、50歳以上で7割を超えた。

この調査では、公開講座の受講によって受講者が得たものについて問われており、具体的には「高度な知識もしくは技能が得られた」など内面的発達に関わる6項目、「社会や地域のために学んだことを活かせそう」など学習成果の活用可能性に関わる3項目、および「他の受講者と親しくなった」など、フールの活動志向性を参考に[4]、学習内容には直接関係しないが、学習活動に付随する成果に関わる3項目を設定している。そしてそれらについて「全くそう思わない」から

表 5-4　大阪教育大学 2006 年度公開講座の分野別分類一覧（一般成人向け）

	一 般 市 民 向 け 講 座
	パソコン系
1	市民のためのパソコン教室（基礎編 A・B・C・D・番外編）
2	SPSS で学ぶ公衆衛生・健康教育講座（初級編・応用編）
	語学系
3	タイ語講座（A・B・C）
4	ドイツ語入門 度のドイツ語会話
	一般教養系
5	ことば遊びの世界
6	能楽を楽しもう
	芸術系
7	書（春・秋）／書道講座／書道に親しむ
8	美術（陶芸入門・陶芸）
9	美術実技—絵画の表現の基礎—
	健康・スポーツ系
10	楽しいジョギング教室
11	楽しいダイエット教室

「大変そう思う」までの4段階で尋ね、成果として小さいものから順に1点から4点を与え、その平均値を受講者にとっての公開講座受講による成果として、その程度を検討している。

　その結果、図5-1に見られるように、個々の項目では「受講した分野についてもっと学びたくなった」が3.35と最も値が高く、その他、「視野が広がった」「もっと積極的にいろいろなものに参加したくなった」「心が豊かになった」といった特に受講者の内面的発達に関わる項目において比較的値が高くなった。その一方で、学習成果の直接的な活用に関わる項目と学習活動の付随効果に関わる項目では値が低くなっている。

　ただこれらの結果は当然のことながら、講座内容によって差異が見られており（表5-5）、「健康にいい影響があった」は健康・スポーツ系の講座で3.57と著しく高くなっており、「仕事に学んだことを活かせそう」もパソコン系においてのみ、中間値の2.50を超えている。その他、「心が豊かになった」も一般教養系と

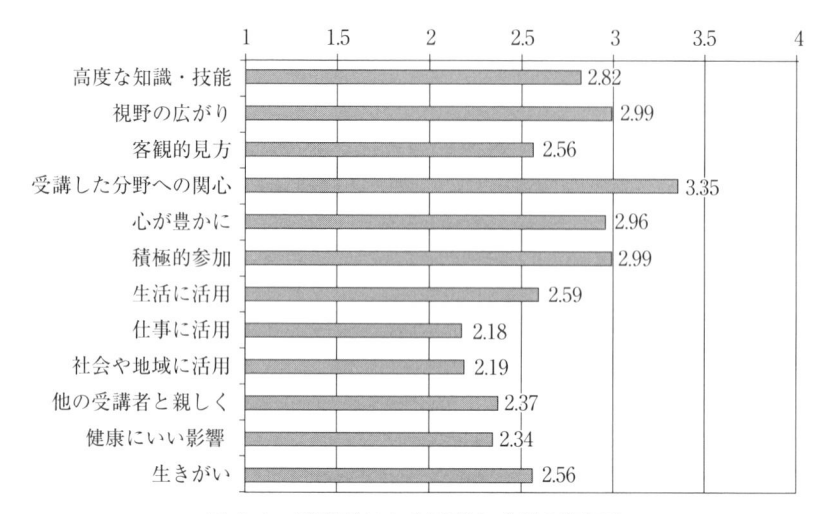

項目	値
高度な知識・技能	2.82
視野の広がり	2.99
客観的見方	2.56
受講した分野への関心	3.35
心が豊かに	2.96
積極的参加	2.99
生活に活用	2.59
仕事に活用	2.18
社会や地域に活用	2.19
他の受講者と親しく	2.37
健康にいい影響	2.34
生きがい	2.56

図5-1　受講者による受講の成果の認知度

芸術系で特に高くなっていた。

　さらに大阪教育大学では翌年の2007年度、公的社会教育施設や民間教育事業者でも行われている語学系、趣味系の講座（タイ語と書道）の受講者のうち、公的な社会教育施設や民間教育施設での講座受講経験を持つ人々を対象に、受講者は受講により、どのようなものを得ているのか、それらは地域の社会教育施設における講座受講と差異はないのかといった点を明らかにするために、インタビュー調査を実施している[5]。ちなみに情報提供者の属性に関しては、表5-6に示すとおりである。

　この調査では前年度のアンケート調査と同様に、当該分野に関する技能が上達したことに加えて、視野が広がった、受講分野への関心が強まった、あるいはもっと学びたくなったといった成果が見られており、受講がきっかけで展覧会に行ったり、検定試験を受けたり、講座終了後も独学で勉強を続けたりといった学習活動の幅の広がりも見られている。

　またEはこれまで土曜は何の予定もなかったが、講座を受講し始めて、勉強のために予定を合わせるという生活となり、行った、通ったという充実感、達成感は非常に大きかったと述べている。その他、子どもの自立後、自身の役割を喪

表 5-5　講座内容別、効果認知上、統計上有意な差の見られた項目とその平均値

	①PC	②語学	③教養	④芸術	⑤健康
高度な知識・技能（N=216）	2.77	2.40	2.74	2.93	2.96
視野の広がり（N=213）	2.75	3.07	3.19	3.07	3.00
心豊か（N=217）	2.40	2.80	3.38	3.24	3.07
他者と交流（N=210）	1.81	3.07	1.93	2.59	3.18
健康（N=207）	1.81	1.71	2.17	2.49	3.57
生きがい（N=214）	2.12	2.40	2.79	2.78	2.85
生活に活用（N=210）	2.62	2.29	2.07	2.71	2.96
仕事に活用（N=209）	2.75	2.00	1.48	2.15	1.85

表 5-6　大阪教育大学インタビュー調査対象者の属性および受講講座、受講歴

	性別	年齢	学歴	受講講座	受講歴
A	男	55	大卒	タイ語A	新規
B	女	46	非大卒	タイ語A	新規
C	女	56	非大卒	タイ語A	新規
D	男	58	大卒	タイ語A	新規
E	男	40	非大卒	タイ語A	再受講
F	女	33	非大卒	タイ語A	新規
G	男	69	大卒	書（秋）	継続
H	女	63	非大卒	書（秋）	継続
I	男	69	非大卒	書（秋）	継続
J	女	50	大卒	書（秋）	継続
K	女	45	非大卒	書（秋）	継続
L	女	57	大卒	書（秋）	新規

失し、3年間精神的に不安定になっていたJや毎日、母親の介護に負われ、自分の人生もこのまま残り少なくなっていくのかと焦燥感に駆られていたHにとっても書道は生きがい、心の支えとなっていた。このように講座は精神的な充実にも大きな役割を果たしていることがわかる。

　公的社会教育施設や民間教育事業者による講座と大学公開講座との相違という点では、受講者は基本的に学ぶということに関しては一緒であり、特に大学公開講座だからといって意識することはなかったとしている。実際、多数が受講料

の安さと交通の便の良さをこれらの講座を選択した理由として挙げており、また多くが受講してみても、特に差は感じなかったと答えている。しかし具体的な発言を見ると、大学が行う講座の特性と思われる点がいくつか垣間見られた。

例えば、Aは他の講座と比べて、受講者のレベルが高いといった旨の発言をしたが、Fも

(F) 見ているとやっぱり勉強したいとか、分らないことがあったら聞くとか、いっぱいいっぱい知りたいというのがものすごく姿勢として伝わってくるんですよね。

と述べているように、他の受講者の学習意欲の高さに大いに刺激を受けている。他にも複数から、他の受講者と接することにより、当該分野に関する情報が得られる、いろいろな話が聴け、視野が広がるといった話が聞かれた。このように、当該分野での知識・技能および学習意欲、学習姿勢といった点で、受講者のレベルが高く、刺激を受けたといった点は今回の調査対象者の学びの一端であった。

その他では、Cは大学キャンパスならではの雰囲気による学習意欲の向上について言及している。

(C) 雰囲気や環境はね、やっぱり違うと思いますよ。大学のキャンパスに行っているという感じで。大学の場合は勉強する身構えがねえ、さあやるぞいう感じになると思いますよ。自分も本当に年齢とか忘れて、大学生になったという感じで楽しいですね。

Cは非大卒者であるが、大学という場、環境に価値を抱いており、そのような場で学習することそのものが他部門との差異であると感じている。

また受講者の中には公開講座の受講を通して、大学そのものに対するイメージが変容した者もいた。非大卒者のEは次のように述べている。

(E) そんなに学校には行っていない人間なので、大学とは雲の上のもののような気がしていましたが、本当の授業ではないですけれども、そういう雰囲気はないなと思いました。大学もいろいろとやっているんだなというような事は思いました。

このように公開講座の受講を通して、エリート的な大学観が変容したり、大学

への心理的距離が縮まったりするといった変化が非大卒者の中に生じていた。

この調査において、受講によって受講者自身が得たものとしては、①学習分野において進歩した、②学習意欲がさらに高まった、③受講をきっかけに学習活動が拡がった・深まった、④生活に張りが出た、生きがいを見出したことが示された。これらは前年度のアンケート調査の結果を裏付けるものであった。

加えて、大学公開講座ならではの特性として考えられるものとしては、①大学ならではの雰囲気や他の受講者の知識・技能レベルおよび学習意欲の高さから刺激を受け、学習意欲が向上する、②特に非大卒者に対して大学への心理的距離を縮小するといった点が見られた。

おわりに

大学公開講座における学びに関する先行研究の蓄積が十分でない中、ここでは数少ないながらも調査が行われた徳島大学と大阪教育大学の結果を紹介したが、講座内容および調査内容もそれぞれ異なっており、かつ文部科学省の分類で見られる「現代的課題」に属する講座がないといった点などがある中で、わずか2大学の結果をもって、大学公開講座における学びはこうであると一般化することはできない。

ただ2大学の結果で共通点も見られたので、このテーマの今後のさらなる研究に向けて、それらについてまとめておくこととする。

「知識・教養系」の講座が圧倒的多数を占めた徳島大学の調査では、「学ぶことの楽しさが味わえた」「ものの見方、考え方が深まった」「未知のことがらに目が開かれた」といった「喜び」や「認識」に関わる項目の値が高くなっていたが、大阪教育大学の調査においても、「視野が広がった」「心が豊かになった」といった項目において比較的高い値を示しており、特に「一般教養系」の講座においてその傾向は顕著であった。インタビュー調査の結果を合わせ考えると、両大学においては、受講分野における向上も含めた知的発達と精神的充実に関わる学びが特に教養系の講座において生じているという共通点が見られた。またインタビュー調査の結果をみると、講座が彼（女）らの生活、人生において非常に重要な位置を占めうるもの、特別な重みを持ちうるものであることがわかる。

しかし、これらの学びは必ずしも大学公開講座だからもたらしえたものとは言えず、例えば、川崎市の市民館における利用者調査においても、「楽しみや気分転換となった」や「学習の面白さがわかった」、あるいは「知識や技術が身についた」「学習の専門性が深まった」といった項目で受講がもたらす効果が高くなっているように[6]、大学外の講座を含めた講座受講といった学習活動全般がもたらすものと思われる。

その一方で、大学ならではの学び、成果と考えられるものも一部垣間見えた。その第1は補償機能である。現在のように、18歳人口の約半数が4年制大学に進学する時代とは異なり、多数の受講者の若年期には進学率は今ほどは高くなく、進学率に世代間の不平等が存在している。成人、特に高齢者の中には、進学したくても経済的事情等で進学できなかった者、あるいはジェンダー意識により、進学できなかった者も多い。そうした者の中には若年期にできなかったことを今行う、あるいは若年期を取り戻すといった意味を持ちつつ、公開講座を受講している者がいる。

また世の中には、大学に進学した経験がなく、大学とは雲の上の存在というように感じ取っている者もいる。しかし、公開講座はそうした者の大学への心理的な距離を縮小する可能性を持っている。第1章で述べたように、日本の高等教育を誰もがいつでも自らの選択により適切に学べる「ユニバーシティ・パーティシペーション」型に転換することが求められており、そのためにはこれまで大学が心理的に縁遠かった人々の心理的な壁を取り払っていく必要があるが、今回の講座は一部の受講者の大学への心理的距離を縮める機能を果たしていた。

その他では、大学のキャンパスで行われることから、キャンパス特有の雰囲気等による学習意欲の刺激といったことも、他部門が模倣できないものであることから、大学ならではの特徴と言えよう。また大阪教育大学の調査でEは「大学の講座なのだから難しいのでは。受講者もみんな大卒で学歴がなかったら、ついていけないのでは」という不安を受講前に持っていたと述べていたが、自身の学習能力や学習経験に自信の無い者の中には大学公開講座の受講を躊躇している者もいると想定される。とするならば、大学公開講座の受講者は大学外の機会の受講者よりも学習に関わる資質・能力においてレベルが高いという可能性は考えられ、そこから波及した学びが生じることもありうる。

ただ徳島大学の調査から見られた、系統的、体系的に講義が進められ、長期にわたってより高度な部分まで学ぶことができるという部分に関しては、公開講座の中には、徳島大学とは異なり、短期のもの、毎回講師が変わるもの、あるいは大阪教育大学のように非常勤講師が担当するものなどがあり、加えて、市町村の市民大学でも、大学教員が講師で、同一教員が比較的長期にわたって講座を行っている例もあることから[7]、一概に大学公開講座における学びの特徴とは言えないであろう。しかし、自治体の財政状況を考えると、そのような本格的な市民大学が今後も存続していくかどうかは不透明で、その一方で、例えば半期15回にわたって、大学の正規授業を公開講座として地域住民に開放する公開授業が拡大してきており、そういった状況を勘案すると、系統性・体系性および専門性の高さは大学公開講座の特徴となっていくとも考えられる。

第2節　大学開放を通しての教員の学び

1. 大学教員と受講生との関係

「大学開放」の含意は幅広い。ここでは成人対象の公開講座に限定して話を進める。公開講座に際して、教員はどのような心持ちで受講生と接しているであろうか。現在の話に入る前に、少し歴史を振り返ってみたい。

明治24（1891）年7月24日、岐阜公園萬松館で学士会通俗学術講談会が開催された時のことである。主に帝国大学の卒業生からなる学士会は、前年、東京で第1回通俗学術講談会を開催、この年は名古屋にて7月21-23日の3日間にわたって第2回を実施した。岐阜へ赴いたのは、岐阜青年友誼会より岐阜でもぜひ実施してほしいとの要請を受けたためである[8]。

登壇したのは、帝国大学教授の外山正一、菊池大麓、緒方正規等、時の学界を率いる錚々たるメンバーである。講談会は粛々と進み、このまま何事もなく終わるかと思われた、その時である。最後の話者、阪谷芳郎は、登壇すると地元紙『濃飛』を取り出し、300名の聴衆の前で激高、そのまま学士会の他のメンバー

ともども会場を立ち去ってしまったのである。『濃飛』には学士会招聘を非難する記事が掲載されており、このことが彼らの逆鱗に触れたのである（ただし、『濃飛』の記事は事実無根であったという）[9]。

当時、各地で行われるようになった学術講談会は、しばしば騒擾を伴う政談演説と異なり静粛に執り行われ、そのことは講談者に対する聴衆の敬意を表していると見なされた。直前に行われた名古屋での講談会に関する記事も「流石は学士博士諸氏の学術講談」と、好意的なものばかりである。学士会メンバーからすると、世間が自分たちを高く評価するのは当然だ、という気分があったであろう。とはいえ、現在の感覚からすると、事実と異なる記事を書いた記者に抗議するのではなく、無関係な岐阜の聴衆を怒鳴りつけ、しかも講談会を途中で切り上げてしまうなど、なんと尊大な態度であろうか。

明治時代、最先端の学問は海外から学ぶものであり、先端知識で「武装」した当時の大学教員たちは、施しとして知識を人々に与えていた。それが啓蒙的な観点に基づく通俗学術講談会であった。そこには「人々（＝聴衆）から学ぶ」という視点は皆無である。

翻って現在はどうか。学問のあり方が変わり、「ローカルな知」が注目されるようになっている。理論と現実との乖離も指摘されて久しい。何のための学問かが問われる場面も少なくない。さらに、高学歴化と同時に高齢化が進み、専門以外の点では（時には専門においても）教員よりも知識・経験の豊富な受講生を相手に講座をしなければならないこともある。「教員が人々に教える」のみならず「教員が人々から学ぶ」という視点は、このような状況から出るべくして出たものと言えよう。

2.「教員の学び」という視点

（1）「教育」認識の変容 —学習主体としての教員—

大学教育に限らず、教育はもはや教員から生徒・学生への一方的な「知識の注入」としてのみ捉えられるものではない。「今、学校、先生に問われていることは、教えるという一方的な行為によって成り立ってきた教育そのもの、学びそのものをつくりかえ、新たな関係を創造していくことである」[10]「教科書に象徴さ

れる知識を教えるという明治以来の先生のあり方をさらりと捨てると、生徒とともに学ぶ自分に出会うことができる」[11]と言われているとおり、教員と生徒・学生は「ともに学ぶ」のであり、授業は「いっしょに創っていく」ものであるとの認識に変容しつつある。

公開講座も例外ではない。公開講座が語られる際、地域住民の生涯学習を大学が支援するという「大学＝支援者」「地域住民＝被支援者」という図式で語られがちである。もちろん、教員から受講生への「知識の注入」がまったくなくなったわけではないものの、「教えることは学ぶこと」であり、公開講座を通じて教員もまた学ぶ。そのことがひいては教員の教育・研究活動に良い刺激となっている。

公開講座を担当する教員に関する研究としては、大学開放全般（公開講座をその一部に含む）に対する教員意識を問う小池らの研究[12]がある。大学教員は、大学が開放事業を積極的に推進することには賛意を示すものの、いざ自分が関わるとなると消極的な態度に転じがちであり、教育・研究という大学の伝統的 2 機能に比べ大学開放に生きがいを感じる割合は低い。しかし、純粋科学者を自認する教員（物理学、歴史学、等）と応用科学者である教員（機械工学、教育学、等）を比べると、後者の方が大学開放を含む多方面に生きがいを感じる傾向が見られる。そして、大学開放のメリットとして「地域社会への貢献」に続いて「教育や指導面の効果」「自己の研究への刺激」が挙げられ、とりわけ応用科学者においては大学開放は伝統的な教育・研究機能との軋轢が生じにくいばかりか、むしろそれらを促進する効用を持つと考えられていることを、明らかにしている。

このような先行研究によって、公開講座を含む大学開放が、専門領域によっては、教育・研究へプラスの効果を及ぼす場合もあるという教員自身の認識が明らかにされてきた。とはいえ、公開講座という教育・学習活動が生起する場に着目して、その場における教員の学びがいかなるものであるかについて、（経験的に語られることはあったにせよ）真正面から論じられたことはあったであろうか。

（2）公開講座の教員に与える影響

ここで香川大学公開講座を担当した教員の感想[13]から、公開講座における教員と受講生との関係性、公開講座を担当することによる教員の学びについて、考察してみよう。

(2)-1　自分の勉強になる
① 教えるために学ぶ
　自由記述の感想文であるため内容は人それぞれであるが、教える立場ではあるものの学んだのはむしろ自分であった、という感想がしばしば見られる。

　　講義は皆さん熱心に参加下さり、また議論沸騰で予定の時間を超過することしばしばでした。教えることは学ぶことだと申しますが、私自身にとってもたいへん勉強になった7回の授業でした。

　　萬葉仮名の用法や表記から表現に至るまで、細かい質問が多く出た。熱心に話しを聞いてくださるので、こちらも緊張する2時間であった。講義時間内には解答できず、「来週までに調べてまいります。」という宿題が残ったことも度々であった。次回の講義までの1週間、索引や注釈書が役に立たない場合もあり、日本書紀や古事記を1頁ずつめくり字面を追って言葉を探したりした。時間のかかる作業であり、大変といえば大変であったが、今まで見過ごしがちであった事柄の確認ができるなど、勉強の機会を与えていただいたと感謝している。

　　受講者は10名余りであったが、熱心に受講していただき、貴重な質問も出て私自身よい勉強になり感謝している。

　　毎回、30分ほどは質疑応答の時間に使ったが、答えに窮する質問がたくさん出され、毎週毎週こちらが勉強の連続だった。

　議論あるいは質疑応答の中で、受講者が発した問いに答えられず冷や汗をかいた経験を持つ教員は少なからずいるであろう。そのことが、教員の学びにつながっていることは間違いない。

② 受講生から学ぶ
　しかし、教員の学びは受講者から与えられた宿題と格闘する中で進むばかりではない。受講者から直接教えを受けることもある。以下に2例挙げてみよう。

　　教えることは学ぶこと（To teach is to learn）という諺がある。これは、教えるためには、自らが良く理解していなければならないから、勉強しなければならない、従って、結果として良く学ぶことになるということを、或いは、もっと直接的に教えるという行為は即学ぶという行為であるということを意味しているのであろう。しかし、

講座では、私は別の意味でもこの諺を実感している。**教えるという立場にありながら、実際には受講生の方々から多くを学んでいるのである。**私はなるべく講義という形式をとらず、ワーズワスの詩を中心にして受講生の方々に自由に発言をしてもらうようにしている。世間話から、お喋りでもするような具合にである。**こうしないと私としても大変に損をすることになるからである。**（中略）**講座では受講生の方々の様々な人生経験を伺うことができる。**発言の中で直接そうした経験に触れられなくとも、詩についての感想や解釈の中ににじみ出てくるものである。特に文学に於いては、類似の体験をしていることが作品を理解するうえで重要になってくる。

　今年度の講義で、
　あかねさす日は照らせれどぬばたまの夜渡る月　隠らく惜しも　（巻2・169）
という歌を扱ったことがある。天武・持統両天皇の間に生まれた一人っ子である日並皇子の挽歌である。まず、「あかねさす」は日に冠される枕詞であり、「ぬばたまの」は夜に冠される枕詞であるというお定まりの説明をした。「ぬばたま」は、一般に、あやめ科の多年草「ひおうぎ」の実をいい、その実がまっ黒であるゆえに「夜」「黒髪」等に冠されるといわれている。そんな説明をして講義を終えた。次の週のことである。受講生の方がわざわざ「ぬばたま」を届けてくださった。講義の折に紹介させていただき、まっ黒な実を手にとって、萬葉人が「夜」にかかる枕詞として用いた心を味わわせていただいた。
　私は、植物のことなどまったく不勉強で、萬葉集に出てくる植物も写真でしか見たことのないものが多い。以前にも、「あかねさす紫野行き標野行き…」の歌で名高い「むらさき」をいただき、その根が本当に「紫色」であることに感激したことがある。**前に立って話をさせていただいているのは私であるが、いろいろな経験を積まれ、さまざまな方面に詳しい方々に教えていただくことが多いのである。本講座は、私自身が多くのことを勉強させていただく貴重な時間であると思っている。**

　学部・大学院で学生に教える場合、日本の大学は社会人学生が少ないこともあり、年長者である教員が年少者である学生に対することとなる。若い学生の発する素朴な疑問が物事の本質をつくこともあり、また彼らの新鮮な発想が教員を唸らせることもないではないが、知識も経験も多い教員が無知な学生に教えを講ずるという傾向は否めない。
　一方、公開講座はどうか。受講生の中には60代、70代、80代の方々も多く、大学教員として就職したばかりの30代の教員が、自分の親より年上の受講生に教えるという場合も少なくない。年齢だけの問題ではないが、受講生の方が教員より豊富な知識、経験を持っているのである。所詮、教員はある特定の分野にお

ける専門知識を、大学院等で少しばかり体系的に学んだにすぎない。受講生が教員を育てるのである。

> 私よりも経験や知識の豊富な受講者と直接議論しながら表現の自由の意義と限界について一緒に考えることができたことは、私にとって非常に恵まれた知的環境でした。(中略)私のような駆け出しの研究者の声に真剣にそして最後まで耳を傾け、一緒に議論してくださった受講者の方々のその寛大さと知的好奇心に感服するしだいです。

　公開講座における教員と受講生は、一方的な「教える―教わる」関係ではない。公開講座は、「相対的に入れ替わる場合をも想定しながら、お互いの知識をぶつけ合う場として」[14] 捉えることが必要である。

③　教員としての力量が試される
　育てられるのは若手教員ばかりではない。現在、教員には、知識それ自体はもちろんのこと、教え方の工夫も要求されている。知識・経験で受講生とそこそこ渡り合えるベテラン教員であっても、受講生を惹きつける講座をしなければならないプレッシャーは並大抵のことではない。次の感想にあるように、大学生の場合は「単位」がかかっているため、つまらない授業であっても真面目に出席しつづけるが、公開講座には試験もなければ単位という概念もないので、出席することを強制することができない。講座それ自体の魅力がすべてである。出席者が徐々に減っていくのは落ち込むものである。そういうプレッシャーと戦うことで、教員の「教える能力」が鍛えられる。

> 　担当者にとって一番辛い点は、開放講座に来ていただいている方々を、学生のように単位で縛ることはできないことである。これは実に辛い。センターは権威というものが全く通用しない所である。従って、面白くなければ、次の講座に来ていただけない。シェイクスピアも400年前そんな辛い気持で劇を一つ一つ書いていったのだろうと思うのである。しかしそうした辛い気持も、報われたと感じたのは、シェイクスピアの講座を聞いてくださった数人の方から、生きることが楽になったと聞いて、シェイクスピアが少しでも伝わったのだと感じた時である。

(2)-2 研究が進展する

① 研究成果がまとまる／新たな発見をする／新しい研究に着手する

　大学教員は、教師であると同時に研究者でもある。公開講座の準備や受講生との交流を通して学んだことが研究成果として結実するのであれば、一石二鳥である。あるいは、様々な制約により学部・大学院の講義では扱うことが難しい内容について、公開講座で取り上げることをきっかけに、新たな研究として発展させるということもあり得る。

　　受講者は、厳しい眼を持っている。1回、1回の講義に対する反応は鋭く、時として講義をする側の私が挫折感を抱くこともある。にもかかわらず、確かな手ごたえが存在することに意味を見いだし、努力を傾注しているのである。いい加減に妥協してしまう筆者の性癖を反省させてくれる機会にもなっていることを率直に述べて置きたい。講義する者が、内容を豊かに抱持していない場合には、受講者の問題意識と切り結ぶことはない。以上のような意味において、筆者の研究の浅さを思い知らされ、筆者の生き方を考え直すよい機会になっていることもあり、この公開講座を楽しんでいるのである。昨年実施した宮沢賢治の公開講座も、受講者の指摘・批判によって、少しましな論文に仕上げることができ、2回にわたって講義を受講してもらった方延べ20名もの参加者を得ての花巻・遠野に研修旅行をしたことは、いまもって鮮烈に心にしるしづけられている。

　　九回にわたって、生涯学習教育研究センターで「井上靖の詩の世界」を講じたことにより、井上靖の先祖はどうやら金比羅宮と関係があるらしい、ということをつきとめることができたのは望外の成果であった。

　　今回このような講義を決意した動機は、誤解を招く言い方かもしれないが、学部の講義に飽きたことにある。私の専門は法学部では講義内容が定型化されていない数少ない科目であるが、にもかかわらず、私自身の研究領域からみれば、学部の講義で提供できる内容は限定されざるをえない。新たな知的冒険の試みがこれであった。

② 理論の検証をする

　新しい研究成果を生みだすだけでなく、既存の理論は果たして現実の社会の問題に十分応えるものであるかどうか検証する、すなわち、学問の有効性を問う場として、公開講座を捉える教員もいる。以下の感想は、教育問題を扱った公開講座の担当教員の感想である。

それにしても、この公開講座では、普段の学生相手の授業にない緊張を感じました。この特別な緊張感がどこから来たかといえば、やはり受講された方々がすでに大人の立場から教育と子育てについて経験的によく知っておられるということから来たと思います。20歳前後の学生は、その点ではまだ「何も知らない」のであり、言葉は悪いですが、いくらでも「ごまかせる」相手なのかもしれません。大学の社会への「開放」が言われて久しいですが、<u>社会人への門戸開放によって最も大きな刺激を受け取るのは、この点で、若い学生たちよりむしろ私たち授業提供者の方であろうかと思います。しかも、教育学をはじめ人間学的な学問は、その「正しさ」を自然科学におけるように実験で全部を確かめることはできませんから、他者への、とりわけ実社会で経験を積んだ人達への説得力は、私たちの学問の実り豊かさの何よりの徴表になろうかと思います。</u>それだけに、「先生は私が前々から感じていたことに、言葉による表現を与えて下さいました」という感想に接した時は本当に力づけられますし、逆に、受講者の浮かぬ顔を講義中に見るのは非常に辛いものです。<u>公開講座には、このような学問研究の重要な一部としての講義のあり方を、私たちに想い起こさせる力があります。</u>大学のより一層の「開放」が求められる所以です。

　以上、教員の感想から、教員が公開講座をどのように捉えているか、探ってみた。大学が地域に住む人々の学習を支援するのはもちろんであるが、大学開放の主たる担い手である教員もまた、地域の人々から教育・研究活動を支援されている。

　もっとも、ここに引用したのは匿名アンケートの結果ではなく、記名式の、活字化された文章である。読まれることを意識して「お行儀良く」書いた部分もあろう。また、いずれも教育学部・経済学部・法学部の、いわゆる文系学部の教員ばかりである。「自分の勉強になる」にせよ「研究が進展する」にせよ、小池らの研究で示されたとおり、教員の専門領域によって認識の差があることは容易に想像できる。公開講座でなく、受託研究などの別の形の大学開放の方が、より一層「自分の勉強になる」し「研究が進展する」ことも大いにあり得る。

　にもかかわらず、公開講座が教員の学びの場となっていることは疑いを入れない。「人に教える」ではなく「自ら学ぶ」という姿勢を持つことで、公開講座をより豊かにすることができるということを、担当教員は自覚する必要があろう。

第3節　大学の生涯学習事業を支える職員の学びと主体形成

はじめに

　和歌山市北部に立地する和歌山大学は、1949年教育学部、経済学部の2学部による新制大学として発足した。1987年大阪府と接する丘陵地に移転後、1995年にシステム工学部、2008年国立大学法人化後はじめての新設学部、観光学部が設置された。現在は、教員約300人、職員約200人、学生・大学院生約4,600人を含め、約5,100人から構成されている。

　生涯学習教育研究センター（現在は地域連携・生涯学習センター）は1998年4月に全学的な省令施設として設置された。設置場所は、本部キャンパスから10kmほど離れた市街地にある旧経済学部跡の松下会館で、当時地域からは「大学がまちに戻ってきた」と歓迎と期待を受けてのスタートだった。そして今日まで、大学の知的財産を活用し、地域課題に取り組む自治体や市民事業体・NPOなどと連携、協力しながら、地域発展をめざす生涯学習事業を展開してきた。

　私は、センターが設置された1998年7月に臨時職員（事務補佐員）として採用された。そして10年後、大学内で臨時職員の正規職員登用試験制度が新設され、正規職員となった。その後異動となり、現在は本部キャンパスで勤務している。

　私にとって大学の地域貢献の最前線であるセンターで経験した12年が、大学職員としての仕事の原点である。ここではセンターでの学びを振り返り、大学職員の専門性と求められる能力について考察したい。

1. 生涯学習教育研究センター職員の役割

　採用されて間もなく、当時の山本健慈センター長が私にかけてくれた言葉を忘れない。

　「6時間勤務の事務補佐員という職責だが、その職責に限定せず意欲と希望に

応じて仕事に参加してほしい。ここで働く時間があなたにとって有意義なものとなるように、環境はできるだけ整備する」。

その言葉のとおり、事務補佐員という立場にかかわらず、多くの実践と学びの機会が与えられた。

本センターの職員の仕事は、いわゆる一般的な事務だけではない。教員とともに事業の企画にも参加する。時には事業の主担当になり、企画、講師との折衝、広報、事前準備、当日の司会、総括まで任されることもある。「生涯学習」について知識も専門性も乏しかったが、緊張や失敗を繰り返し、少しずつ人的ネットワークを拡げながら、大学における生涯学習支援という仕事に魅力を感じるようになっていった。

センター勤務10年目の年に、研究年報第6号（2008年3月発行）の実践報告で、センター事務職員の役割について、次の5項目に要約して記述した。

（1）地域住民の切実な声に耳を傾け、地域の学習課題を大学と結びつけ事業化する
（2）学習者が主体的に学ぶことのできる環境、条件を構築する
（3）学びの先につながる地域づくり実践を支援する
（4）異なる立場の者同士が学び合い、育ち合える社会的なつながりの場をつくる
（5）自らが地域とつながり、その学び合いの経験の中で自分磨きと自己変革を楽しむ

本センターでは、教員だけでなく事務職員も大学と地域をつなぐコーディネーターとしての役割を担っている。そして地域の学び合いのプロセスに同伴した結果、自らも学習主体者となり、自己変革を楽しんでいたことに気づかされた。

2. 私の主体形成

(1) 学習主体者自らが創り上げる学び

　大学職員の学びとして印象に残っている事業を、いくつか紹介したい。

　働き出して2年目、文部省（当時）委託事業「青年男女の共同参画事業」に関わることになる。事業のテーマは「自立した女と男のいい関係—ジェンダーフリーへの挑戦—」。

　本事業を計画した当時の専任教員、堀内秀雄氏は、ジェンダー・フリーについての動機づけと問題発見から課題解決のあり方まで若者主体の運営にすることを提案した。そして「わかもの企画委員会」を組織し、講演、パネルディスカッション、分科会、合宿など全5回のセミナーの企画立案、講師との折衝、PR、調査研究、報告書作成までの運営を委ねることとした。そしてセンター専任教員のゼミ生と地域NPO関係者等の勤労青年10名が集まり、当時20代半ばであった私も加わることになった。

　はじめからこのテーマに興味、関心のある者ばかりではなく、会議ではそれぞれが自らの体験を出しながら、事業テーマを学習することからはじまった。

　地域的に見てもまだまだ固定的な男女性別役割分業意識が潜在化し、封建的かつ保守的風土や生活習慣が一部に根強く残っており、年齢、性格、環境も違う若者たちの異なる意見は、学習プロセスを予想以上に苦しいものにした。

　しかし、32回に及んだ会議と5回のセミナーは「悩みながら、苦しみながらのプロセス」だったが、有意義な学びあいと清々しい達成感を参加者全員が共有できた。

　自らが運営に参加することで得た「主体的な学び」と、他者との「共同学習」によって"自分"を深くみつめることのできたこの事業は、「生涯学習」の出発であり、原点となった。

(2) 子育て支援事業のトラブルから学んだ、「大切なこと」

　3年目に経験した事業でのトラブルが今も心に残っている。それは大学の生涯学習事業に携わる私たち職員に、もっとも大切なことを教えてくれた。

和歌山大学、和歌山県立医科大学、高野山大学による3大学共同公開講座「子どもの虐待を責める前に…子育て世代に最善の支援を」を開催したときのことである。3回シリーズで開催したこの事業は、子育て期の女性にも多く参加してもらうため、初めて託児サービスを設けることになった。託児はNPO法人に依頼し、事前に託児を希望する子どもの人数を連絡し、その人数に応じて託児者が派遣された。

　第1回講座に2歳と0歳の子ども2人を連れた女性が受付に訪れた。しかし受講名簿に女性の名前はあるものの、託児名簿に子ども2人の名前はなかった。話を聞くと、まず第2回の講座を申し込んだが、そのあと、第1回、第3回にも参加できるようになり、後日申込をしたと言う。女性は第2回同様託児も受け付けてもらったものと思ったが、スタッフはそれに気づかず、受講のみを受け付けてしまったのだ。1歳までの子どもを託児する場合、子ども1人につき、託児者が1人つかなければならないという託児者側の規則があり、0歳児の子どもを預かるには託児者をもう1人増やさなければならなかった。この原則が頭にあったスタッフは受け付けられないことを女性に伝え、その女性は何も言わず帰っていかれた。その場に居た私も、何かおかしさを感じつつも、どう対応すべきか、判断できなかった。

　そしてその日の夕方、事務室に一枚のFAXが届いた。

> 　本日、そちらの会場に1時間余りかけて行ったにもかかわらず講座を聴くことが出来なかった者です。幼い子どもを2人連れて、1時間あまり車に乗って出かけることがどんなに大変か、それも折り返し帰ることの大変さをわかっていますか？　託児所があるということで、応募しましたが、実際は「こういうものなんだ」ということで勉強になりました。県の広報誌に載せて、参加を募るということは、県下全域から参加者が来るということを理解して、2度と私のような思いをする人が出ないようにしてください。今回の講座を楽しみにしていただけに残念でした。何が「子育て世代に最善の支援を…」なんですか？

　対応に疑問と不安を感じていたものの、このFAXを見て、あらためて事の重大さを痛感した。託児するNPOに連絡し、相談することもせずに女性を帰してしまったこと、私が保育の補助にまわることもできたのではないか…と今も後悔が残る。講座の趣旨とはちがうところに私たちスタッフの意識があることに気づ

かされた。

　この問題を知ったセンター長から、このトラブルからセンタースタッフは何を学ぶか、今後どういう対処があり得るかを考えてみようという提起があり意見交換したが、スタッフ間でも考え方に違いがあり、割り切れなさが残った。主催者である私たち職員が「何のためにこの事業を行うのか」という本来の趣旨や目的を共有できず、規則にとらわれすぎ、目の前のトラブルと向き合えなかった結果だった。

　地域課題の解決のために行うはずの大学の生涯学習事業において、その本質を考えずに携わることの無意味さと危険性を、彼女の抗議によって知った。そして彼女の意見の背後には同じ思いを抱える多くの人々がいることを忘れてはならないと感じた。

（3）受講者との響きあう関係づくり

　本センターは、教員と事務職員と臨時職員、そして和歌山県教育委員会から毎年派遣される長期社会体験研修員（公立学校教師）で構成されている。臨時職員以外の事務スタッフには異動があるため、メンバーは頻繁に入れ替わった。それにより、当時臨時職員だった私も年々事業への関わりが増え、多様な視点からセンターの機能や役割を見つめることができた。

　4年目、「土曜講座」の主担当を任されることになった。「土曜講座」は本センターを地域に定着させるために、設立2年目に開設したセンターの看板講座である。開催は毎月1回（第1土曜日）、講師は本学の教員とその背後にあるネットワークにより構成し、大学の研究を高校生でも興味が持て、専門家でも知的興奮が得られる内容として提供している。

　担当者としての仕事は、講師との折衝、資料づくり、司会、アンケート集計、土曜講座ニュースの発行、そして講師の方に講座PRのためのラジオ出演と、共催団体である地方新聞への講演要旨執筆の依頼、仲介などであった。

　第1回講座の冒頭挨拶において、センター長から担当者として紹介されたが、早速その日のアンケートに1人の受講者から次のような意見が寄せられた。

　「本日の司会はアルバイトの方がなされました。司会の意味、職業へのエチケットからみて少し乱暴なやり方と思いました。」

初めて事業の主担当を任され、緊張していた私にとって、その意見は不安を増幅させた。司会だけでもすぐに正規職員の方に代わってもらいたい思いだった。
　しかし、センター長は「受講される皆さんにも考えていただこう」と、講座後に発行する土曜講座ニュースの中に、寄せられた意見と、「多様な職種で構成している当センターですが、それぞれが意欲的に一体となって市民のみなさんに貢献したい」とのコメントを掲載することにした。その受講者からの返事はなかったものの、その後、ほかの受講者から思った以上の反応が寄せられた。それは司会についてのアドバイスや励ましの言葉など、とても勇気付けられる内容ばかりだった。このことをきっかけに、受講者に不快な思いをさせないよう運営に様々な配慮を心がけるなど、仕事に対する自覚とやりがいが少しずつ芽生え始めた。
　時には講演講師（和歌山大学教員）に対して厳しい意見や質問も寄せられた。土曜講座ニュースには、よい評価だけでなく、理由が書かれているものであれば、批判的なものも掲載するようにした。それらはすべて講師にも伝え、受講者と直接のやりとりをお願いすることもあった。
　様々な受講者の意見を公開することによって、学びが共有され、さらに受講者の学習意欲が高まっていくことを実感した。その後も様々な指摘や要望は寄せられたが、それらがこのセンターに対する暖かい眼差しにも思え、私の中でうれしい気持ちへと変化していった。

3. 大学の新しいミッションと職員に求められる能力

　本センターでは、一方的に学習機会を提供する、いわゆる一般的な公開講座はあまり行っていない。地域の課題を捉える鋭いセンサーと幅広いネットワークを持った2人の専任教員が大学の知的財産と地域課題を結びつけ、解決に向けて学び合うシステムの構築に取り組んでこられた。それは、地域住民のためだけではなく、講師（研究者）も地域とつながることで自身の研究を発展させ、それらに同伴する職員もまた自己変革につながる貴重な学びを得る。3者がそれぞれの立場で地域課題と向き合い、共同学習を行ってきたのだ。
　12年の経験の中で大学における生涯学習支援とは、人と人が関わり合う地域をデザインし、大学と地域が共に学びあう中で地域づくりを推進していくことだ

と学んだ。そして同時に、センターに集う人々が、個人レベルの生きがい学習を超えて、地域社会とかかわり、自己変革していく姿を見るたびに、その学びをつなぐ大学職員の役割の重要性に気づかされた。

　国立大学は2004年に国立大学法人となり、大学職員に求められる役割は複雑化・多様化し、職員の意識も変化してきている。

　全国大学高専教職員組合がまとめたリーフレット「アンケートから見える事務職員の気持ち」（2008年国公立大学・高専・全国共同利用機関事務職員アンケートより54大学15高専2,048人集計）[15]では、多くの大学職員が「事務職員に求められる能力」について、「企画力」（58.4%）、「問題・課題解決能力」（54.4%）、「課題発見、分析能力」（46.2%）と答えている。法人化以前の学生教育や教員研究のサポートだけにとどまらず、大学運営の主体に関わる仕事への関心の高さが伺える。また「事務職員の能力習得に大学に求めること」では、「研修の充実」（26.7%）をトップとし、その後「事務職員同士が自由な意見交換ができる場作り」（23%）、「職員個人の自己啓発への支援」（20.9%）と続いている。法人化により多様な仕事が増え、人員削減で業務も多忙化してはいるが、多くの事務職員は、やりがいのある仕事、能力が十分に活かされる職場環境を求めていることが感じられた。

　私は、大学における生涯学習支援をとおして、地方国立大学の存在意義を感じ、その職員としての仕事にやりがいを見いだすことができた。しかしそれは仕事を個人の能力に任せず、日常の会議などにおいてミッションを共有し、様々な事業への主体的な参画の中で学ぶことのできる環境があったからだろう。多くのトラブルも経験したが、それによって学んだことは大きい。今後大学において多様な仕事を経験するだろうが、管理中心の事務を習得するだけでなく、課題やトラブルに目を背けず、向き合う中で大学運営を発展させる職員の専門性と能力を身につけていきたいと考えている。

　現在和歌山大学は、国立大学法人としての第1期を終え、第2期中期計画「学生・教職協働で地域を支え、地域に支えられる大学」をミッションに掲げ、生涯学習の大学づくりを進めている。振り返れば、センターでの経験は、全国的に見ても「教職協働」の先がけモデルと呼べるかも知れない。今後、生涯学習的理論や実践が学生、地域、大学教職員にとって豊かな学びを育み、新たな大学モデル

となることを期待している。

注
1) 藤岡英雄「公開講座の受講動機と心理的充足に関する考察」『徳島大学大学開放実践センター紀要』第5巻、1994年、pp.21-48。
2) 藤岡英雄「公開講座固定受講者の研究 (2) 公開講座受講者にみる学びのスタイル―ケース・スタディの結果から―」『徳島大学大学開放実践センター紀要』第10巻、1999年、pp.43-66。
3) 出相泰裕「公開講座受講の効用―2006年度公開講座受講者調査から―」『教育実践研究』第1号、2007年、pp.35-44。
4) Houle, C.O. *The Inquiring Mind*. The University of Wisconsin Press, 1961.
5) 出相泰裕「語学系・趣味系公開講座の効用―タイ語・書（秋）講座受講者へのインタビュー調査の結果から―」『教育実践研究』第2号、2008年、pp.41-47。
6) 『市民館利用者の学習実態に関する調査報告書』（財）川崎市生涯学習振興事業団、1993年、pp.27-29。
7) 例えば、大阪府茨木市立生涯学習センターで実施されている「きらめき講座」や羽曳野市で行われている「はびきの市民大学」の一部の講座などは同一の大学教員が長期にわたって、長いものでは30回にわたって、講義が行われている。
8) 正確には学士会は大学とは独立した組織であるため、この講談会は大学が組織的に行う大学開放の事例とは言えない。ただし当時は帝国大学が東京に一校あるのみで、学士会と帝国大学は不即不離の関係にあった。
9) 学士会の立場は『学士会月報』42号（明治24年8月号）掲載の「岐阜紀行」(pp.27-37)が詳しい。一方、『岐阜日日新聞』（明治24年7月26日）は社説「学士怒る（何が故に）」において、『濃飛』の記事が仮に事実であったとしても、学士会に対する僅かな反対も認めないという彼らの態度は子供じみたものであると非難している。
10) 高橋清行「新たな人間関係を創造する」、佐伯胖ほか編『岩波講座現代の教育：危機と改革：授業と学習の転換』岩波書店、1998年、pp.284-285。
11) 同書、p.295。
12) 小池源吾・山田まなみ・佐々木保孝「大学開放と大学教師のエートス」、日本生涯教育学会編『情報化の進展と生涯学習』（日本生涯教育学会年報第21号）2000年、pp.147-164。
13) 平成元年度～平成10年度までの『香川大学生涯学習教育研究センターのあゆみ』には、公開講座を担当した教員の感想が掲載されている（平成11年度以降、本欄は消滅）。データは古いものの、ここに書かれた感想は現在でも共通すると思われる。なお、読み手の煩雑さを避けるため、引用箇所を明記することは避けた。
14) 『香川大学生涯学習教育研究センターのあゆみ』平成3年度、p.54。
15) 『アンケートから見える事務職員の気持ち』全国大学高専教職員組合、2008年8月。

第6章

大学開放の体制
― 組織と教員の視点から ―

　本章では、大学開放における組織と教員の問題を検討する。大学開放が高い機能を発揮するためには、大学開放の取組が組織的な取組として行われることが必要である。大学開放事業が大学における正当かつ重要な取組と認知され、個人としてではなく組織として取組を継続し発展させるように仕組みを整備する必要がある。

　大学開放に関して検討すべきもう一つの課題として大学教員の問題がある。第4章や第5章などを見ても、学生や職員も大学開放事業の担い手となりうる。しかし、やはり基本的には大学教員の理解・参画なくして大学開放は拡がりを持ち得ない。そこで、教員の大学開放への意識についても検討する。

第1節　大学開放における組織の問題

　ここでは、まずなぜ大学開放に組織として取り組む必要があるかを論じた後、大学開放の組織にどのような類型があり、どのような発展段階を経て今日の組織体制が整備されているかを概観し、最後にわが国における大学開放組織の動向について触れる。

1. 大学開放という取組においてなぜ組織の問題が重要であるか

　大学開放のための組織がどのように発展するかを組織の位置づけに注目して検討すると、おおよそ以下のようなプロセスを想定することができる。①教員個

人が独自に大学開放の取組を行っている段階、②もともと存在する学部あるいは全学委員会の所掌事項として実施される段階、③大学開放のための学内共同教育研究施設として大学開放を目的とするセンターが設置される段階、④大学開放を担当する部局が人事権などの重要な決定権限を持ち、学部に準ずる組織と認知される段階、⑤大学開放を目的とする学部が設置される段階、⑥大学開放が複数部局の共通した目的となり、大学全体としてあるいは複数部局共同の取組として大学開放事業が行われる段階、⑥大学開放を行うことを目的として大学が新設される段階。現在は2または3の段階にあると言える。

　大学開放の原初的形態としては、自らの研究成果や教育機能を地域住民に対しても提供すべきという考えを持つ一部の教員によって個人的に取組が行われていた段階を想定することができる。このような段階においては、大学開放の取組を行う必要を主体的に感じている教員のみが取組を行うので、教員の理解度や意欲には問題がないものの、取組は一部の教員にとどまり、提供される学習機会が領域的に限定されたり、取組が教員個人次第であり教員の異動や退職によって継続されなかったりする懸念がある。

　次の段階では、社会貢献や研究成果発信の場として、学部内に置かれた委員会などが大学開放の取組も行い始める。例えば、公開講座委員会という名称の委員会が設置され、学部に所属する各学科などから出身母体を代表する形で委員が派遣される。このような組織が設置されれば、公開講座をはじめとする大学開放の取組について、学部構成員が原則として誰でも機会があれば協力するという体制が整備される。ただし、基本的に生涯学習や大学開放の専門家は委員会の中にいないことが多く、公開講座さらには大学開放の取組全体の戦略を策定したりそれに必要なFD（ファカルティ・ディベロップメント：教員の職能を向上させるための研修）が企画されたりすることは多くない。

　大学開放を推進するセンターが学内共同教育研究施設として設置されると、センターが各学部と関係を持ちながら、大学開放事業の方針決定や事業計画の策定を行い、大学開放事業の戦略に沿って事業を展開していくことが可能になる。しかし、実際には学部よりも小さい組織であるセンターが当該大学の大学開放事業全体をマネジメントすることは容易なことではなく、大学開放の取組の大部分は各学部の公開講座委員会などに一任せざるを得ない状況も存在する。それでも、

大学開放の戦略や方法について専門性を有する専任教員を保有するセンターが設置されれば、大学開放事業の運営（経営）やそれに必要なFDなどにおいてより踏み込んだ取組が可能になることは間違いない。

　④以降の段階には現状ではまだ到達している大学はほとんどないと考えられる。大学開放をより高いレベルで行うためには、大学開放を推進する組織がさらに拡充され、組織の専門性が高められることにより、大学全体が大学開放の取組のためにデザインし直される必要がある。しかし、大学開放を行うためには、大学開放の戦略や事業体系など大学開放の「方法」に関する部分も重要ではあるが、「内容」については大学開放を専門とはしない大多数の教員の関与が必要である。その意味では、大学開放を専門とする教員のコーディネートにより、様々な専門領域の教員が連携や協働を行うよう取組を進めていくことは、大学開放において常に必要なことであろう。

2. 大学開放組織の発展段階

　まず理念的・理論的に大学開放組織の発展段階について検討する。大学開放の発展段階について小池源吾は、ケアリー（Carey, J.T.）の整理を参考に、以下のようにまとめている。

　　大学開放の組織は「学部従属」段階からスタートし、「自治段階」「統合」段階を経て、「融合」段階へと進展すると想定されている。「学部従属」段階では、大学開放組織は低い地位を与えられているかあるいは公的に認知されておらず、学部からの評価は低い。大学開放事業は単なる営利事業ととらえられており、専任のスタッフも置かれない。これが「自治」段階になると、学内での地位は低いものの、徐々にその重要性が認められるようになり、大学開放組織の独立が検討されるようになる。このプロセスで反発や摩擦が生じることもある。この段階では、大学開放事業は営利事業の側面に加えてPRという観点からも効果のある取組と捉えるようになる。スタッフとしては、プログラムの運営にあたる職員スタッフに加え少数の教授スタッフも専任として配置されるようになる。

　　「統合」段階になると、学内での地位は既存学部と同等になり、大学開放組織には全学的な支持が行われるようになる。大学開放事業は大学全体の目的に包摂されるようになり、教授スタッフが充実してくる。さらに「融合」段階では、大学開放事業に特

別な使命感が付与されるようになり、教授スタッフに加え研究スタッフも配置されるようになる。

表6-1 大学開放の発展段階

	「学部従属」段階	「自治」段階	「統合」段階	「融合」段階
大学開放の創始年	1946年以降	1929～1946年	1929年以前	1929年以前
学内での地位	低い、公的認知なし	低い	既存学部と同等	既存学部と同等
他学部からの評価	否定的	独立をめぐって一般教養学部から反発	全学的支持	全学的支持
学長の理解	営利事業と見なす	営利事業・PR	大学目的に包摂	特別な使命観
専任スタッフ	なし	プログラムスタッフ、少数の教授スタッフ	プログラムスタッフ、教授スタッフ	教授スタッフ、研究スタッフ

(小池源吾「大学開放」日本生涯教育学会編『生涯学習事典』東京書籍、1990年、154頁)

　ケアリーの想定は、基本的にアメリカ合衆国の大学開放組織を念頭において作られているように思われる。この想定は、わが国においても適用可能なものなのであろうか。まず、学内での地位について検討する。わが国では、国立大学の場合、大学開放を担当するセンターを設置している大学が約3分の1、残りの国立大学の多くでは、全学の委員会を設置する形で大学開放事業を行っていると考えられる。私立大学においても同様に、一部の大学は大学開放を担当するセンターを設置しているが、大半の大学は全学の委員会によって事業を行っていると考えられる。事業の位置づけとしては、純然たる営利事業として割り切って事業を行っているところは少なく、多かれ少なかれ社会貢献（地域連携）の事業として位置付けられているようである。大学の計画や憲章などにも大学開放について言及する事例が増えてきてはいる。しかし、特別な使命感を明確に示している大学はほとんどない。スタッフについて考えると、職員に加え、教員も一定の関与を行っている。また、教員は多くの場合、研究スタッフとしても位置付けられている。しかし、職員・教員とも人数はかなり少ないレベルにあり、事業の規模も大きくない例が多い。教職員に対する大学開放に関するFD・SDも本格的には実施されているとは言い難い。また、私立大学では教員は兼任の形で配置されるこ

とが多く、職員についても非常勤職員が雇用されていることが多い。大学開放の組織が高い機能を発揮するためには、教職員の数を増やすことも必要であるが、同時にその力量を向上させる工夫が必要であろう。

　このようにみてみると、大学開放組織の発展段階は、かなりの部分わが国の大学開放組織を検討する際にも適用することができそうである。しかし、日本の場合、大学が設置され発展してきた経緯や大学開放組織の設置のされ方などに独自の要因もあることから、次節ではわが国の大学開放組織の動向に触れる。

3. わが国における大学開放組織の動向

　先進的な取組としては戦前からの取組が一部に存在するものの、わが国において大学が大学開放に積極的に取り組むようになったのは、1964年当時の文部省の大学学術局長と社会教育局長が通達「大学開放の促進について」を出して以降といえる。大学の持つ教育研究機能を社会（地域）に対して開く必要性は認めていたものの、大学としての組織やカリキュラムなどを整備することの方が差し迫った問題であり、大学開放の取組は進展していなかった。この通達以降、国立大学に対しては、公開講座実施経費が措置されるようになり、これを契機にして大学開放の取組が発展してきたと考えられる。

　わが国における大学開放組織の動向として、もう一つ注目すべき動きが、1990年の中央教育審議会答申「生涯学習の基盤整備について」である。同答申では、生涯学習を推進する基盤として、都道府県立生涯学習推進センターと並んで大学の生涯学習センター設置が提言されていた。国立大学における大学開放担当部局としては、1973年の東北大学大学教育開放センターに始まり、76年の金沢大学大学教育開放センター、78年の香川大学大学教育開放センター、86年の徳島大学大学開放実践センターなどがこの答申よりも前に独自に設置されていた。しかし、1990年の答申を受けて、これ以降大学開放を目的とするセンターの設置が進むことになる（国立大学では、2011年度現在86大学中26大学に設置）。

　都道府県の生涯学習推進センター（名称は都道府県により様々）とあわせて、大学にも生涯学習系センター（こちらも名称は様々）が設置され、センターを中心的な機関として生涯学習の推進を行おうというのが、わが国の生涯学習推進施

策の特徴といえる。このセンター方式はメリットとともにデメリットも持っていたと言える。メリットとしては、国立大学の生涯学習系センターに生涯学習や大学開放を専門とする専任教員が配置され、大学開放の戦略や事業計画を専門的に策定する環境が整備されたことである。デメリットとしては（大学により差異があるが）センターという専門の組織が設けられたことで、これまで各学部がそれぞれに負担していた大学開放事業に対する関与度が下がったケースが見られることである。生涯学習系センターには2名程度という少人数の教員しか配置されておらず、センター専任教員自身が担当できる事業の規模には限界がある。また、大学開放において開放しようとする内容（コンテンツ）の多くはセンターではなく各学部に所属する教員が保有している。この点から、センターと学部との関係、それを反映して形成される大学全体としての大学開放推進体制のあり方には課題が多く残されている。

　私立大学においても、生涯学習センターなどの名称を冠した大学開放担当のセンターが相当数設置された。しかし、一部の大学を除いて、兼任のセンター長（教員）と数名の事務スタッフ（非常勤職員を含む）により、運営されている例が多く、センター運営に関与する教員の数や研究開発の機能に問題を持つセンターも少なくない。

　さらに、センター設置から十年～数十年を経て、大学開放を担当するセンターにも様々な動きが見られる。国立大学の生涯学習系センターで顕著なのが、センターの合併や統合の動きである。生涯学習が幅広い内容をカバーする領域であることから、近接する様々なセンターとの合併が検討され、一部はすでに実施されている。例を挙げると、大阪教育大学生涯学習教育研究センターは、1999年に設立されたが、2006年に教育実践総合センターと統合して教職教育研究開発センターへと改組された。同様に、大分大学生涯学習教育研究センター（1996年学内措置、1998年省令施設として設置）は高等教育開発センターと統合して高等教育開発センターに（2008年）、金沢大学大学教育開放センターは、社会貢献室と統合し地域連携推進センターに（2008年）改組された。このような改組は国立大学の生涯学習系センターを設置する大学のおよそ半数で行われている。これらの改組は、近接領域との積極的な連携協働を目指すものである場合もあるが、反対に大学開放部門の事業費や専任教員の削減を前提とした事例もあり、全

般的状況としては、国立大学の生涯学習系センターは厳しい状況に置かれていると考えられる。

　大学開放組織のあり方に影響する要因としては、急速な少子高齢化も挙げることができる。少子化の進展により、大学は大衆化（大学進学率が向上し多くの割合の生徒が大学に進学する）の段階を抜けて、ユニバーサル化（希望する人は誰でも大学に進学することができる）の段階へ進もうとしていると考えられる。このような状況を受けて、大学の教育現場ではすでに、学生の学力差や学習意欲の低さなどの教育問題が浮上している。

　少子高齢化という現象からは、今後増加する高齢者や職業人を大学が顧客として迎えるよう教育の体制を整備する必要性もうかがえる。これまでの進学率の向上を反映して、近年は大学開放事業を利用する成人・高齢者の特性も変化してきている。端的にまとめれば、従来大学開放事業を利用する成人・高齢者は高等教育に進学した経験を持たず、どちらかといえば学習する楽しみそのものを目的として教養的な学習を行っていたのに対し、近年は自分自身がどこかの大学を卒業した人が増加しつつあり、自分が直面する問題や課題（職業上の課題やNPOや地域での活動に関わる課題など）を具体的に解決できるようになることを目的として大学開放事業を利用するようになってきている。このような受講者のニーズの変化を受けて、今後は大学開放事業の内容や方法を改善していく必要があろう。

　また、将来的には子どもがさらに減少し、高校から直接進学してくるいわゆる「伝統的学生」が減少すれば、経営的観点から成人学生を主たるターゲットにする大学も出現するかも知れないが、現時点ではまだそのような対応の必要性は強く感じられてはいない。おそらく、経営的観点から成人学生の利用が期待されるためには、有給教育休暇制度や大学での学習を社会的に評価し昇進や転職に活かせる社会システムの整備などが必要であり、それにはかなりの時間と社会的コストが必要だと考えられる。当面は、大学は「伝統的学生」をメインターゲットに、しかし将来を見据えて戦略的に大学開放事業を行っていくということになりそうである。

　以上、大学開放の組織について、必要性を述べ、発展段階を検討し、わが国の動向について触れてきた。大学全体が多忙化し、様々な課題に振り回される中

で、大学開放の組織は順調に発展しているとはいいがたい状況にある。それだけに、優れた取組を共有化し、大学の中でそして社会全体から大学開放組織の必要性を認知してもらえるよう取組を継続する必要がある。

第2節　大学開放に関わる教員の問題

　大学開放を推進する上で教員の協力も重要である。生涯学習系センターに所属し、学内教員に事業への協力を依頼した際に、断られた経験を持ったり、いつも特定の教員ばかり引き受けてくれるという印象を持ったりしている教員も少なくないであろう。

　それで続いて、教員の大学開放に関する意識の問題を取り上げるが、教員の意識に関しては、2000年前後にいくつもの調査が実施されている。まず大学開放に関する学長アンケート調査結果から、学長の大学開放意識をみると、「大学の教育・研究機能と並ぶ第三の機能である」とした者は23.5%で、最も多かったのが「第三の機能とまでは言えないが、大学の果たすべき重要な機能である」で63.9%、その他「教育・研究が大学の本来的な機能であり、大学開放は余力のある場合に取り組めばよい」が8.8%などとなっていた[1]。

　また同調査では、大学開放の目的についても3項回答で尋ねられているが、「地域社会へ貢献するために資源を開放」が92.5%と最も多く、「教育・研究機能に刺激を与え、改善」は37.6%、「18歳人口の減少に対応する経営的対策」と「大学の知名度を高めること」は8.2%に留まり、地域貢献という意識が強く示される結果となっていた[2]。

　大学開放機能の位置づけに関しては、大学教員一般に対しても調査が様々行われており、例えば、大阪教育大学では「教育や研究と同程度に、大学開放を大学の基本機能として位置づけていくべきだ」が教員養成課程で21.9%、教養学科で19.6%に留まり、「大学の機能は教育と研究が主体であるが、できるだけ大学開放も進めていくべきだ」がそれぞれ50%、49%で最多であった。また「大学の機能は教育と研究が主体であるが、余力があれば大学開放を進めてよい」もしくは「大学の機能は教育と研究が主体であり、大学開放はそれほど重要ではない」

を選んだ者を合わせると、教員養成課程では4人に1人、教養学科では3人に1人程度にのぼった[3]。

富山大学の調査でも、「本来の機能として積極的に取り組むべき」と答えた者は22.1%で、圧倒的多数（74.3%）が「研究・教育活動の妨げにならない範囲」を選んでいる[4]。

また公開講座の講師をこれまでに経験したことがあるかという公開講座の経験率についても複数の調査で尋ねられているが、富山大学の調査で42.3%、大分大学では49%、大阪教育大学では30.2%、宮崎大では52.1%となっており、唯一宮崎大学で過半数の教員が「経験がある」と回答しているが[5]、他の3大学では経験したことのない教員の方が多くなっている。

なぜ講師を担当しない、あるいはしたくないのか、その理由についても複数の調査が見られるが、そこでは「研究テーマ・内容が公開講座に向かない」「研究時間をとられたくない」「授業や学生指導で忙しい」の3要因が主たる理由として挙げられている[6]。

このようにこれまで実施されてきた学長および教員調査の調査結果からすると、教員の間では概して教育・研究が主要機能で、大学開放は二次的な機能として捉えられており、また教員の中には多忙である、自身の研究内容が市民向けの講座には向かないといった理由で、公開講座の講師を経験したことがない者が少なからずいることが伺える。私立大学の関西大学でも、本来、質の高い教育と研究を行うのが大学の使命であり、社会貢献にどの程度注力するのかは教員の間で意見が分かれているとされているが[7]、大学開放を持続・発展させていくためには、教員の大学開放への理解を促進し、より多くの教員の協力を得ていくことが重要と言える。

ただ大学等におけるフルタイム換算データに関する調査によると、2008年度に大学教員が社会サービス・社会貢献に費やした平均時間は年間430時間で、2002年度と比べ、年間156時間増加しており、総職務時間の中での社会サービス・社会貢献に費やした時間の比率を見ても、2008年度は2002年度に比べ、9.8%から14.7%へと約50%上昇している。また教育だけに限った社会サービス・社会貢献活動時間数においても、同様の傾向が見られ、時間数は57時間増え、全体比率も2.8%から4.6%に上昇しており、両調査において回答者の設置形態

別比率に差異が見られるため、単純な比較はできないが、大学教員が社会サービス・社会貢献に一層取り組むようになった傾向が示されている。しかも、これにより、研究時間が減ったとの不満が大学教員の間で募っているとも考えられるが、研究時間の減少要因として挙げられているのは、「学内事務等の時間」85.7％、「教育活動の時間」61.0％で、「社会サービス活動の時間」を挙げた教員は18.3％にとどまっており、この調査では社会サービス活動の時間は比較的否定的に捉えられていない[8]。

表6-2　大学教員の社会サービス・社会貢献活動に費やす年間総職務時間数およびその全総職務時間数に対する比率

	社会サービス・貢献活動全体総時間数（全体比率）	教育に関する社会サービス・貢献活動時間数（全体比率）
2002年度	274.3（9.8％）	78.3（2.8％）
2008年度	430.1（14.7％）	135.6（4.6％）

出所：文部科学省科学技術・学術政策局調査調整課「『大学等におけるフルタイム換算データに関する調査』について（概要）」図表10から筆者が作成

また「公開講座協力時にあると望ましいインセンティブ」に関しては、公開講座協力経験のある教員の間では、「謝金」「人事評価への反映」「研究費の上乗せ」と答えた者が半数を下回っており、6割近く（57.7％）が選んだ「受講者からの反響」が最も多くなっている。経済協力開発機構（OECD）は大学による地域貢献の阻害要因として、学内の昇進、報酬システムなどを挙げているが[9]、これからすると、処遇といった実利的な便益にも一定の要望があるが、心理的な充実感が協力への最も重要な要素となっていることがわかる。協力経験のない教員の間でも54.4％が「受講者からの反響」を選択しており、教員全体に見られる傾向である[10]。

公開講座等での経験を通じて、そういった心理的充実感を教員が得るということは第5章の「大学開放を通じた教員の学び」の節を見ても、十分理解できる。それ以外でも、当初、大学は地域貢献の名のもとに、高齢者のひまつぶしに協力しているのではという思いもあったが、回数を重ねるにつれて、公開講座の場は明らかにいる場所を間違えていると思われる学生が認められる正規の大学の授業とは大きく異なるものであると気づき、次第にその不思議な魅力に引き付け

られていった教員も見られている[11]。

　このように全般的には、大学開放に従事する教員層をより広範化する課題は残されているものの、教員の中には大学の社会貢献の意義についても理解する者も少なからず存在し、社会貢献活動が活発化する動きも見られるようになってきていると言えよう。

注
1) 廣渡修一「わが国の大学学長の開放意識について―大学開放に関する学長アンケートを踏まえて―」『生涯学習活動の促進に関する研究開発（報告書）』（平成11年度文部省委嘱研究）、大学開放にかかわる研究委員会、2000年、p.48。
2) 同上、p.49。
3) 奥埜良信「本学における大学開放の現状と問題―本学教職員への大学開放に関する案と調査から―」『大阪教育大学生涯学習教育研究センター年報』No.1、2000年、pp.35-36。
4) 室進一「「大学開放に関する富山大学教員のアンケート調査」報告」『富山大学生涯学習教育研究センター年報』第1巻、1998年、p.17。
5) 同上、p.26。奥埜、前掲書、p.40。岡田正彦「「大分大学教員の公開講座等の意識に関する調査」分析結果」『大分大学生涯学習教育研究センター年報』（平成10年度）、1999年、pp.48-49。原義彦「大学が行う生涯学習支援の要因分析―大学教員の公開講座、学外での講演への関わりを中心として―」『生涯学習研究（宮崎大学生涯学習教育研究センター研究紀要』第4号、1999年、pp.28-29。
6) 岡田、同上。室、同上。原、同上。
7) リベルタス・コンサルティング『公開講座の実施が大学経営に及ぼす効果に関する調査研究（調査報告書）』（平成22年度文部科学省委託調査）、文部科学省、2011年、p.57。
8) 文部科学省科学技術・学術政策局調査調整課「「大学等におけるフルタイム換算データに関する調査」について（概要）」2009年、pp.12-13。http://www.mext.go.jp/b_menu/houdou/21/09/__icsFiles/afieldfile/2009/10/16/1283868_1_1.pdf（最終アクセス日、2013年9月30日）。
9) OECD編『地域社会に貢献する大学』相原総一郎、出相泰裕、山田礼子訳、玉川大学出版部、2005年、pp.53-54。
10) リベルタス・コンサルティング、前掲書、p.131。
11) 九頭見和夫「「公開講座」と生涯学習―受講者との接点を求めて―」『福島大学生涯学習教育研究センター年報』第12号、2007年、p.41。

第7章 諸外国における大学開放の動向

第1節　英国における大学開放の展開と特徴
　　　　─イングランドの事例をもとに─

はじめに

　議院内閣制、労働組合、鉄道、郵便制度等、英国を発祥として世界に広がりを見せたものは数多い。常に斬新で先駆的なアイデアを追い求め、多少の懸念材料があったとしてもまずは挑戦し、経験を通じてその是非を学んでいく、という同国の姿勢は今日まで続いているが、大学開放もその例外ではない。
　英国における大学開放の歴史は19世紀に遡るが、その後の同国における大学開放をめぐる動向は、英語圏全域や英連邦王国（コモンウェルス）まで波及する等、多大な影響力を持ちつつ今日まで発展してきた。とりわけ1924年から1989年まで65年間にわたり続いた独自の財政支援制度は、リベラルな伝統とともに、英国の大学開放を特徴づける要をなすものであった。しかしながら、1980年代後半以降の高等教育改革による飛躍的な規模拡大に伴い、同国特有の大学開放の特徴は徐々に消滅し、新たな形態へと方向転換しつつある。
　1970年代以降、経済的利益を優先した政策を反映し、職業上必要な専門教育や産学連携、社会的不利益層を対象とした各種事業等の浸透とともに、多くの大学においては、学内で従来から成人教育を専門に提供してきた部局の役割は変容を迫られてきた。1990年代から今日にかけては、世界的な「生涯学習（lifelong learning）」推進の下、地域社会や産業界のニーズに呼応した大学の役割が、従来にも増して全学的な体制の中で問われ始めている。また、「生涯学習」に関連

した事業が特定の専門部局ではなく全学の運営に統合される中、当該部局を再編もしくは廃止する動きも顕著になりつつある。さらには、大学が提供する成人教育の内容が厳しく管理されるようになり、長年尊重されてきた個人の自己充足を主な目的とした教育には徐々に財政支援が及ばなくなってきた。

　本節は、英国における大学開放の展開と特徴を、特にイングランドの事例に焦点を当てながら、今日までの変遷を振り返りつつ考察する[1]。とりわけ焦点化するのは1980年代以降の動向であり、財政支援方法の変革とともに徐々に質的変貌を遂げてきた同国大学開放の今日的な特徴を明らかにしたい。

1. 責任団体制度下での英国における大学開放の展開と特徴

（1）大学成人教育の歴史的発展 ― 第二次世界大戦前 ―

　1850年代頃から始まった大学の講義を学外の成人にも開放しようとする動きは、1870年代には正式にケンブリッジ大学で開始され、その後オックスフォード、ロンドンをはじめ全土に波及し、徐々に公的組織による支援体制が整えられるようになった[2]。その後、当時の広範な社会的・政治的運動と連動しつつ、1900年代初頭の労働者教育協会（Workers' Educational Association/WEA）の創設にも後押しされ、大学は地域住民に対する大学レベルの多様な教育機会の提供を考慮していくようになる。

　当時のいわゆる大学拡張期における学習内容は、労働者への教育支援の充実を目的とした専ら技術的・職業的なものがその中心であった[3]。しかしながら、大学における成人に対する教育（以下、大学成人教育と記載）の理念としては、たとえ職業的な意味合いを含む学習内容であっても、広範な人間的精神の中で受け取られるべきものであるとする「リベラルな成人教育（liberal adult education/LAE）」の伝統が常に意識されていた[4]。ここでいうLAEには、（学位や単位の取得とは関係なく）個人の人間的発達と自己充足を目指した教育や、民主的なガバナンスへの効果的な参加のための準備等が含まれており、この伝統は、「イングランドにおける成人教育の特別な誇り」[5]として、1980年代まで長期にわたり尊重されていくようになった。

　その後、大学成人教育の役割に一層の進展がみられたのは、第一次世界大戦

後、1919年に復興省が発表した最終報告書における大学成人教育の発展に向けた提言であった[6]。これを受け、大学の敷地内において、地域住民への教育機会の提供並びに当該領域の研究を専門に担う部局[7]（Department of Extra-Mural Studies, 後に Department of Adult Education, Department of Continuing Education, Centre for Lifelong Learning 等に名称変更されていくが、以下便宜上 DCE と略記）が、全国で初めて 1920 年にノッティンガム大学カレッジ（Nottingham University College）に創設され、成人教育を学問的および実践的に専門とする教員が採用された[8]。その後、これに倣い、当時から存在していた大学のほとんどは同種の部局を設置するようになった。

1924 年には、全国レベルでの成人教育に関する規定（Regulations of Adult Education）が初めて定められた[9]。この規定により、（行政管区とは別に）イングランドとウェールズを 23 の区域に分け、各区域を管轄する高等教育機関に域内の成人に対する教育機会の提供を委任するとともに、大学全体への財政支援制度とは別に、当該事業を主に運営する部局に対し、成人教育を担当する中央省庁が独自に財政支援する責任団体制度（Responsible Bodies/RB）が導入された。この制度の下で、各区域を管轄する大学は、地方教育当局（Local Educational Authorities/LEA）や WEA とも連携しつつ、大学内外の都市から村落に至る多岐にわたる場所において、多様な教育機会を提供していくようになった。

（2）リベラルな伝統にもとづく大学成人教育の発展―第二次世界大戦後―

第二次世界大戦後、英国では 1944 年に制定された教育法により戦後の新たな教育制度が整えられていくが、大学成人教育にはさほど大きな変革はもたらされなかった[10]。しかし、一つの新たな兆しとして、1947 年には、今日の高等教育機関における生涯学習系部局の運営を統括・推進する全国組織である大学生涯学習連合（Universities Association for Lifelong Learning/UALL）の前々身となる大学成人教育協会（Universities Council for Adult Education/UCAE）が創設された[11]。戦後も LAE の伝統は継承されていくが、福祉国家としての社会保障制度が整えられていく中で、実際には職業上必要となる専門教育に対するニーズが高まり、この種のコースが従来の LAE を踏襲した短期的なコースとともに提供されるようになっていった。

職業上必要となる専門教育に関しては、大卒者は十分な職業適応能力があるとして、法学・医学・工学等の領域を除き、1960年代初頭まで大学は関与せず、企業内で提供される教育訓練事業にとどまっていた[12]。しかし、1960年代後半以降、英国経済の悪化により、国際競争力の必要性が認識され、労働力の向上が目指されるようになると、職業訓練に関する法整備とともに、低熟練労働者のみでなく、上級労働者も視野に入れた全職業レベルにわたる教育訓練制度が全国的にも整えられるようになった。1970年代には、当時次第に蔓延した石油危機等に影響を受け、経済的な優先事項を教育の分野でも重視せざるを得ない、との認識が徐々に政府文書でも明示されるようになっていく。とはいえ、実際には、当時ほとんどのDCEはLAEを中心に提供していたが、一部の大学においてはDCE以外の部局において徐々にこうした動きに同調する部局も出てくる等、各機関での対応にばらつきがみられた[13]。やがて、LAEの伝統がさほど強くない大学においては、専門的職業教育（Continuing Vocational Education/CVE）のプログラムを開始するため、地域の雇用主に対する窓口として、CVE専用の部局が新たに創設されるようになった[14]。

同時期には、高等教育全体に対しても、大きな変革がもたらされていく。1963年に発表された政府文書であるロビンズ報告書（Robbins Report）は、今後30年間の社会全体の改革を促す国家システムとして高等教育を位置づけ、フルタイムの学生を増大させるための新規大学の創設と、主に職業・技術教育を提供するための非大学型高等教育機関であるポリテクニックの新設を提起した[15]。これを機に、1960年代中盤以降、大学が新たに増設されるとともに、ポリテクニックが全国各地に創設されていく。以上のような2つの異なったタイプの高等教育機関からなる高等教育の二元制度は、1992年継続・高等教育法の制定によりポリテクニックに「大学」の地位が付与されるまで、約30年間続くことになった。その頃は、大学と比べるとポリテクニック（および少数の高等教育カレッジ）は地域のニーズに密着した実用的な教育機会を提供し、広範な経歴の人々を取り込めるという点で、二元制度の意義が尊重されていた[16]。他方、大学成人教育に関しては、誰でも希望する者には高等教育の機会が開かれるべきであるとする理念を同報告書は打ち出しており、その後約20年間は、特段の資格や単位取得を目指さないコースも奨励された。とはいえ、当時の認識として、DCEは、その

他の学内部局とは異なった規定で運営されている部局であるから、そこで提供される内容はあくまでも「成人教育」であり、「高等教育」とはみなされないままであった[17]。

一方、LAE に関して、戦後の方針が明確に示されたのは、1973 年に出されたラッセル報告書（Russell Report）である[18]。同報告書は、そもそも大学成人教育は、それ以外の一般の大学教育とは目的・内容・対象者層が異なることから、責任団体制度による財政支援方法の維持を奨励した。また、同報告書では、より広範な社会階層の人々を成人教育の対象者として取り込むため、社会的不利益層へのコースや、高等教育への足がかりとなる基礎学習を提供する「アクセス（Access）」と呼ばれるコース（以下、アクセスコースと記載）の提供が推奨されるとともに、LAE を含むいくつかの項目に予算が重点配分されることが明記された。

2. 1980 年代以降の職業専門教育への傾倒と責任団体制度廃止に向けた動向

1980 年代初頭、国内の失業率増大と世界経済の動向に影響を受け、サッチャー首相率いる保守党政権は、自国における労働力の質低下を憂慮し、新自由主義に基づく大胆な諸改革を打ち出した。同政権は、イデオロギー的には「小さな政府」を目指したが、産業界の人材育成に関わる領域においては、雇用主との最適な関係を意識しつつも、徐々に政府の介入を強めていった[19]。

1970 年代から注目されてきた CVE については、失業者の急増により、一層の整備の必要性が認識されつつあった。政府は、1981 年に白書「新たな訓練のイニシアティヴ（New Training Initiative）」を発表し、雇用省の外郭団体であるマンパワーサービス委員会（Manpower Services Commission/MSC）を通じ、訓練を必要とする多様な対象者への全国的な職業教育の支援体制を整備するよう提唱した[20]。その後、ポリテクニックや革新的な志向が強い大学は、こうした事業を実施するための予算申請を行った。この他、1982 年 5 月には、産業界における人材育成・能力開発のためのプログラムを大学やポリテクニックが担うことを奨励する目的で、「専門的・産業的・商業的な能力更新（Professional,

Industrial and Commercial Updating/PICKUP)」と呼ばれる事業が教育科学省により開始された。1984年までには、全国10地区においてPICKUPの支部が創設され、1985年には、各大学がCVEに取り組むことが義務づけられるとともに、学内においてPICKUPのコーディネートを専門に担当するスタッフを置くことが奨励された。この頃までに、政府内では、学内の他部局で行われている教育・研究事業と同様に、DCEの活動内容にも関心が持たれ始めていた。さらに、DCE以外の大学全体に財政支援を行ってきた大学補助金委員会 (University Grant Committee/UGC) においても、DCEの存在に徐々に関心が寄せられるようになった[21]。

CVEが発展するにつれ、従来のDCEはいくつかの異なった方向に進化した[22]。古くからある大学においては、CVEの部局をDCE内に新規に設置するのは困難な所もあり、新規事業に嫌悪感を持つ教員の存在や学内関係の難しさ等により、DCEとは別にCVE専用の部局が単独で運営される傾向にあった。一方、旧来の伝統にとらわれず、すでにある程度CVEを提供してきたDCEでは、PICKUPを専門とするスタッフはDCE内に配置されていた。しかし、LAEについての知識をPICKUPのスタッフがまったく持ち合わせていないことも多く、両者の折り合いが難しくなり、双方が単独で協力し合わないまま業務にあたる等の問題点も浮上した。この他、学内に散在する個別のCVEをDCEが統括する大学も生じてきた。次第にCVEの事業は、DCEの管轄に留まらず、いくつかの部局で個別に提供されていたものが全学レベルでの動きに統合され、「主流化」(mainstreaming) していった。このようなDCEの枠を超えた大学全体としての地域社会への教育機会の提供は、大学間で程度の差はあれ、徐々に大学成人教育の運営体制に本質的な変容を迫るものとなっていった。

高等教育全体に関してみると、当時DCE以外の部局に対して財政支援を行っていたUGCが、1981年から1984年にかけて各大学への予算削減を実施するにつれ、多くの大学は運営の見直し・縮小を迫られていく。当時のDCEは、責任団体制度により教育科学省から直接財政支援を受けていた他、受講者からの授業料収入、LEAからの補助金等の歳入があったため、政府の高等教育政策に直接影響を受けることはなかったが、各大学が学内で配分する予算額には影響を受け、対応を迫られるようになっていった[23]。他方、ポリテクニック等の大学で

ない高等教育機関への入学者数は急速に増加し、高等教育の大衆化が進行していった。当時のポリテクニックは、若者だけでなく、様々な年代の人々を受け入れるため、アクセスコースを充実させる等、自由度のある運営で成人のニーズに合わせたコースを徐々に増やしており、高等教育の開放を促進する機関として評価されていた。1980年代半ばには、今後の高等教育に対し、経済的利益を優先し、競争的社会に適応できる人材育成が強く期待されるようになっていたが、ポリテクニックはこうした要請にも機敏に対応していた。

　また、同時期には、職業に関連した教育のみでなく、あらゆる教育を総合的に再編する概念として「生涯教育（continuing education）」[24]という用語が明確に政府の政策文書において位置づけられ、この推進に当たることが強く認識されていくようになった[25]。一方、DCEの提供するLAE関連のコースへの参加者は、1980年代中盤までに減少の兆しがみられたため、LAEを中心とした公開講座により多くの学内教員を関与させ、LEAやWEAとの連携事業を強化させる等、一層の革新を遂げることも提唱された。こうした動きを受け、戦後一般的であった「成人教育（adult education）」を入れた当該部局の名称（Department of Adult Education）に、'continuing'という用語を追加したり、'adult'を'continuing'に置き換えたりするDCEが徐々に増えてくるようになった[26]。

　以上の他、1980年代には、より多くの異なる社会背景を持つ人々を包摂するための多様な活動が推進されていく[27]。これには例えば、資格取得のための学習や大学での勉学開始に向けた補助的学習の提供、失業者・労働組合・少数民族・高齢者等に向けた学習環境整備、パートタイムによる学位取得制度の整備、地元カレッジとの連携、他の教育機関との単位互換制度の開発・運用、ICTを活用した学習方法の開発および学習環境整備、自己決定学習（self-directed learning）への支援等の事業が含まれた。さらに、当時の顕著な動きとしては、「機会拡大（widening participation）」への認識が広がってきたことが挙げられる。これにより、従来は中上流の社会階層の安定した対象者向けに「安全に」運営を行ってきたDCEが、より低い社会階層の生活実態にまで踏み込んだ内容にも関与するようになっていった[28]。

　次第にこうした英国的な特徴を持つ「生涯教育」の範疇が拡大されていくにつれ、大学においては、その提供がDCE内のみでなく全学的に行われるよ

うになり、従来 DCE とそれ以外の学内部局に対して別々に実施されていた財政支援制度が、1988 年教育法の施行により新たに設置された大学財政委員会（Universities Funding Council/UFC）を通じた財政支援制度に統合されるようになった。これに伴い、65 年間続いた責任団体制度は 1989 年に廃止された[29]。ポリテクニックと高等教育カレッジも、同法により地方当局の管轄から離れ、新たに設置された両機関専用の財政委員会（Polytechnics and Colleges Funding Council/PCFC）により、財政支援が行われるようになった。これを機に、大学成人教育の活動に政府が大胆に介入するようになり、パフォーマンスによる傾斜的予算配分が導入された。多くの DCE は、冒険的な革新をせず、より安全な運営を目指す傾向が強くなり、CVE に関する事業の拡大の他、産業界の発展に直接資するコースや採算性の良いコースの重点化を検討し始めた。こうした中、多くの大学において、LAE は次第に「非経済的な」[30]事業ととらえられるようになっていった。

　以上のように、1980 年代全体にわたり、大学開放に関する事業は CVE の導入と提供内容の多様化により飛躍的に拡大し、提供されるコース数・登録者数は CVE を中心に大幅に増加した。こうして、1990 年代に向け、CVE に焦点があてられるにつれ、かつてこの国が誇りとしてきた LAE に対する財政支援は徐々に縮小されるようになり、両者のバランスをいかに保つかが課題となってきた。

3. 責任団体制度廃止以降の英国における大学開放の展開と特徴
　——リベラルな伝統の衰退と「主流化」・「認証化」の推進——

　責任団体制度の廃止とともに、英国の DCE が維持してきた財政支援上の'特権'は 1990 年以降消滅した。さらに、1992 年継続・高等教育法の施行により、高等教育機関の二元制度が廃止され、ポリテクニックには「大学」の地位が付与された。また、同法により、すべての高等教育機関に対する財政支援が、新たに創設された高等教育財政委員会（Higher Education Funding Council for England/HEFCE）のもとに統合された。以上の改革により、従来 1 割程度であった若年同年齢人口の高等教育への進学率が 3 割を超える等、高等教育への入学者数は大幅に増大した[31]。また、1990 年代以降、経済的・社会的に成功して

いくことが次世紀の国家的発展には不可欠との認識が次第に広まり、その中核として当時より徐々に浸透してきた概念である「生涯学習」が位置づけられ、大学成人教育もその推進に寄与していくことが期待されるようになった。

　1980年代後半以降の改革による大きな変化として、これまで高等教育の機会を享受することのなかった新たな社会階層の成人学生が大幅に受け入れられるようになったことが挙げられる。こうした中、多くの大学は、DCEのような単独部局のみでなく、大学全体として成人を受け入れる「主流化」に向けた体制を整え始めた。これに伴い、LAEの伝統を長年保持してきたDCEは、教職員の能力開発・大学全体の戦略的問題への貢献・学生への各種サポート・外部機関との連携・単位互換・技術移転等、従来とは異なったミッションに取り組むよう、運営上の見直しを迫られていった[32]。また、1986年より、全学問領域の研究事業を各大学における部局単位で領域ごとに評価し、その結果に応じて政府が研究費の予算を配分する研究評価制度（Research Assessment Exercise/RAE）が全国的に導入されたことにより、各部局の教員は、評価の対象にならないDCEの管轄する公開講座への協力に対して消極的になり、部分的に協力するにしても自身の所属部局が提供するCVEに集中する傾向が強まっていった[33]。

　端的に言えば、1980年代より進行してきた大学成人教育の「主流化」は、学習内容の「認証化」（accreditation）に耐えうるものだけが将来財政支援を得る、という方向性を促進するものであった。従来「認証化」されないまま提供されていたコースの取扱いについての明瞭なコンセンサスはないままであったが、1990年代の改革の中で、この種の予算は「認証化」されたパートタイムのコースに向けるよう促された[34]。これを受け、多くのDCEは、今後も財政支援を受け続けるために、LAEを含むコース等、従来「認証化」の対象でなかったプログラムの「認証化」を開始し、少なくとも単位取得を目指すものへと置き換え始めた。さらに、新たな質保証制度・チューターの能力開発・学生相談・ガイダンス等の新規事業への対応も迫られるようになった。

　多くのDCEにとって、こうした一連の改革への対応は多大なプレッシャーとなっていった。古くからのDCE関係者の間では、大学成人教育の「主流化」および「認証化」をめぐる動きは、かつてのDCEの自治や柔軟性を侵食するものでもあり、成人学生が主体となって創り上げてきた民主的文化を弱体化させるも

のにもなり得るという懸念も広がっていた[35]。言い換えるなら、大学成人教育に長年携わってきたDCE関係者にとって、「主流化」および「認証化」を通じて推進される「生涯学習」の受容は、対象者である'成人'という明確な存在を打ち消すという犠牲が伴うものでもあったのである[36]。

この他、1990年代前半までの「機会拡大」は、1992年以前から「大学」の地位を付与されていた機関では非常に限られた範囲内で提供されていたにすぎない活動であったが、1997年の総選挙で労働党が勝利して以降、各大学で必須事項となった。同時期に政府により発表された新たな高等教育改革についての提言がまとめられたデアリング報告書（Dearing Report）では、これまで高等教育に参加の機会がなかった社会階層への「機会拡大」を重視した大学に対し、優先的に予算配分を行うことが提唱された[37]。こうして、1990年代半ばまで続いてきたLAEを中心とした単位取得を目的としない提供内容は、徐々に政府の推進する「機会拡大」に適応した内容にとってかわられるようになった。

さらに、1990年代中盤以降、地域の他機関や産業界との連携は今後の発展に不可欠とされ、1999年には、経済的発展や競争力向上を目指し、産業界との連携強化により技術移転や知識移転を促進するための基金（Higher Education Reach-out to Business and the Community Fund/HEROBC）がイングランドに導入された[38]。こうしてCVEは、徐々に広範な意味合いで職業的な教育機会提供に関する事業の中に収斂されるようになり、純粋なCVEのみへの財政支援は縮小されていった。次第にCVEの専任スタッフは行き場を無くし、2000年代にはCVEを単独で提供する大学の部局のうち、多くは廃止された[39]。一方、1992年継続・高等教育法制定以降に「大学」の地位を付与された高等教育機関では、独自の予算でCVEを継続したり、大学での学習環境に慣れるために必要な予備学習を提供するファウンデーションコース（Foundation Course）と呼ばれるものを新規に導入したり、職業に直結した学習内容を提供するコース（Work Based Learning）を推進したりしながら一連の改革に対応した[40]。

政府の推進する「機会拡大」や産業界との連携が各大学において重視される中、次第に多くのDCEの運営は混迷を極めるようになり、その構造や運営形態は一層多様化した。やがて、多くのDCEにおけるアカデミックポストは、管理運営を重視するポストや短期雇用のポストに置き換えられるようになり、実務

者としての関わりを強く要求される一方で、年配の事務職員との差が曖昧になっていった。また、2000年以降、「生涯学習」という用語がより広範に用いられる中で、多くの大学のDCEは名称を変更し、「学部（Department）」ではなく「センター（Centre）」もしくは「インスティチュート（Institute）」として運営体制を再編したり、教育学部に併合したりする動きが目立った[41]。その一方、いくつかの大学においては、DCEを不要とする意識が高まり、当該部局が廃止されるケースも生じてきた。さらに、2008年度より、新たな財政支援制度（Equivalent or Lower Qualifications/ELQ）の導入によって、現在と同等もしくはそれより低い資格取得を目指す学習者への予算配分の打ち切りが実施された。これにより、多くの大学では、既存の提供内容に抜本的な見直しを迫られており、LAEの科目を中心に利用してきた多くの受講者に波紋を広げている[42]。

以上のように、DCEをめぐる状況は、1990年代以降大きな変貌を遂げており、DCEを有する大学の総数は2006年には全英で20校（イングランドは10校）となり、1980年代初頭の37校と比べると半減した[43]。一方、かつてLEAやWEAと協同で実施されてきた小さな村落での学習活動は消滅の傾向にある。現存のDCEが今後も存続していけるかどうかは微妙な状況にあるが、その多くは、大学全体のミッションに貢献し、時勢に応じて柔軟に運営体制を変容させながら、新たな役割に果敢に取り組んでいる。

　おわりに

英国における大学開放を実践してきたDCEは、責任団体制度の下、大学の敷地内に存在しながらも、1924年から1989年までの長期にわたって独自の財政支援を受け、比較的自由にその運営を担ってきた。DCEの運営形態は、各大学のミッションによって大きく異なり、必ずしも一律に論じられるものではない。ただ、概ね共通していえることとして、DCEは、大学内で大学開放を推進する専門部局として、管轄する区域の成人に対し、LAEを始め多彩な内容のプログラムを時代に応じて柔軟に提供してきたということがある。この間、DCEは大学と地域を効果的に結びつける部局としても機能し、長年にわたり築いてきた学外との協力関係を活かしつつ、徐々に地域社会や産業界との連携促進に向けた役

割を積極的に担うようになってきた。1980年代後半以降、財政支援方法の変革により、学習内容に応じた傾斜的予算配分が導入され、提供内容における自由度が制限されるとともに、各受講者の達成度を評価するための「認証化」が行われるようになった。また、1990年代以降の諸改革により、授業料の受益者一部負担等、大学の運営方針に明瞭な市場原理が導入されるとともに、ICTの開発等により、学習形態にも大きな変化がもたらされた。2008年以降は、ELQによって現状より上位の資格取得を目指す学習者に限って財政支援が行われるようになり、2009年以降には、研究資金を少数の大学に集中させることが推奨されるようになった。一方、多くの大学においては、より一層地域社会や産業界のニーズに合ったサービスを提供していくことが求められている[44]。

今日まで存続しているDCEの共通点としては、①職業的・専門的教育訓練の重視、②「主流化」による大学全体としての大学成人教育事業の統合と生涯学習機関化の徹底、③「認証化」を通じたいわゆる「達成」文化（'completion' culture）の受容、④大学全体の方針へのコミットメントと支援の取り付け、⑤研究評価による財政配分にも対応した研究機関としての体力の温存、⑥一般的な公開講座だけでなく、政府の推進する事業とも符合する学習内容の提供、⑦急激な変化に対応できる柔軟な運営体制の維持、⑧地域社会や産業界との綿密な連携、⑨「機会拡大」への積極的な貢献、が挙げられる[45]。

英国における大学開放の展開において、20世紀に生じたDCEの発展とその後の再編・統合・廃止の流れをどのように受け止めるかは議論の分かれるところである。否定的にみれば、今日の流れは、1980年代以降における職業専門教育が台頭する中、同国が長年誇りとしてきたLAEを切り捨てる方向性が徐々に明確になり、結果として学習機会を失う人々が生み出され、従来の大学成人教育の地位や自主性が危機にさらされている状態、と受け止めることができよう。他方、肯定的にみれば、今日の流れは、旧来の狭量なLAEの伝統を改め、小さな単独部局が独自に財政支援される形で全責任を負うのではなく、「主流化」により大学全体が「生涯学習」の推進に関して責任を負うとともに、「認証化」によりその質管理を厳密に行うことにより、提供内容をより地域社会や産業界のニーズに呼応させ、さらに「機会拡大」を通じてより多様な社会階層の人々を包摂し、一層発展しつつある過程、としてみることもできよう。

DCE の変容による長期的影響は現時点では明らかでない。しかし、大学開放の歴史を先導してきた英国が、従来の伝統と対峙しつつも、今日の情勢を踏まえ、いかにして新たな体制を築いていくのかは同国の歴史に学んできた諸外国においても注目に値する。英国における大学成人教育は、たとえその存在意義が今後も問い直されることがあっても、高等教育をすべての人々に開放するための根底となる文化を緻密な理論と実践の探究により築き上げる原動力となり、今日の同国における「生涯学習」推進の根底に深く貢献していることは紛れもない事実であり、その本質が息絶えることはないであろう。

第2節　ドイツ連邦共和国における大学開放の現状

1. ドイツの大学と大学開放

ドイツの大学の歴史は、1386 年にハイデルベルクに創設されたルプレヒト・カール大学（ハイデルベルク大学）にまで遡るとされている[46]。現在ドイツには、表7-1 に示すような大学・高等教育機関が存在し、その中には、総合大学、専門大学、芸術大学／音楽大学／映像大学、私立大学／教会大学等が含まれる[47]。

表7-1　ドイツの大学

ドイツ語	英語	日本語	大学数
Universität	University	総合大学	102
	Technical University	工科総合大学	
Fachhochschule	University of Applied Sciences	専門大学	167
Kunst-, Musik- und Filmhochschule	College of Art, Music and Film	芸術大学、音楽大学、映像大学	52
Private und Kirchliche Hochschule	University and Church-maintained College	私立大学、教会大学	63

出典：岐阜大学産官学融合本部『平成18年度「大学知的財産本部整備事業」21世紀型産官学連携手法の構築に係るモデルプログラム　海外事情調査報告書』p.7

2006年の時点の学生数はおよそ196万人で、約93万7,000人（約48％）が女性であり、約97％の学生が公立大学（法人）で学んでいる[48]。

ドイツの大学は、諸外国と比べて、社会人・職業人・地域住民への門戸開放が遅れているといわれている。その理由について、三輪建二は、ドイツの大学は、「永遠の学生」（ewiger Student）と呼ばれる長期間の大学在学者を含め、「もともと学生の平均年齢が高く」、社会人・職業人・地域住民の大学への門戸開放の要求が顕在化しにくかったという事情があったという。さらに、「学問の自由を保持してきたというプライドから、社会サービスとして、成人教育・生涯学習事業を展開するという姿勢はほとんどなかった」という事情が強く働いたと述べている[49]。歴史的にみても、ドイツの高等教育のあり方に大きな影響力を及ぼしているヴィルヘルム・フォン・フンボルト〈1810年創立のフンボルト大学（ベルリン大学）の創始者〉の高等教育思想に示されているように、ドイツの「大学は純粋な学問の府」であるべきで[50]、そこに底流する基本的理念は、「教養あるジェントルマンの文化を伝える」ことを基本的理念とするイギリスの大学や人びとの「生活の基本的ニーズに積極的に応えるべき」とするアメリカの大学とは異なり、「学究的知識を熱心に探究する」ことであるとされてきた[51]。また、周知のとおり、ドイツにおいて大学の「正規学生」となるためには、大学入学資格（アビトゥア等）を取得していることが求められ、場合によっては専門分野による入学制限もあり、そうしたことも、社会人・職業人・地域住民への門戸開放が遅れている要因のひとつであろう。現に、1975年の「ドイツ連邦共和国における公的継続教育システム構築のための構造計画」では、大学が継続教育事業を展開するにあたり、いまなお、「社交上（sozial）、地域上（regional）、およびカリキュラム上（curricular）の不足点がある」と指摘されていた[52]。

しかし、近年では、いくつかの大学の中に、継続教育センター（Zentrum für Weiterbildung）や生涯学習センター（Center für Lebenslangs Lernen）が設置され、社会人・職業人・地域住民を対象とした学習プログラムが、積極的に企画・運営されつつある[53]。

2.「ボローニャ宣言」とドイツの大学開放

周知のとおり、ヨーロッパは、東西冷戦で分断されていた戦後体制を終結させ、「ひとつのヨーロッパ」に向かって大きく動いているといわれている。木戸裕「ヨーロッパの高等教育改革」(国立国会図書館調査及び立法考査局『レファレンス』55(11)、2005年11月)によると、「ひとつのヨーロッパ」構築に向けた高等教育分野における近年の動きは、おおよそ以下のとおりである[54]。

欧州連合(EU)は加盟国を増加させ、単に政治・経済上の問題にとどまらず、「ヨーロッパがもつ多様な民族・言語、宗教的、文化的な確執・葛藤の正確な把握と理解」のため、教育の果たす役割、とりわけ将来を担う若者の教育こそがEUの今後の発展を左右するもっとも重要な要素のひとつと認識し、「ヨーロッパ市民」育成を目指した多彩な教育計画を実施しようとしているとされる。大学・高等教育については、EU15か国を含むヨーロッパ29か国の教育関係大臣の参加のもと、1999年に「ボローニャ宣言」が採択され、それを実現していく過程としての「ボローニャ・プロセス」が推進された。

1998年5月、ドイツ、イギリス、フランス、イタリアの4か国の教育関係大臣は、フランス・ソルボンヌ大学において、高等教育の領域における開かれた「ヨーロッパ高等教育圏」の構築を謳う「ソルボンヌ宣言」に署名し、「知のヨーロッパ」を構築していくことの重要性を確認した。1999年6月には、「ソルボンヌ宣言」を受けて、EU15か国を含むヨーロッパ29か国の教育関係大臣がイタリア・ボローニャに集結し、「ヨーロッパ高等教育圏」の構築を目指して「新しい世紀の最初の10年間に達成されなければならない」事項をまとめた「ボローニャ宣言」を採択した。そして、2010年までに、ボローニャ宣言において示された課題を解決し、「ヨーロッパ高等教育圏」の構築に向けて一連の取組を進めていく過程として、「ボローニャ・プロセス」が定められた。「ボローニャ宣言」採択から2年後の2001年5月には、「ボローニャ・プロセス」のフォローアップとして、チェコ・プラハで教育関係大臣会議が開催された。その際には、「プラハ・コミュニケ」がまとめられ、「ボローニャ宣言」の目標を補強する取組が追加され、そのひとつに「生涯学習の促進」が掲げられた。

こうしたヨーロッパ全域を包含した形で進められる大学改革のもと、ひとつの「ヨーロッパ高等教育圏」を目指す EU 諸国では、近年、「ヨーロッパ高等教育圏」を通じた「大学の質保証」のための「構造改革」とともに、教授・学習能力の開発・推進といった「学習改革」が進められている。ドイツの大学においても、「知識を伝授する教員に軸足を置いた伝統的な教授法」ではなく、「学習する学生に軸足を置いた新たな教授法への移行」、すなわち、「教授から学習への移行」が、生涯学習社会に向けた大学改革のひとつの方向性として位置づけられるようになってきており、例えば、アカデミックスタッフ・ディベロップメントによる教員集団の教授能力の向上や教員のコーチ的資質を養成するプログラムの普及に力が入れられている[55]。

こうした「学習改革」の動きを受けて、「大学は純粋な学問の府」とするドイツの大学でも、徐々に大学開放事業が推進されるようになってきている。ところで、ドイツでは、教育や学校に関する事項は各州の権限に属しており、連邦政府は、大学についての直接的な権限をもっていない。「各州の高等教育法の最大公約数的全体像」[56]として、連邦全体の高等教育制度の一般的原則と枠組みを定めた「高等教育大綱法」（"Hochschulrahmengesetz"）が制定されていたが（1976年制定、2007年に廃止が閣議決定、2008年失効）[57]、その第2条には、大学の義務として、「大学は、自由主義的で民主主義的な社会福祉を重んずる法治国家における研究、教育、講座および継続教育によって、自らに設定された課題に応じて、学術および芸術の保存および発展に貢献する」とされていた。また、第43条には、「大学教員の雇用契約上の義務」として、「大学教員は、詳細に定めた自らの雇用契約に従い、自らの専門領域における学術および芸術に関する研究、教育および継続教育について、その時々に自らの大学に課せられた義務を自主的に引き受ける」と規定されていた。

3. ヨハン・ヴォルフガンク・ゲーテ大学（フランクフルト・アム・マイン大学）の取組み

フランクフルト・アム・マイン大学では、いわゆる「第三期の大学」の学習プログラムが提供されている[58]。人間の生涯を、「成長し大人になるまでの第一期」「家庭や職場で中心的な役割を果たす第二期」「子育てや仕事を終えた第三期」「死を目前にした第四期」と、4つに区分する考え方がある。「第三期の大学」は、「子育てや仕事を終えた」人生の「第三期」を充実させるための学習プログラムとして展開されているもので、フランスがその発祥の地とされている[59]。

フランクフルト・アム・マイン大学の「第三期の大学」は、「これまでの学歴とは関係なく、また学位の取得を目的とせずに大学教育を受けようとする高齢者」に、多様な学習プログラムを提供する試みである。「大学のゼミナールや講義やワーキンググループに参加して学問と教養の問題に取り組み、自らの人格形成に勤しもうとする高齢者」が主なターゲットとなっている。それに加えて、「高齢化、高齢者の問題や老年学の研究プロジェクトへの参加の機会」もある。

(1)「第三期の大学」の目的・目標

フランクフルト・アム・マイン大学の「第三期の大学」の学習プログラムは、「大学の専門分野を網羅したゼミナール、講義、ワーキンググループ」から構成されており、さらに「社会老年学の授業やプロジェクト」にも参加することができる。

フランクフルト・アム・マイン大学の「第三期の大学」の主な目的・目標としては、次の諸点が掲げられている。

① 様々な学術分野における最新の成果を高齢者の方々に披露し、参加者の一般的知識や教養を拡大深化させます。

② 学術的な指導の下で老年期、高齢化、高齢世代の問題について社会的な関連において論ずる機会を高齢者に与え、それらの方々を社会老年学の領域における研究に参加させます。

③ 大学制度の枠内において生涯学習者のためにフランクフルト・アム・マイ

ン大学での学習プログラムを開放することにより、世代間交流の場を設けます。
④　老年学研究プロジェクトは、該当者参加のもとに実施します。それにより現代社会の諸問題を克服するために重要な貢献を行い、比較的高齢の方々、高齢期にさしかかる方々、高齢期の方々の生活状態とニーズを把握し、それらの方々の社会への統合を図ります。
⑤　ボランティア的に新しい社会的役割を果たし、新しい社会的機能を発揮しようとする方々の社会的認知度を高めることに役立ち、世代間の意見交換において自らの経験を伝達する可能性を探ります。

(2)　「第三期の大学」の対象者

「第三期の大学」の受講については、「知識教養の深化に関心のある方の参加を歓迎します」とされ、参加には、「学歴などの形式的な要件」はなく、「必要なものは、知的な対話に参加し、ゼミナールで積極的に発言し、自らの知識教養を高めようとする確固たる意欲」であるとされている。また、「授業でご自分の意見を発表なさることを、参加する方々すべてにお勧めします」とされている。

(3)　履修証明

「第三期の大学」の履修証明としては、「出席証書」が交付される。「参加証明書」を大学のウェブページからダウンロードし、学習プログラム担当の指導者（講師）の署名をもらい、事務局に提出すると、「出席証書」が交付される。

(4)　「第三期の大学」の学習プログラムの一例

「第三期の大学」の学習プログラムは、「ゼミナール、講義、ワーキンググループ」からなっている。一例を挙げると、「社会学入門」「現代絵画入門」「心理学入門」「経営学入門」「哲学」「社会老年学」「高齢者のコミュニケーションスキル」「ドイツ連邦共和国の歴史」などがある。

4. カール・フォン・オシエツキー大学（オルデンブルク大学）の取組み

オルデンブルク大学では、「市民のための学問」を標榜し、「社会人・職業人・地域住民の生涯学習のための機関」として、「知識と教養に関心を持つ市民すべて（とりあえず長期間を要する学位の取得を必ずしも目標にはしていない人びとを含めて）」を対象とした学習プログラムを積極的に提供している[60]。

以下は、オルデンブルク大学のウェブページに掲載されているキャッチフレーズのひとつである。

"学問に対する欲求を呼び覚ます"
　一般教養課程の一環としてであれ、講義と実践活動に際してであれ、オルデンブルク大学は、これまでにないタイプのターゲットグループのために門戸を開放しています。
　オルデンブルク大学は、これまでの学生とは異なる学習希望者の学習を支援する長い歴史をもっています。オルデンブルク大学は、社会人やこれまでにないタイプの学習希望者を大学教育に統合するために、今日まで多くの研究を行ってきましたが、その影響力は絶大です。これまでにないタイプのターゲットグループ（社会人、移民、子どもの居る市民等）の統合は、継続教育プログラムでも、格別の関心事項になっています。
　継続教育がもっとも多く求められる分野は、オルデンブルク大学で高い評価を得ている部門ですので、大学の諸研究機関と密接に協力して学習プログラムを開発し、皆さまの要望にお応えすることができます。
　それと関連しますが、職業上の能力の評価方法が、ヴォルフガング・シューレンベルク研究所（大学の付属研究所）との協力により開発され、すでに実用に供されています。これにより、オルデンブルク大学はボローニャ・プロセスの要件を満たすドイツの大学第1号となりました。

オルデンブルク大学には、2009年1月1日に、生涯学習センター（Center für lebenslangs Lernen: C3L）が開設された。従来から大学に設置されていた学術的継続教育センター（Zentrum für wissenschaftliche Weiterbildung: ZWW）は、生涯学習センター内に設置されることとなった。生涯学習センターは、「研究活動と教育活動を行う中で継続教育と生涯学習の問題に取り組み、研究志向的

でしかも実務に即した継続教育の機会を提供する」機関であるとされ、生涯学習センターの創設により、「大学が継続教育に果たす役割の側面がより一層強調され、新しい方向性を打ち出すことになった」とされる。生涯学習センターの設置は、「社会人でありながら学習しようという学生の比率が次第に増えているという前提から出発しており」、それは、「ドイツでの学習の機会が、これまではフルタイムで大学に通い、ワンストップモードで社会に出ようという学生たちに提供されてきたという現状を打破しようとする取組み」であるとされている。

生涯学習センターが提供する学習プログラムには、以下のようなものがある。

（1） 社会人のための研究コース（学位取得プログラム）

オルデンブルク大学は、社会人が学士または修士の学位を取得できる制度を導入し、「生涯学習の過程で職業生活と学術上の資格取得をうまく組み合わせたいと考える人びとに学習の機会を提供することになった、ドイツ国内では最初の大学」であるとされている。生涯学習センターは、オルデンブルク大学の各学部との協力の下に、社会人が履修可能な研究コースを多く整え、学位取得が可能なプログラムを整備している。

（2） 証書課程（非学位取得プログラム）

オルデンブルク大学には、「職業生活を主体としながら、一方で大学における学習が可能な証書課程（非学位取得プログラム）」が用意されている。これは学士や修士の学位を授与するコースではないが、「大学レベルの教育を教授し、日常生活上・職業生活上必要とされる多様な知識・技能が習得」できるように設計されたものである。本コースの修了生には、大学またはその他の証書授与機関の証書が授与される。

第3節　オーストラリアにおける大学開放の動向

はじめに

　オーストラリアは、地理的には地球の反対側の遠い距離にあるが、日本人にとって意外に身近な国であるように思う。観光で訪れたり、退職後生活したいと願ったり、輸入された農・畜産物や鉄鉱石などの恩恵に特に意識することなくあずかっている人は多い。近年は、留学先としてオーストラリアの大学を選択することも多いようである。

　オーストラリアにおける大学開放は、その教育制度の発展過程の違いから日本と異なった特質を持つ反面、生涯学習社会に対応した共通の事業展開と特徴的な事業を見いだすことができる。

1. オーストラリアの社会と教育制度

　周知のように先住民族であるアボリジニが生活していたのではあるが、18世紀にイギリスの流刑地となって以降、オーストラリアの開拓は本格的に進められていく。移住者もイギリスをスタートとして、ヨーロッパさらにそれ以外の地域へと変化し、最近ではアジア系の移民が主流となってきた。

　1901年に連邦政府としてスタートしたが、当初はイギリスの社会システムにならった面も多かった。国家建設の過程で形成された「白豪主義」と呼ばれる考え方は、長くオーストラリア社会を支配していた。しかし、ヨーロッパ圏以外の地域からの移住者が増大するにともなって、「多民族・多文化国家」へと転換することになった。

　大学は、1850年のシドニー大学開設に始まるのであるが、大学が高等教育機関として本格的に整備されるようになったのは、第二次世界大戦以降のことである。

　行政システムとしては、教育政策全般は連邦政府によって統括されているが、

小・中・高校と職業訓練校は各州の教育行政部門が管轄しているため、教育制度は州によって多少異なる。これに対して大学の場合は、州立という名称になってはいても連邦政府からの予算処置が大きな比重を占め、連邦政府主導で管理されており、独立法人制をとっている。

　オーストラリアはその地理的・自然的・歴史的条件などから、特色ある社会と教育条件を持っている。例えば、国土が広いことから、遠隔地教育システムが追求されてきた。かつて、教師が各地区の学校を巡回したり、教材のパックが遠隔地教育を支援するセンター（LOTE）から届けられたりしてきた。また、開拓地としての精神風土とでもいうべきか、比較的開放的で革新的な文化を形成しているように思う。

　アボリジニに対する教育も、民族固有の文化を尊重しながら充実することが図られている。例えば、筆者が訪れたクイーンズランド大学では、アボリジニ出身の教員が採用され、研究と教育を行っていた。近年アジアとりわけ中国人の比率が高くなってきているが、そうした移民を受け入れる中で、積極的に母文化教育の尊重をしていることも特徴である。

　高等教育制度に関して言えば、戦後、マーティン改革と呼ばれる大幅な大学改革が実現した。これにより、「エリート教育機関から大衆教育機関へ」の発展が志向された[61]。また、1980年代後半から90年代初めに行われたドーキンズ改革では、雇用政策との関連が重視された。それまでの「二元制」から「一元制」への転換は、「マス高等教育機関」への転換、という意味をもっていた。二元制というのは、「アカデミックな大学」と、職業教育に重点をおいた「高等教育カレッジ」（College of Advanced Education, CAE）を統合しようというものであった。それは、オーストラリア経済の悪化に対応して予算削減を図り、競争原理を導入しようというものであった[62]。

2. オーストラリアにおける高等教育の特性

　教育行政を管轄するのは、「教育・雇用・職場関係省」（Department of Education, Employment and Workplace Relations）である。日本のように厚生労働省と文部科学省といった分離がない。かつてオーストラリアでは第12学年（日本の高

校3年生に相当）の修了比率は比較的低かったが、近年修了率が向上し、大学進学率も向上してきている。

　高等教育システムとして、職業訓練を行う「TAFE」と「大学・大学院」の2本立てになっている。TAFE（Technical and Further Education）は、主として州が運営し、オーストラリアの一般的な職業教育分野のコースを持ち、職業教育・訓練の重要な役割をはたしている。基本的には中等教育後の大学とは別の進学ルートとして位置づけられているが、近年TAFE修了後に大学に進学したり、TAFEで習得した単位が大学の正規の単位として認められる処置もなされるようになってきている。職業コースとしては、医療・福祉・調理・ビジネスなど多様なコースが開設されているが、英語を十分話せない移民も多いことから英語コースも設定されている。

　大学は、公立・私立あわせて39校である。オーストラリア高等教育の特性の1つであるが、キャンパスに通うことなく自宅で学習することができるように、e-learningのシステムも取り入れられている。学生の学習相談を受ける体制として、インターネット・メールを活用したシステムも取り入れられている。

　労働力市場の条件が日本とは大きく異なっているので一概にいえないが（日本でも、近年大幅に終身雇用制や年功序列賃金制が改編されてきているが）、概ね超過勤務を強制されることはなく、資格を得て転職することも日本と比較して一般的であると言われている。とはいえ、就職するためには大学や高等職業専門学校の卒業・修了資格が必須となってきていることが大学などへの進学を高めている。そうした経済的・社会的条件が、学生の進学・学習志向に影響をおよぼしていることは否定できない。

3．オーストラリアの大学開放

（1）オーストラリアの大学開放の概略

　日本において「大学開放」という場合、その内実は多様なものがある。正規の授業を一般市民が聴講できるようにしたり、多様な公開講座・講演会等の「学習機会」を提供したり、図書館・博物館などの施設を利用できるようにする、等々である。

オーストラリアと日本とを比較した場合、学生の就学条件が大きく異なり、フルタイム学生と比較してパートタイム学生が多いことが一つの特徴である。職業に就きながら学ぶ、あるいは一度就職した後に大学に進学するという例も多い。その意味では、「入試」のハードルが高い一方、社会人入学などの制度を採用している日本と比較して、「大学で学ぶ」ということ自体がきわめて「開放的」である。

　正規の授業とは区別して、一般市民向けの「大学開放」の事業も活発であり、一般教養を中心とした様々なコースが開設されている。また、ビジネスマンなどを対象とした経営学などのコースは、専門性の高いものが設定されている。図書館をはじめ学内施設が一般市民も利用できるようになっている。

　また、日本のリカレント教育と同一の概念ではとらえきれないが、教員養成システムとしては、教育学部以外の学部を修了して教員の実績を積んだ後、改めて現職教員対象の研修を教育学部で受ける、という研修システムが採用されている。こうしたシステムが整備されることで、教育現場（実践）と大学（研究）との交流・統一が図られている。

（2）　クイーンズランド大学の事例

　大学開放の一例を見ていくと、例えば、クイーンズランド州都であるブリスベンのセントルシア等にキャンパスがあるクイーンズランド大学では、大学進学の志望理由・入学システムは、日本と異なっている。一度卒業し、学士号を取得した後、別の専攻を目指して大学に入学をするケースや、社会人特別入試を利用して受験するなど様々である[63]。

　クイーンズランド大学における「大学開放」は、様々な部門・形態で実施されている。例えば、「オープン・ユニバーシティ」の日には、学内の博物館が一般に公開される。博物館には多数の資料が収集されており、解剖学博物館（Anatomy Museum）や文化人類学博物館（Anthropology Museum）などがある。とりわけ文化人類学博物館は、1万9,000点の実物資料と5,000点の写真を収集しており、その多くがアボリジニに関わるもので、オーストラリアの民族や歴史・文化を学び研究する上で、重要な役割を果たしている。そのほか、古代西アジアやエジプト・ギリシアなどの古物を展示している古物博物館（The

Antiquities Museum) など、各学問領域において重要な資料を収集・展示している。

　大学図書館も、その活動の在り方について、学生の教育と学習に貢献することはもちろん、住民の生涯学習に積極的に貢献するべきである、という方向性を打ち出している[64]。

　保健研究所（Health Institute）は、一般向けの事業も行っている。住民の生涯学習を担う、健康に関する専門的な知識の普及を図る部門として位置づけられ、多様な教育事業を開設している。

　継続教育や英語教育に関わる部門として特筆されるのが、クィーンズランド大学付属英語学校（ICTE-UQ, Institute of Continuing & TESOL Education of Queensland University）である。個人や学生団体、専門職向けの様々な英語教育、英語教師研修、専門能力開発プログラムを25年以上にわたって作成、実施してきた経験の蓄積がある。

　また、地域で市民生活を送る上で必要とされる知識の習得や、職場で求められる知識・技能の習得を目指す教育プログラムも用意されている。それも、数時間のものから数日にわたるものなど、いくつかのコースが設定されている。さらに、ビジネスに即応したより専門性を重視した、1年間にわたる教育プログラムも提供されている。

4．コミュニティ・エンゲイジメントへ

（1）コミュニティ・エンゲイジメントの概念

　20世紀前半に設立されたクイーンズランド大学は立地州が開拓地である点など、ウィスコンシン・アイディアで知られているウィスコンシン州を含むアメリカ中西部と類似していることもあって、大学はあらゆる人々に開かれ、かつ地域社会や住民のニーズに応えるべきものという理念に共感した[65]。そして、立地地域に奉仕・貢献するという「コミュニティ・サービス」の観点から、様々な大学開放事業を行ってきたが、近年、オーストラリアの高等教育においては、地域との関わりという点で、「コミュニティ・エンゲイジメント」への移行が見られるようになった。

例えば、ラ・トローブ大学では大学憲章の中で以前は「コミュニティ・サービス」という用語が使われていたが、今は「サービス」に代わり、「エンゲイジメント」あるいは「パートナーシップ」という語が使われている[66]。またオーストラリア・カトリック大学においても、21世紀に入り、コミュニティ・サービス・モデルからコミュニティ・エンゲイジメント・モデルへの移行が始まったとされており、2003年にはコミュニティ・エンゲイジメントに関する諮問委員会が、さらに2006年にはコミュニティ・エンゲイジメント推進研究所が学内に設置されている[67]。

コミュニティ・エンゲイジメントとは、その影響が大学とコミュニティ間で双方向に生じ、メリットも双方に、例えば大学側にとっては伝統的機能とされている教育・研究の質の向上といった点を含めて生じ、大学側が一方的にコミュニティにサービス、奉仕するものではなく、両者間の協議を通じて、パートナーシップのもと行われるものである[68]。

またオーストラリアの大学は社会的公正面での貢献が強く求められているが[69]、その実現において、コミュニティと協働するコミュニティ・エンゲイジメントは効果的な手段であり、また取組の目的そのものにも概して公正志向性が見られている。

さらに今後のオーストラリア高等教育の方向性を示した2008年のブラッドリー・レポートにおいて、「コミュニティ・エンゲイジメントは大学の教育・研究活動の本質的な部分である」といった記述が見られているように[70]、第3の機能というよりも既存の教育・研究機能に位置づくものと捉えられている。

「コミュニティ」という用語に関していえば、これは「ローカル」や「リージョナル」から「インターナショナル」まで、かなりの幅を持つ言葉であり、各大学の持つ使命により、解釈は大学ごとに異なるが、概してそれは「リージョナル」、それも地方の立地地域といった意味合いが強いものになっている[71]。

（2） コミュニティ・エンゲイジメント推進の背景と連邦政府の立場

それではなぜ近年、コミュニティ・エンゲイジメントといった概念が広まってきているのであろうか。

その背景として、グローバル化が進展し、知識・専門性の重要性が高まるにつ

れて、活力ある地域コミュニティを構築していく上で、大学の存在意義が高まってきていることがある[72]。そういった背景から、大学は単にそこに空間的に存在していれば、それだけでコミュニティへの貢献になるという次元を脱し、コミュニティとの結びつきをより一層強めるべきという考え方が浸透してきており[73]、実際に近年、オーストラリアでは大学と地域コミュニティの結びつきは強まってきている[74]。

またオーストラリアでは、公的資金が補助金として配分されることに対する説明責任が強まっており[75]、大学は教育・研究の質を上げ、かつ比較的その効果が実感されやすい形で表現する必要性に迫られてもいる。

加えて、従来のコミュニティ・サービスは大学から地域への一方向の貢献であることから、大学経営者および多忙な教員双方にとって魅力的ではなく、それゆえ教育・研究活動と比べ、機能として軽視されてきたことも指摘されている[76]。

連邦政府も政策文書において、「高等教育機関は立地地域のニーズに感応的で、それら地域とのより積極的なエンゲイジメントを推進していく必要がある[77]」、あるいは「様々な卓越は多様で専門化したパートナーシップから生まれる。高等教育機関は社会的、経済的、文化的発展における自らの役割を認識したなら、コミュニティ・エンゲイジメントを一層強化することに関心が向けられるはずである[78]」と述べているなど、コミュニティ・エンゲイジメントの必要性を強調している。

（3）AUCEA の設立

近年、大学とコミュニティの結びつきが強まってきているが、さらにその動きを促進するために、2003年にオーストラリア大学－コミュニティ・エンゲイジメント連合（AUCEA）が設立された[79]。この AUCEA はオーストラリアとアジア・太平洋地域の大学―コミュニティ間のエンゲイジメントを促進することを責務とした非営利組織で、そのホームページによると、2012年1月の時点で、表7-2にあるように、オーストラリアの大学の約6割にあたる24大学とニュージーランドのカンタベリー大学の計25の大学がそのメンバーとなっていた[80]。その目的は大学とコミュニティのエンゲイジメントを通じた教育・研究の卓越を実現すること、コミュニティのさらなる発展を図ること、高等教育部門の内外で

の協働を通じて、未来の市民を育成することで、具体的な職務としては、①大学－コミュニティ・エンゲイジメントに関わる意識の向上と優れた実践の普及、②加盟大学とそのコミュニティ間のエンゲイジメントに関わる共同研究を促進すること、③カリキュラムや学生の経験の中へのエンゲイジメントの統合を推進すること、④適切な教育方法の一領域としてのエンゲイジメントの認知を広めるこ

表7-2　AUCEA加盟大学一覧

	大学名
1	University of Adelaide（アデレード大学）
2	Australian Catholic University（オーストラリア・カトリック大学）
3	University of Canberra（キャンベラ大学）
4	Central Queensland University（セントラル・クイーンズランド大学）
5	Charles Darwin University（チャールズ・ダーウィン大学）
6	Charles Sturt University（チャールズ・スチュアート大学）
7	Deakin University（ディーキン大学）
8	Edith Cowan University（エディスコーワン大学）
9	Flinders University（フリンダース大学）
10	James Cook University（ジェームス・クック大学）
11	La Trobe University（ラ・トローブ大学）
12	Macquarie University（マッコーリー大学）
13	University of Newcastle（ニューキャッスル大学）
14	Queensland University of Technology（クイーンズランド工科大学）
15	RMIT University（ロイヤルメルボルン工科大学）
16	University of South Australia（南オーストラリア大学）
17	Southern Cross University（サザンクロス大学）
18	University of Southern Queensland（南クイーンズランド大学）
19	University of the Sunshine Coast（サンシャインコースト大学）
20	Swinburne University of Technology（スインバン工科大学）
21	University of Tasmania（タスマニア大学）
22	Victoria University（ヴィクトリア大学）
23	University of Western Sydney（西シドニー大学）
24	University of Wollongong（ウーロンゴン大学）
25	University of Canterbury（カンタベリー大学）

出典：AUCEAのホームページより

と、⑤大学とコミュニティのエンゲイジメントを支える資源を共同開発することを挙げている[81]。

（4） コミュニティ・エンゲイジメントの事例

オーストラリア高等教育の中では、コミュニティ・エンゲイジメントはまだ十分に受け入れられていないといった指摘もなされているものの[82]、上述したように、多くの大学が一丸となって、コミュニティ・エンゲイジメントを推進しようという動きも存在し、実際に様々な取組も見られるようになっている。

例えば、1996年に高齢者向けの教育課程である第三期の大学（U3A）が南オーストラリア州のワイアラに開設された際に、南オーストラリア大学ワイアラ校はすぐにそのスポンサーとなって、会場提供や講師派遣などの支援を行い始めた。初期においては、関係は大学からU3Aへと一方向であったが、近年、相互利益の方向に進んできており、U3Aのメンバーが教育・研究上のボランティアや地域コミュニティと大学とのつなぎ役を務めたり、あるいは調査によると、若年の正規学生の学習意欲の向上や生涯学習意識の浸透にも一役買ったりしているとの結果が示されている。また大学のキャンパス内でU3Aのプログラムが行われるため、受講者の中には正規課程の授業受講に関心を持つようになった者もおり、社会人学生の掘り起こしにもつながっている[83]。

オーストラリア・カトリック大学は教会などとの協働の形でキャタリスト・クレメント・プログラムを実施している。このプログラムはニューヨークで始まったものであるが、社会的弱者を対象に、倫理学、哲学、文学など人文学の教科からなる成人リベラル教育を提供し、社会的包摂を進めていこうというものである。受講者は正規の大学の単位を取得でき、4単位を取得すると正規の学士課程への入学資格を得ることができる。このプログラムは大学教育につながるルートをコミュニティの中にはめ込んだもので、行政も関わる協働の中で受講者の持つ複雑な健康面、心理面等のニーズに対しても支援が行われている[84]。

前述したように、オーストラリアでは、社会的公正が重んじられ、これまで大学進学率が低かった社会グループの進学率を引き上げることが高等教育段階の目標とされているが、こうした取組は社会あるいは地域の課題解決に寄与するものであると同時に各大学の目標達成にも大きく貢献するものとなる。

西シドニー大学においても、英語が話せない難民の子どもたちがオーストラリアの通常の学校の教室に移行できるように、教員志望の学生が個人指導による識字教育を行っている。ここでは単に難民の子ども支援という地域課題に対処するだけでなく、実践を通じて、難民の子を指導する上で最適な教育方法を研究開発することや将来教室で直面するであろう問題に教員志望学生が対応できるように、あらかじめ多様な生徒への理解を育ませるという目標も掲げられている。この活動は正規の授業の一環として実施されており、学生にとってはここでの活動は単位取得授業の一部として位置づけられている[85]。

お わ り に

　オーストラリア高等教育は以前、経済協力開発機構（OECD）に最も社会人学生を受け入れている国の1つと位置付けられたように[86]、成人に対して開かれており、また地域への貢献という視点も大学設立当初から強かった。そういった特性を持つオーストラリア高等教育において、近年「コミュニティ・サービス」から「コミュニティ・エンゲイジメント」への移行が見られており、①大学とコミュニティの協働、②相互利益性、③教育研究活動の質の向上、④第三の機能というよりは教育・研究活動の一環といった特性が強調されている。

　地域の活性化に向けて、より大きな期待が寄せられている点、教育研究の質を上げ、魅力を向上させていく必要に迫られている点など、日本の大学はオーストラリアの大学と類似した環境に置かれているが、大学と地域双方にとってウイン・ウインの関係を構築できるコミュニティ・エンゲイジメントを推進する上で、今後、我々はオーストラリア高等教育の動向に関心を寄せていく必要がある。

注

1) 英国は、（2013年現在）イングランド・ウェールズ・スコットランド・北アイルランドの4つの非独立国からなる連合王国であり、高等教育も各国によって異なった制度に基づき提供されている。特に、米国の大学制度にも影響を与えたといわれるスコットランドの高等教育では、社会階層や経歴よりも個人の能力や平等性に重きが置かれ、学士課程のカリキュラムや修業年限等も他の3か国とは大きく異なる。大学開放においても、各国で独自の発展がみられるが、本節では、紙幅の関係から、主にイングランドの事例に焦点を絞って論述して

2) Coles, J., 'University Adult Education: the first century', in Jones, B., Moseley, R. & Thomas, G. (2010), *University Continuing Education 1981-2006: Twenty-five Turbulent Years*. Leicester: National Institute of Adult Continuing Education, pp.7-9.
3) *Ibid.*, p.9.
4) Kelly, T. (1992), *A history of adult education in Great Britain from the middle ages to the twentieth century (3rd edn)*. Liverpool: Liverpool University Press, p.237.
5) Coles, J.(2010), *op. cit.*, pp.9-10.
6) Wiltshire, H.(1980), 'A general introduction to the Report' in *The Final and interim Reports of the Adult Education Committee of the Ministry of Reconstruction, 1918-1919 reprinted with introductory essays*, p.23.
7) 当該部局については、わが国では「構外教育部」と訳出されることが多い。しかし、当初の名称に使用された 'extra-mural'（「壁の外にある」）は、あくまでも（特有の財政支援のあり方を含め）概念的な意味合いを現した用語であって、実際にはこの種の部局は通常大学の敷地内にあり、他部局の建物との間に明確な境界が設けられているわけではない。また、同部局は、当該領域を専門とする研究者を配置し、教育活動だけでなく、研究活動にも熱心に取り組んできた。今日、英国では、こうした領域を総称して 'University Continuing Education/UCE' と呼ぶことが多いが、部局名に関しては大学によって異なり、時代とともに一定の傾向はみられるものの、統一した名称が用いられているわけではない。したがって本節は、混乱を避けるため、便宜上当該部局を現す用語として、'Department of Continuing Education' の略語である DCE を使用している。
8) Coles, J. (2010), *op. cit.*, p.18.
9) *Ibid.*, pp.17-18.
10) *Ibid.*, p.19.
11) Jones, B., 'The role of the University Association for Lifelong Learning' in Jones, B., Moseley, R. & Thomas, G. (2010), *op. cit.*, pp.54-71.
12) Chivers, G., 'Vocationalism and the rise of continuing vocational education' in Jones, B., Moseley, R. & Thomas, G. (2010), *op. cit.*, p.89.
13) *Ibid.*, pp.90-91.
14) *Ibid.*, p.91.
　　医学や法学の分野では、同種の事業による特殊な専門職従事者の養成を CPD（continuing professional development）と呼ぶこともあるが、本節では CVE に統一して論述している。
15) Committee on Higher Education (1963), *Higher Education, Report of the Committee appointed by the Prime Minister under the Chairmanship of Lord Robbins 1961-63*. London: Her Majesty's Stationery Office.
16) Parry, G., 'University Adult Education and the shift to mass higher education', in

Jones, B., Moseley, R. & Thomas, G. (2010), *op. cit.*, p.28.
17) *Ibid.*, pp.28-29.
　こうした認識により、当時の DCE における受講者数等は、大学全体の統計にも入れられないままであった。
18) Committee on Adult Education within the Department of Education and Science (1973), *Adult Education: a Plan for Development, Report of the Committee under the Chairmanship of Russell, Sir L.* London: HMSO
19) Chivers, G. (2010), *op. cit.*, pp.91-93.
20) *Ibid.*, p.92.
21) *Ibid.*, pp.93-94.
22) *Ibid.*, pp.95-98.
23) Jones, B. & Thomas, G. 'University continuing education: changing concepts and perceptions' in Jones, B., Moseley, R. & Thomas, G. (2010), *op. cit.*, p.74.
24) 英国における 'continuing education' については、「継続教育」「継続的教育」「持続的教育」等、様々な邦訳がみられる。筆者は、次のような状況を鑑み、本用語を解釈している。そもそも本用語は、1960年代後半から1970年代にかけての英国経済の悪化を受け、徐々に職業的要素の強い教育を成人教育の領域でも担うことが期待される中、次第に使用されるようになってきたものである。当時は専ら CVE という形で具現化され、次第に一部の大学成人教育でもそれへの対応が検討され始めた。したがって、1970年代当時は、職業的な意味合いでの成人教育を表す場合が多く、旧来の LAE とは目的が大きく異なるものとして、限定的に使用される傾向にあった。1977年に創設された政府の諮問機関（Advisory Council for Adult and Continuing Education/ACACE）においても、発足当時はこうした限定的意味合いで本用語が使用されていた。しかしながら、1980年代のサッチャー政権下において、本用語の包含する範囲は飛躍的に拡大されていく。例えば、ACACE が1982年に発表した政策文書 'Continuing Education: from policies to practice' においては、英国における学校後の教育体系を抜本的に改革するよう迫るとともに、旧来の教育と訓練、職業的な成人教育と一般的な成人教育の区分をなくし、すべてを 'continuing education' という統合した概念の中に含めるように促した。この流れを受け、1980年代には、本用語を単に経済発展に資するものだけでなく、個人の人間的発達や自己充足並びに社会的発展に関するもの等も含めた、あらゆる年代の人々が生涯にわたって様々な目的のために行う教育活動を総合的に再編した概念として使用する動きが高まった。次第に、1980年代以降、DCE のみならず、同国の関係諸機関においても、従来頻用されてきた 'adult education' という用語に 'continuing' という用語が付加されたり、後者に置き換えられたりする事例が多くみられている。例えば、英国の国立成人教育研究所である National Institute of Adult Continuing Education/NIACE は、1983年より組織名に 'continuing' を付加するようになり、現在に至っている。以上のように、本用語は、1980年代にその概念の包含する範囲が拡大され

たことにより、いわゆる 1965 年に提唱されたユネスコの「生涯教育」の概念に近いものとして、1990 年代中盤以降欧州全域に浸透した用語である 'lifelong learning' とともに、今日まで使用されている。このように、時代とともに意味合いに変遷を持つ本用語を正確に日本語で置き換えることは難しいが、本節では、英国における今日的意味合いを考慮した上で、そのニュアンスを日本語で最も近く表す用語として「生涯教育」と訳出している。以上の解釈については、例えば以下の文献に詳しい。

　　Beer, S. (2007), *Lifelong learning: debates and discourses*. Leicester: NIACE, p.3.

　　Department of Education and Science (1987), *The Report of the Official Working Party on the Funding of University Extra-Mural Department [the Summer Report]*. London: HMSO.

　　Fieldhouse, R., 'Continuing Education'. 欧州成人教育協会 (European Association for the Education of Adults) ホームページ：http://www.eaea.org/index.php?k=15101（閲覧日　2012 年 7 月 28 日）

25）例えば以下の政策文書にその傾向がみられる。

　　Department of Education and Science (1985), *The Development of Higher Education into the 1990s*, Cm 9524. London: Her Majesty's Stationery Office, p.17.

26）Moseley, R., 'The impact on university continuing education departments' in Jones, B., Moseley, R. & Thomas, G. (2010), *op. cit.*, p.44.

27）*Ibid.*, p.44.

28）*Ibid.*, p.41.

29）*Ibid.*, pp.41-45.

30）*Ibid.*, p.44.

31）しかし、大学成人教育からみて高等教育は本当に変容したのか、という点では疑問も呈されている。なぜなら、ここでいう「生涯学習」に関連した教育機会の提供のうち、労働市場の要求を反映させた職業的な内容のものについては、1992 年までポリテクニックであった機関がその大部分を担っており、全学生中約 4 割を占める成人学生の大多数は、1992 年以前から存在した大学ではなく、元ポリテクニックの大学で学んでいるからである。したがって、成人学生への機会拡大といっても、そもそも元ポリテクニックに通う職業的な内容の教育目当ての成人学生が伸びたにすぎないという実態があり、英国における大学の社会経済的構造の本質はほとんど変わっていないことが指摘されている。こうした実情については、例えば以下の文献に詳しい。

　　Murphy, M., Morgan-Klein, B., Osborne, M. & Gallacher, J.(2002), *Widening Participation in Higher Education: Report to Scottish Executive*. Stirling: Centre for Research in Lifelong Learning/Scottish Executive.

32）Osborne, M. J., Sandberg, H. & Tuomi, O. (2004), 'A Comparison of Developments in University Continuing Education in Finland, the UK and Sweden' in *International*

Journal of Lifelong Education, Vol.23, No 2, pp.141-142.
33) Jones, B. & Thomas, G. (2010), *op. cit.*, p.85.
34) Higher Education Funding Council for England (1993), 'CE Policy Review committee paper CEAG 93/2', p.12.
35) Jones, B. & Thomas, G. (2010), *op. cit.*, pp.85-87.
36) *Ibid.*, p.84.

 学習内容が「認証化」に値するものに限って支援するという方向性が明確になったことにより、財源配分の透明性が増し、今までDCEに留まっていた成人学生を大学の「主流」へ送り込める可能性も高まってくる等、DCEにとってのメリットも存在した。しかし、すべての学習内容を「認証化」していくことにより、従来単位認定を必要としなかったLAEの受講者を中心とした、一定の成人学生層の喪失等、デメリットも関係者により指摘されてきた。

37) 「機会拡大」に関する事業は、特に1993年以降「大学」に昇格した多くの高等教育機関で実施されているが、今日においても高等教育の機会を享受できない社会の最底辺をなす不利益層が存在していることも看過できない事実であろう。その事例は、例えば以下の文献に詳しい。

 Preece, J.(1999), *Combating Social Exclusion in University Adult Education (Interdisciplinary Research Series in Ethnic, Gender, and Class Relations)*. Hants: Ashgate Publishing Ltd.

 Preece, J.(1999), *Using Foucault and Feminist Theory to Explain Why Some Adults Are Excluded from British University Continuing Education*. Lewiston: Edwin Mellen Press.

38) Chivers, G. (2010), *op. cit.*, p.100.
39) *Ibid.*, pp.100-101.
40) Parry, G. (2010), *op. cit.*, pp.35-36.
41) Mosley, R.(2010), *op. cit.*, pp.48-52.
42) Jones, B. (2010), *op. cit.*, pp.70-71.

 一連の動きにより、認証を必要としないコースに通う学生を多く抱えているようなDCEにおいては、徐々に深刻な質の批判にさらされることが懸念され始めていた。

43) Taylor, R. & Jones, B., 'Introduction: university continuing education 1981-2006', in Jones, B., Moseley, R. & Thomas, G.(2010), *op. cit.*, p.2.
44) Dunne, J., 'The future of university continuing education: lessons from this study' in Jones, B., Moseley, R. & Thomas, G.(2010), *op. cit.*, p.195.
45) *Ibid.*, pp.190-195.
46) 在日日本ドイツ大使館「ドイツの実情」

 http://www.tatsachen-ueber-deutschland.de/jp/home1.html（2009年12月25日閲覧）
 岐阜大学産官学融合本部『平成18年度「大学知的財産本部整備事業」21世紀型産官学連

携手法の構築に係るモデルプログラム　海外事情調査報告書』、p.6。
47）　前掲、岐阜大学産官学融合本部『平成18年度「大学知的財産本部整備事業」21世紀型産官学連携手法の構築に係るモデルプログラム　海外事情調査報告書』、p.6。
48）　同前、p.6。
49）　三輪建二『ドイツの生涯学習』（東海大学出版会、2002年）、pp.129-130。
50）　http://www.doitsu.com/index.htm（2010年1月5日閲覧）。ただし、いわゆる「フルボント理念」とは後世に創作された神話だとするパレチェク仮説を検証した潮木守一『フンボルト理念の終焉？―現代大学の新次元―』（東信堂、2008年）等も参照のこと。
51）　Rudy, W. "The Revolution in American Higher Education; 1865-1900." *Harvard Educational Review*, XXI, No. 3, 1951.
52）　前掲、『ドイツの生涯学習』、p.112。
53）　なお、近年のドイツにおける大学開放の動きとして、連邦教育研究省の2011年の予算において、「教育による向上：開かれた大学」という公募事業が開始され、これに関して2018年までに2億5,000万ユーロの予算が用意されることとなった。日本学術振興会「海外における高等教育に関する動向（平成22年8月分）」（Vol.26）を参照のこと。
54）　木戸裕「ヨーロッパの高等教育改革」（国立国会図書館調査及び立法考査局『レファレンス』55（11）、2005年11月）。以下、「2.『ボローニャ宣言』とドイツの大学開放」の項は、本論文に依拠しながら記述されている。
55）　名古屋大学高等教育研究センター「第62回招聘セミナー・ヨーロッパ高等教育の変革―FD（ASD）による教育から学習への転換サポート―」（ブリギッテ・ベーレント氏・元ベルリン自由大学教授・2007年3月22日（木）10時～12時・名古屋大学文系総合館7階オープンホール）の「講演要旨」（文責・津田純子）を参照。また、カール・ノイマン／大膳司・渡邊隆信訳「大学における教育文化から学習文化への転換」（『広島大学高等教育研究開発センター　大学論集』第40集、2009年）を参照。
56）　文部科学省「ドイツ高等教育大綱法改正の概要」（http://www.mext.go.jp/、2009年12月25日閲覧）。
57）　ドイツ「高等教育大綱法」（"Hochschulrahmengesetz"）については、http://www.sadaba.de/GSBT_HRG.htmlを参照し（2009年12月16日閲覧）、筆者が訳出した。ドイツ「高等教育大綱法」の廃止については、「連邦全体の高等教育の枠組みを定める高等教育大綱法が廃止へ」（文部科学省編著『諸外国の教育動向：2007年版』明石書店、2008年）を参照。連邦政府は、「高等教育大綱法がもはや時宜に応じたものでなく不可欠なものでもない」として、「高等教育大綱法」の廃止を閣議決定した。この点については、「連邦全体の高等教育の枠組みを定める高等教育大綱法が廃止へ」（pp.146-147）を参照。「高等教育大綱法」廃止によって、連邦政府は、大学・高等教育に関して唯一有していた大学入学許可と修了資格に関する権限についても手離すこととなった。ただし、ドイツ基本法第91b条（2006年8月28日改正）により、連邦政府は、全国的な意義を有する場合には、大学での学術研究計

画策定において、大学・高等教育に関わることができる。この点については、「連邦全体の高等教育の枠組みを定める高等教育大綱法が廃止へ」を参照（pp.146-147）。

58) 以下、フランクフルト・アム・マイン大学の「第三期の大学」については、大学のリーフレットを参照して筆者が訳出した。
59) 国立教育会館社会教育研修所『高齢者社会と学習』（ぎょうせい、2000年）、pp.21-24。
60) 以下、オルデンブルク大学の取組みについては、大学のリーフレットを参照して筆者が訳出した。
61) 「マーティン改革」については、次の文献を参照。杉本和弘「二元的高等教育システムの成立と展開」、杉本和弘著『戦後オーストラリアの高等教育改革研究』第2章、東信堂、2003年。
62) 二元制の改革については、次の文献を参照。杉本和弘「一元化された高等教育制度」石附実・笹森健編『オーストラリア・ニュージーランドの教育』第4章、東信堂、2001年。
63) クイーンズランド大学は、クイーンズランド州都であるブリスベンのセントルシア等にキャンパスがある。学生数・大学院生数の合計は約3万8,000人で、教職員数は約5,000人である。比較的早い時期1909年に設立され、現在でも有数の大学として評価されている。クイーンズランド大学の概要や「大学開放」の事業については、公式ホームページを参照されたい（http://www.uq.edu.au/）。
64) Schmidt, Janine and Cribb, Gulci. *Leading Lifelong Learning : The Library's Role*. The University of Queensland Library, Brisbane, Queensland, Australia 4072.
65) オーストラリアの大学へのアメリカ中西部の州立大学の影響に関しては、以下の文献を参照。出相泰裕「高等教育における成人学生受け入れ機能の受容過程に関する考察—オーストラリアの大学の事例から—」『日本生涯教育学会年報』第19号、1998年、pp.131-142
66) Winter, A, Wiseman, J & Muirhead, B. "University-Community Engagement in Australia: Practice, policy and public good". *Education, Citizenship and Social Justice*. Vol.1 (3), 2006, p.220.
67) Webber, R & Jones, K. "Re-positioning as a Response to Government Higher Education Policy Development — an Australian case study". *Journal of Higher Education Policy and Management*, Vol.33, No.1, 2011, p.19.
68) Butcher. J & Egan, L.A. Community Engagement Research: A Question of Partnership. *The Australasian Journal of University-Community Engagement*. Vol. No.200 , p.106.
　　オーストラリアのコミュニティ・エンゲイジメント論については、以下の文献を参照。
　　出相泰裕「オーストラリア高等教育におけるコミュニティ・エンゲイジメント論」『教育実践研究』第6号、2012年。
69) Bradley, D (Chair). *Review of Australian Higher Education: Final Report*. Commonwealth of Australia, 2008, xiv.

70) Ibid., xxviii.
71) Winter, A, Wiseman, J & Muirhead, B. op. cit. p.212.
72) Bradley, D. op. cit. xiv.
73) Webber, R & Jones, K. op. cit. p.19.
74) Garlick, S & Langworhty, A. Benchmarking University Community Engagement: Developing a national approach in Australia. *Higher Education Management and Policy*. Vol.20., No.2, 2008. p.154.
75) Webber, R & Jones, K. op. cit. p.17.76) Commonwealth Department of Education, Science & Training. *Varieties of Excellence: Diversity, specialization and regional engagement*. Commonwealth of Australia. 2002. p.59.
77) Nelson, B. *Higher Education at the Crossroads: An overview paper* (Minisrial Discussion Paper). Commonwealth Department of Education, Science & Training. 2002, pp.23-24.
78) Commonwealth Department of Education, Science & Training. op. cit. p.47.
79) Ibid., p.154.
80) AUCEAのHPの現在の加盟大学のページを参照。
http://aucea.com.au/membership/current-members/（最終アクセス日、2012年1月4日）。現在の組織名はEngagement Australiaとなっている。
81) Australian Universities Community Engagement Alliance (AUCEA). *Universities and Community Engagement: Position Paper 2008-2010*. AUCEA, 2008.
82) Clarke, J. Forgotten but not Gone: Raising university-community engagement into the post-Bradley consciousness. *The Australasian Journal of University-Community Engagement*. Vol.3, No.1, 2009, p.17.
83) Ellis, B. University and Seniors Working Together. *The Australasian Journal of University-Community Engagement*. Vol.3, No.2, 2009, pp.6-19.
84) Howard, P, etc. Social Inclusion through Transformative Education. *The Australasian Journal of University-Community Engagement*. 2010, pp.49-66.
85) McCarthy,. F. E & Vickers, M. H. Increasing Higher Education Participation through University-Community Collaboration. *The Australasian Journal of University-Community Engagement*, 2009, pp.20-27.
86) Centre for Innovation and Research (CERI). Adults in Higher Education. Organisation for Economic Cooperation and Development (OECD). 1987, pp.29-33.

第8章 大学開放の意義と進展に向けての課題

第1節　大学開放の意義

　第1章で述べたように、今日、日本の大学はユニバーサル・パーティシペーション型の高等教育への移行の中で役割を果たすことが期待されている。中央教育審議会も各大学が教育研究上どのような使命・役割に重点を置く場合であっても、教育・研究機能の拡張としての大学開放の一層の推進を視野に入れていくことが重要であると述べている[1]。19世紀のイギリスでは大学教育を受けたい人々のもとへ大学教員が出向いていったが、今日はICTも活用しつつ、年齢等にかかわらず、学べる能力と意欲を持つあらゆる者に大学教育を開放することが必要となっている。今日、大学は知識社会化等に伴い、その重要性が増しており、社会から様々な期待、要請を受けている。カーは大学の歴史は機能拡大の歴史と述べたが[2]、第3章で述べたCOCとしての機能もその1つであろう。

　大学開放の推進について言えば、実際には教養の向上のための公開講座の提供に加えて、大学開放を通じたより直接的な社会貢献、特に地域人材の養成や社会人への職業教育が進められてきている。例えば、第4章の事例で言えば、滋賀県は琵琶湖の環境問題などの地域課題を抱えているが、滋賀大学ではそれらの問題の解決に寄与する人材の育成を地域の公民館や高等学校などと、それぞれの強みを活かす形で連携して行っている。また栃木県では首都圏という農作物の大消費地を控え、生産者が安全面も含め、食という消費者の視点について理解することが重要となっているが、宇都宮大学は消費者の視点もクロスオーバーさせ、第6次産業の発展や農商工連携に結びつく食と農双方に精通した人材の育成に乗り出している。北海道大学も、札幌市の地域課題を明らかにし、それを踏まえて地域

づくりの方向性について学び、考え合う機会ともなる「さっぽろ市民カレッジ」に関わっている。

一方、教育大学である大阪教育大学は社会人経験を持つ、主として30歳代の教員免許保持者を対象として教員養成プログラムを実施し、いびつとなっている教員の年齢構成の是正を図ると共に、教員需要が少ない時期であったため、教員になれなかった人々にセカンド・チャンスを、あるいは社会人経験を経た後に教員になりたくなった人には、職業キャリアのリセットの機会を提供した。また同じく大阪教育大学では、力量形成の機会が不足しつつある地域の社会教育職員に対して、実践事例の振り返りとそれに関する職員間の討議により、職員が相互に学び合える場を提供している。

このように大学開放を通じて、生涯にわたる教養教育に加え、より直接的に社会、地域に貢献する取組が実施されてきているわけであるが、これらの事例をみると、大学開放は社会、地域のみならず、大学、特にその教育研究に対して望ましい効果をもたらしうるものであることがわかる。

例えば、近年、学生も大学の資源の1つとしてサービス・ラーニングの形で地域貢献事業に参加し、その中で異世代とのチームワークや市民性などを向上させる機会を得ているが、それは大学教育の目標として挙げられている「学士力」を向上させる機会ともなる[3]。香川大学の事例では、学生自らが正規の授業の中で開放講座の企画をし、地域の中で実践をしており、北海道大学の事例も学生が地域実態の調査という形で参加し、地域の様々な人々と学び合う機会となっていた。また滋賀大学の事例では、プログラムの一部が正規の授業となっており、そこで社会人の実務経験や学習意欲の高さが正規の大学生に好影響を与えることも考えられ、大学博物館を扱った岩手大学の事例でも、主としてシニア層のボランティアが正規の授業で学生に対して展示解説をしたり、留学生と交流したりするなど、大学教育に対して付加価値をもたらしている。大阪教育大学の事例でも、社会教育施設とのつながりにより、社会教育について学習している学生が実務経験を積む機会を得ている。

影響は学生だけでなく、第5章の「教員の学び」を見てもわかるように、教員の教育研究に対しても及んでいる。例えば、教育面では、大阪教育大学の事例にあるように、大学開放事業の場が教員にとって、ワークショップなど、新たな

教育方法について学んだり、試みたりする場ともなる。また他の役割を抱えるなか、時間を割き、自ら受講料を支払って来る社会人は授業に対して厳しく、そのため、教員にとっては緊張感のある授業となったり、社会人は職業経験など様々な人生経験を持っているため、そういった経験を引き出し、活かす授業が求められたりするなど、大学開放事業はFDとしても機能しうる。

　研究面においても、分野によっては、人生経験豊富な社会人を教えることにより、研究上のヒントを得られたり、研究の有効性が確認できたり、あるいは実務経験を積んでいる受講者と協働することによって、実践知を生み出していくこともできる。

　その他、大学の教育研究活動を可視化するということもある。国、地方とも財政難で予算獲得競争が激化し、またそれに伴い、大学は税金を社会のために有効に使っているとの説明責任を求められているが、大学開放事業は国民が大学教育や研究の実情や意義について知る機会ともなる。ただそこで彼（女）等が大学の教育研究活動を税金の使途として優先順位の高いものとみなしてくれるかどうかはまさに大学次第となる。

　また学外の人々の大学への心理的な距離を縮めることもできる。岩手大学の取組では、学外ボランティアを活用する形で学内の様々な資源を大学博物館として開放していたが、それにより、これまで岩手大学と関わりのなかった利用者が岩手大学に親近感を感じたり、ボランティアが大学のサポーターになったりすることが期待できる。

　さらに、ユニバーサル・パーティシペーション型の高等教育では、一層広範な層が高等教育を受けられるようにしていくことが目指されるが、第5章の「受講者の学び」でも見られたように、大学開放事業はこれまで大学に縁遠かった人々の大学教育への認識を変えることもできる。オズボーンは非正規の教育機会は受講者が高等教育の雰囲気を感じたり、高等教育への関心を強めたりするなどの機能を果たしうると述べているが[4]、加えて大学の授業についていけるか、あるいは仕事と学業が両立するかという不安を抱えた社会人にとって、大学入学に向けてのお試し機会ともなりえ、より広範な層の学び直しを後押しすることにもなる。

　このように、大学開放は単に大学が社会や地域に貢献する手段というよりも、相互に活性化し合えるものと言えよう。

第2節　大学開放の進展に向けての課題

上述したような大学開放の動きを促進していくことが今日求められるが、そのためにはどういった問題があり、どういった取組が求められるかについて、いくつか重要な点を取り上げることとする。

第1の問題としては、特に地域連携事業においてそうであるが、大学開放事業のコストをどう負担するかという問題がある。OECDも政府からの資金援助が短期間に限定されることや、新たな事業を立ち上げる上での地域からの資金援助が不十分な点を阻害要因として挙げているが[5]、経費はすべて大学側の持ち出しでは、序章で述べたように、大学の経営状況が厳しい折、持続可能な取組とはなりにくい。自治体などの地域、大学、受講者などの間で費用をどう分かち合っていくかという問題は、受講者の事業における学習歴の評価・処遇とも関連してくるが、大学開放事業の今後の発展を考える上で大きな問題として残っている。

地域など大学外部との関係で言うと、第2の問題として、大学と外部間の相互理解の欠如がある。例えば、地域の側からすると、大学にはどういった資源があるのか、大学を活用すれば何ができるのかといった点、大学側からすれば、地域の持つ学習ニーズは何なのかといった点について十分に理解できているわけではない。また双方とも連携の経験は浅く、そのためのノウハウを十分に蓄積できているわけでもない。この問題に対しては、現在、地域連携担当の専門組織を置く大学は半数に満たないが（表8-1）、今後、大学側は生涯学習系センターなど、地域などとのコーディネートを担う組織を設置していく必要がある。また第1章で述べたように、地域の自治体と連携協定を結んでいる大学も26%あるが、そういった枠組みの中で、意見交換をし、相互理解を深めていくことも求められる。

表8-1　設置形態別、地域連携専門組織の有無と公開講座貢献の学内規定明文化状況　　　（単位：%）

	国立	公立	私立	計
地域連携専門組織	67.1	60.0	38.9	44.4
学内規定明文化	36.9	30.8	9.5	15.1

出典：平成23年度開かれた大学づくりに関する調査（調査報告書）

第3の問題としては、大学開放を持続・発展させていくためには、一部の特定の教員だけではなく、より広範な教員に大学開放事業に参加してもらうことが不可欠で、それをどう促進していくかという問題がある。第6章でみたように、参加に消極的な理由の1つには、教員が自分の研究内容が専門的すぎて一般市民向けではないと思いこんでいることがある。しかし、苅部はおそらく学会発表とほぼ同水準の講演であろうと思われた医師の講演会で、医学に関してはまったくの素人であるはずの聴衆が最新の専門研究について深い理解を見せ、質問を投げかけていたことに驚いたように[6]、市民向けの講演会で受講者のレベルの高さに驚いた大学教員は少なくはないであろう。そこでそういった誤解を地道に解いていくことが必要となる。また同じく6章で見た調査では、教員は充実感を求めて大学開放事業に従事する傾向があった。

　これらのことからして、生涯学習系センターなど大学開放を担う組織は、年報などに大学開放事業経験者にその経験について手記を書いてもらうなどして[7]、大学開放事業の大学および教員にとっての利点、特に講師を務めるという経験について教員の間で理解を深めていくことが必要であろう。また各大学の使命に沿ったものであれば、比較的各教員の理解、賛同は得やすいため、使命に沿った事業を企画し、まず一度担当してもらうことが重要である。大阪教育大学でも見られたが、一度講師を経験し、その意義や楽しさに気づき、その後主体的に関わるようになった教員も全国規模で見れば少なからずいると考えられる。

　大学全体では、第1に報賞・評価を改善することが求められる。OECDは大学による地域貢献への阻害要因の1つとして、大学人の評価が刊行物の同僚による評価で決まり、開放事業の担当が学内の昇進・報酬システム上考慮されないことを挙げているが[8]、それが謝金や研究費への配分あるいは業績評価への組み入れといった形で反映されるような学内の環境整備も基本的に必要であろう。国立大学では3分の1以上（36.9%）あるが、教員の公開講座への貢献に対する人事評価について学内規定に明文化している大学は全体で15%にとどまっている（表8-1）。大学は様々な役割を求められるようになってきており、今日、教員は様々な指標・視点から評価されるべきである。

　第2には、第6章でみた大学教員の労働時間に関する調査によれば、大学教員の労働時間全体は増加していることから、時間上の配慮を検討する必要がある。

大学によっては、公開講座に関する教員への依頼内容および件数を公開講座担当部署以外が主体となっているものも含め、すべて公開講座担当部署が把握・管理し、それを全学に報告し、その報告に基づき、各学部の教授会で業務量の調整を行っているところもあるが[9]、大学開放事業に従事する教員に対しては、学内委員など他の職務をその分だけ軽減するといった配慮も検討してよいであろう。

　第4の問題としては、小池と佐藤が指摘しているとおり、正規課程へ社会人学生を受け入れる学部・研究科と公開講座等の大学開放事業を行う生涯学習系センターとの関わりが薄く、それぞれが独自に取組を行っており、学内で体系的な取組になっていないことが挙げられる[10]。

　第3の問題でもそうであるが、この問題に対しても、まずは大学全体として、大学開放の理念を共有することが大前提となる。鹿児島大学では2013年9月に「生涯学習憲章」が制定され、そこでは全構成員が生涯学習の理念を共有し、生涯学習を組織的に実践するとあるが[11]、大学憲章などの中で大学開放を使命として位置づけ、それに基づき、中期目標・中期計画が立てられ、大学開放が大学本来の責務として推進される必要がある。第4の問題に対しても、共通の理念のもとに、各部局や生涯学習系センター等の取組を有機的に連関させることが求められる。

注
1）　中央教育審議会「我が国の高等教育の将来像（答申）」2005年、第1章。
2）　クラーク・カー著『アメリカ高等教育の歴史と未来：21世紀への展望』喜多村和之監訳、玉川大学出版部、1998年、9章、10章。
3）　中央教育審議会「学士課程教育の構築に向けて（答申）」2008年、第2章。
4）　Osborne, M. Increasing or Widening Participation in Higher Education-a European Overview. *European Journal of Education*. Vol.38, No.1, 2003, p.12.
5）　OECD編『地域社会に貢献する大学』相原総一郎、出相泰裕、山田礼子訳、玉川大学出版部、2005年、p.154。
6）　苅部直『移りゆく「教養」』NTT出版、2007年、pp.5-7。
7）　大阪教育大学においては、以下のような実践報告を年報に掲載している。
　　小野恭靖「市民講座の楽しみ」大阪教育大学教職教育研究開発センター編『教育実践研究』2012年、pp.147-150。三村寛一「19回目の公開講座を終えて」大阪教育大学教職教育研究開発センター編『教育実践研究』2013年、pp.25-27。

8) OECD、前掲書、pp.153、168。
9) リベルタス・コンサルティング『公開講座の実施が大学経営に及ぼす効果に関する調査研究』（調査報告書）、文部科学省、2011 年、p.128。
10) 小池源吾・佐藤進「高等教育機関と成人学習者」日本社会教育学会編『成人の学習と生涯学習の組織化』（講座 現代社会教育の理論Ⅲ）、東洋館出版社、2004 年、p.258。
11) 鹿児島大学「鹿児島大学生涯学習憲章」http://www.kagoshima-u.ac.jp/cooperation/syougaikensyo.html（最終アクセス日、2013 年 12 月 27 日）。

あとがき

　2012年度の内閣府の世論調査によると、この1年くらいの間に、生涯学習をしたことがある人は過半数を超えており、生涯学習は日本社会の中で浸透してきている。また大学も生涯学習の場となるべきと言われて久しく、文部科学省も大学教育改革支援として、「社会人の学び直しニーズ対応教育推進プログラム」や「地（知）の拠点整備事業（大学COC事業）」などを実施してきている。

　しかし、そういった環境であるにもかかわらず、研究協議会のメンバーで話をすると、大学内では生涯学習支援に対する逆風が吹いており、社会および地域への貢献をその使命とする生涯学習系センターは厳しい状況に置かれているということで認識が一致する。例えば、研究協議会加盟の生涯学習系センター・部門の構成員について言えば、専任教員は平均2.1人となっており、北海道教育大学のように専任教員がいない所もある。センター・部門を支える事務職員も14の大学で専任の正規事務職員がおらず、非常勤職員や兼務職員が事務を担う状況となっており、大学教育の開放を通じた社会貢献業務を担う上で十分な人的体制が整っているとは言いがたい状況にある。

　そういった中で、我々国立大学生涯学習系センター有志は生涯学習の場としての大学という考え方や大学が持つ様々な社会貢献の在り様、可能性について、情報発信していくべきとの思いから、この本の作成に取りかかった。筆者の問題関心は大学時代にアメリカに留学した折に、大学で「学び直している」「人生をやり直している、リセットしている」と充実感あふれる表情で語っていた社会人学生を目の当たりにしたことが最初であるが、その後、果たして大学の存在価値はどの程度社会的に理解されているのであろうか、この社会は大学の持つ潜在的可能性をどの程度活かしてきたであろうか、大学にはもっといろいろできることがあるのではないであろうか、といった問いを持ち続けてきた。国立大学生涯学習系センターには同様の思いを持つ人がおり、それが本書の完成につながった。執筆に快く協力していただいた執筆者の方々には深く感謝申し上げる。

　そして、今回、株式会社大学教育出版様から出版していただく運びとなったわ

けであるが、株式会社大学教育出版、特に佐藤守氏には厳しい出版事情であるにもかかわらず、本書の意味、執筆者の思いについてご理解をいただき、すぐさま出版を快諾してくださった。また執筆者が多数で膨大な作業になったにもかかわらず、いつも快く対応してくださった。大学教育出版には感謝の気持ちでいっぱいである。執筆者を代表して改めてお礼を申し上げたい。

　この機会に改めて、人生のいつの時期でも大学で学び直せる、そういったことが普通に行われる社会を作っていきたいという思いを新たにした。学びたくなった時が人生における学習適齢期。今後も尽力していきたい。

2014年春

　　　　　　　　　　　　　　　　　　　　　　　古都奈良にて　　出相　泰裕

索　引

あ行

アクセスコース　192
新しい公共　10
アメリカ教育使節団　58
家永豊吉　14-15, 47
ウィスコンシン・アイディア　14, 42
ウィスコンシン大学　40-42

か行

学士力　226
学校教育法　58, 74, 103
科目等履修生　61
カルチャー・センター　18, 20
機能的拡張　14
教育基本法改正　1, 22
競争的資金　100
ケンブリッジ大学　27
構外教育部　33
校外教育部　47
公開講座　58, 69
公開授業　77
校外生制度　46-47
講義録　46-47
国有地付与大学　35
コミュニティ・エンゲイジメント　212-213
コミュニティ・サービス　212-214

さ行

サービス・ラーニング　226
社会教育審議会答申　59
社会教育法　58
社会貢献　1, 21-22

社会人学生　16, 21, 216, 230
社会人特別選抜　61
社会人の学び直しニーズ対応教育推進プログラム　75, 101, 128
社会的包摂　216
シャトーカ　37-39
生涯学習系センター　1, 182
生涯学習憲章　230
生涯学習センター　60, 181
自由大学　56-57
スチュアート，J　13, 27-28
全国国立大学生涯学習系センター研究協議会　1

た行

大学改革実行プラン　1, 10, 76
大学拡張　3, 47
大学教育普及　47
大学教育普及事業　3
第三の機能　1, 21-22, 184
地域貢献　22, 67, 79
地域人材　9, 67, 225
地（知）の拠点整備事業　76
中央教育審議会答申　1, 60, 181
チュートリアル・クラス　32-33
昼夜開講制　61
通信教育　46, 58
伝統的学生　3, 183
トロウ，M　21, 145

は行

ハイス，V　41
開かれた大学づくりに関する調査　66

フンボルト，W.V　201
放送大学　61
補償機能　154, 160
ポリテクニック　191
ボローニャ宣言　202

ま行

民間教育産業　20
モリル法　35
文部省主催成人教育講座　52

や行

ユニバーサル・パーティシペーション　21
ユニバーシティ・エクステンション　27-28, 41-42

ら行

履修証明制度　74, 102
連携協定　10, 18

アルファベット

COC（センター・オブ・コミュニティ）　76
CVE（専門的職業教育）　191
FD（ファカルティ・ディベロップメント）　178, 227
GP（優れた実践）　75
OECD（経済協力開発機構）　10, 186, 228
WEA（労働者教育協会）　31, 189

■編著者紹介

出相　泰裕　（であい　やすひろ）

専　門　社会人学生論、大学開放論
現　在　大阪教育大学教職教育研究センター准教授
　　　　放送大学大学院客員准教授

〈主著〉

「高等教育におけるリカレント教育機能の受容に関する考察 ― イギリス・オーストラリアのケースから ―」『日本社会教育学会紀要』No.33、1997

「高等教育における成人学生受け入れ機能の受容過程に関する考察 ― オーストラリアの大学の事例から ―」『日本生涯教育学会年報』第19号、1998

『学習者のニーズに対応するアメリカの挑戦』（分担執筆）教育開発研究所、2000

『学校と地域でつくる学びの未来』（分担執筆）ぎょうせい、2001

「職業人向け大学院への入学志願に対する阻害要因 ― インテリジェントアレー撰壇塾受講者調査から ―」『日本学習社会学会年報』第5号、2009

『地域社会に貢献する大学』（共訳）玉川大学出版部、2005

大学開放論
―センター・オブ・コミュニティ（COC）としての大学―

2014年6月10日　初版第1刷発行

■編　著　者――出相泰裕
■発　行　者――佐藤　守
■発　行　所――株式会社　大学教育出版
　　　　　　　〒700-0953　岡山市南区西市855-4
　　　　　　　電話（086）244-1268　FAX（086）246-0294
■印刷製本――モリモト印刷㈱

© Yasuhiro Deai 2014, Printed in Japan
検印省略　　落丁・乱丁本はお取り替えいたします。
本書のコピー・スキャン・デジタル化等の無断複製は著作権法上での例外を除き禁じられています。本書を代行業者等の第三者に依頼してスキャンやデジタル化することは、たとえ個人や家庭内での利用でも著作権法違反です。
ISBN978-4-86429-302-0